德技并修

——课程思政进专业进课程进教材

徐志立　主编

北京理工大学出版社
BEIJING INSTITUTE OF TECHNOLOGY PRESS

版权专有 侵权必究

图书在版编目（CIP）数据

德技并修：课程思政进专业进课程进教材/徐志立主编. —北京：北京理工大学出版社，2020.11
ISBN 978-7-5682-9273-3

Ⅰ．①德…Ⅱ．①徐…Ⅲ．①高等学校–思想政治教育–研究–中国Ⅳ．①G641

中国版本图书馆 CIP 数据核字（2020）第 232441 号

出版发行 / 北京理工大学出版社有限责任公司	
社　　址 / 北京市海淀区中关村南大街 5 号	
邮　　编 / 100081	
电　　话 /（010）68914775（总编室）	
（010）82562903（教材售后服务热线）	
（010）68948351（其他图书服务热线）	
网　　址 / http://www.bitpress.com.cn	
经　　销 / 全国各地新华书店	
印　　刷 / 三河市华骏印务包装有限公司	
开　　本 / 787 毫米 × 1092 毫米　1/16	
印　　张 / 13.5	责任编辑 / 李慧智
字　　数 / 310 千字	文案编辑 / 李慧智
版　　次 / 2020 年 11 月第 1 版　2020 年 11 月第 1 次印刷	责任校对 / 周瑞红
定　　价 / 42.00 元	责任印制 / 施胜娟

图书出现印装质量问题，请拨打售后服务热线，本社负责调换

编 委 会

主　　任：吕一中
副 主 任：徐志立
委　　员：袁光亮　厉育纲　张瑞芬
　　　　　张海丰　老　青　祁志钢
　　　　　张靖华
主　　编：徐志立
副 主 编：肖　毅　景晓娟　郝　颖
　　　　　贺　勇　高　嵩　程云艳
　　　　　周　颖　葛　岩　刘彩玲

编写说明

"课程思政"是落实"立德树人"根本任务的必然要求，按照教育部关于印发《高等学校课程思政建设指导纲要（教高〔2020〕3号)》的通知，强调要切实把教育教学作为最基础最根本的工作，深入挖掘各类课程和教学方式中蕴含的思想政治教育资源，让学生通过学习，掌握事物发展规律，通晓天下道理，丰富学识，增长见识，塑造品格，努力成为德智体美劳全面发展的社会主义建设者和接班人。在高等院校尤其是高等职业院校的专业建设和课堂教学过程中，有关"课程思政"的参考资料比较缺乏，尤其是跟具体专业相关的"课程思政"资料更为少见。为加强高职院校"课程思政"建设，推进习近平新时代中国特色社会主义思想进教材进课堂进头脑，深入推进全员全过程全方位育人，北京青年政治学院在目前现有专业的基础上总结提炼与专业相关的"课程思政"元素，包括家国情怀、个人品格、科学精神及系统思维等方面的人物、典型事件等，出版这本《德技并修——课程思政进专业进课程进教材》，为专业建设、课堂教学以及教材开发提供可参考的课程思政案例指导，推广"课程思政"和"立德树人"成果和先进经验，供大家交流借鉴。

本书得到了北京青年政治学院领导的大力支持，学院党委书记程晓君亲自为本书撰写序言，院长乔东亮对如何坚守"立德树人"的根本任务对本书进行指导，副院长吕一中担任编委会主任对本书编写过程多次进行布置。全书共分为20章，以目前北京青年政治学院现有二级学院各专业为主线进行整理和选材，没有扩展到更大的专业范围，同时包括了我院马克思主义学院、人文素质教育中心和成长学堂所开设课程，通过与专业相关的典型人物和事件来展现青年人的家国情怀、个人品格、科学观等"课程思政"精神，推进"课程思政"在高职院校落地生根。

书中第一至第五篇由青年工作学院组织青少年工作与管理专业、社会工作专业、心理咨询专业、法律事务专业及文秘专业相关教师编写，第六篇由学前教育学院学前教育专业相关教师编写，第七至第十一篇由现代管理学院组织老年服务与管理专业、证券与期货专业、会计专业、电子商务专业及工商管理专业教师编写，第十二至第十六篇由信息传媒艺术学院组织新闻采编与制作专业、计算机应用技术专业、软件与信息服务专业、数字媒体艺术设计专业、美术专业相关教师编写，第十七篇由国际学院旅游英语专业相关教师编写，第十八篇由马克思主义学院相关教师编写，第十九篇由人文素质教育中心相关教师编写，第二十篇由原东校区相关教师编写。全书由副院长吕一中担任编委会主任，教务处处长徐志立担任主编，各二级教学单位领导和相关教师贡献了写作思路并提供了大量资料，在此表示衷心的感谢。此外，感谢全体编委会成员和作者在书稿编写过程中给予的辛苦付出和努力。教务处胡哲老师在本书统稿、编排及校对等方面做了大量工作，在此一并感谢！

编写"课程思政"相关教材极具挑战性，由于时间仓促，可以借鉴的研究成果不多，以及编写者水平所限，书中难免有不足之处，恳请广大读者批评和指正。

编者

2020 年 10 月

序　言

　　习近平总书记在全国高校思想政治工作会议上的重要讲话强调："要用好课堂教学这个主渠道，思想政治理论课要坚持在改进中加强，提升思想政治教育亲和力和针对性，满足学生成长发展需求和期待，其他各门课都要守好一段渠、种好责任田，使各类课程与思想政治理论课同向同行，形成协同效应。"高职院校推进课程思政建设，旨在打破思想政治课与其他课程之间的"孤岛效应"，完善"德技并修、工学结合"的育人机制，落实"立德树人"的根本任务，把思想政治教育贯穿人才培养全过程和各环节。

　　进入大发展大变革大调整之新时代，全面贯彻党的教育方针，高职教育必须解决好培养什么人、怎样培养人、为谁培养人这个根本问题。中共中央办公厅、国务院办公厅《关于深化新时代学校思想政治理论课改革创新的若干意见》指出，要解决好各类课程与思政课相互配合的问题，发挥所有课程育人功能，构建全面覆盖、类型丰富、层次递进、相互支撑的课程体系，使各类课程与思政课同向同行，形成协同效应，构建课程思政建设大格局。

　　北京青年政治学院始终坚持以首都建设和发展培养输送"人文素养好、有一技之长、社会责任感强"的高素质实用型技能人才为目标，不断强化政治、青年和人文特色，深入挖掘专业课程教学过程中蕴含的思想政治教育资源，通过建设3门思想政治示范课程、20门在线开放精品课程、30门文化素养课程、300门融入"思政元素"的专业课程，从思政课程到课程思政的圈层效应已日益凸显，并取得了显著成效，学院"课程思政"和"立德树人"成果和先进经验先后被《光明日报》《中国教育报》《中国青年报》等各大主流媒体争相报道，诸多兄弟院校来我院交流研讨。

　　为进一步推广我院在"课程思政"建设方面的做法，我院教学副院长吕一中教授不辞劳苦，亲自担任编委会主任，组建了编委会，指导教务处和各教学单位开展本书编写工作。各教学单位认真研究，反复研讨，结合专业人才培养特点和专业能力素质要求，围绕法治爱国、道德诚信、理想事业、为学励志、勤奋惜时、谦虚友谊、智慧人生、爱情婚姻、修身养性、为人处世、谨言慎行等方面，梳理各专业每一门课程蕴含的思想政治教育元素，将思想政治工作贯穿专业、课程和教材体系之中，赋予专业课程价值引领的重任，进一步提升和改善专业课程的育人成效，将专业精神、职业精神、工匠精神、创新精神、人文精神和劳动精神贯穿人才培养全过程，全面推动习近平新时代中国特色社会主义思想进教材、进课堂、进学生头脑。

　　本书是全院"课程思政"建设成果的汇集提炼，感谢全体教师在教学过程中开展的"课程思政"创新与探索，也感谢全体编委会成员、主编、副主编和作者在书稿编写过程中给予的大力支持和配合！

　　从"思政课程"到"课程思政"，是高职教育价值理性的回归。毋庸置疑，"课程思政"建设工作任重道远，每所院校、各个专业都有自己的特色和优势，作为教辅材料，希望我院教师分享的经验做法能为大家提供借鉴。"课程思政"不仅是一门科学，也是一门艺术，期待我们携手并肩将课程思政工作推向前行！

北京青年政治学院党委书记　程晓君

目 录

一、青少年工作与管理专业 …………………………………………（1）
二、社会工作专业 ……………………………………………………（13）
三、心理咨询专业 ……………………………………………………（30）
四、法律事务专业 ……………………………………………………（41）
五、文秘专业 …………………………………………………………（50）
六、学前教育专业 ……………………………………………………（59）
七、老年服务与管理专业 ……………………………………………（77）
八、证券与期货专业 …………………………………………………（92）
九、会计专业 …………………………………………………………（95）
十、电子商务专业 ……………………………………………………（105）
十一、工商管理专业 …………………………………………………（116）
十二、新闻采编与制作专业 …………………………………………（120）
十三、计算机应用技术专业 …………………………………………（131）
十四、软件与信息服务专业 …………………………………………（136）
十五、数字媒体艺术设计专业 ………………………………………（140）
十六、美术专业 ………………………………………………………（156）
十七、旅游英语专业 …………………………………………………（166）
十八、思想政治理论课的精神和引领 ………………………………（174）
十九、人文课程 ………………………………………………………（190）
二十、"成长学堂"高职新生素质教育 ………………………………（198）

一、青少年工作与管理专业*

1. 张超——逐梦海天的强军先锋

航空母舰被称为"国之重器",是强大海军必不可少的组成部分。2013 年 5 月,中国海军组建了第一支舰载航空兵部队,向打造航母战斗力迈出了关键的一步①。舰载战斗机飞行员的风险系数是航天员的 5 倍、普通飞行员的 20 倍,他们被喻为"刀尖舞者",张超就是其中的一位。

英勇顽强的战士是拼出来的,血性十足的英雄是练出来的。张超曾是"海空卫士"王伟生前所在部队的一名中队长。大队长郭占军夸赞他,"飞行技术是同龄飞行员中最优秀的"。新型战机单飞任务他欣然领受,夜海飞行困难重重他迎难而上,高风险课目训练他敢闯敢练。作为一个有多年飞行经验的飞行员,一些操作动作实际上已经成为他肌肉记忆的一部分。张超进入舰载航空兵部队之后,这些操作动作改变起来难度很大②,但他刻苦练习,指挥员告诉他偏差,他能立即做出反应,在很短的时间内,就取得了操作突破。张超多次面对空中特情,多次与死亡擦肩而过,但他从不畏惧、从不退缩。

2016 年 4 月 27 日,在连续完成两架次海上 30 米超低空飞行后,张超驾驶战机执行陆基模拟着舰训练,已经接地滑跑的飞机突报"电传故障",从 12 时 59 分 11.6 秒发现故障到 12 时 59 分 16 秒跳伞,在生命最后的 4.4 秒,张超为尽最大可能保住战机,奋力拉下制动杆,阻止机头上扬,却因此错过了最佳跳伞时机。年仅 29 岁的张超壮烈牺牲,他是为中国航母舰载机事业殉职的第一位飞行员③。

2016 年 11 月,中央军委主席习近平签署命令,追授张超"逐梦海天的强军先锋"荣誉称号④。

2. 南仁东——爱国无声的天眼之父

南仁东是"中国天眼"的主要发起人和奠基人,成功完成我国第一个观天巨眼——500 米口径球面射电望远镜 FAST 的自主建造。

1993 年,在日本东京举行的国际无线电科学联盟大会上,科学家们提出,在全球电波

---

* 编者:丁晓鹊、韩丽丽、王玥、陈卓、臧丽婷。
① 海军舰载机飞行员张超牺牲细节首次公开 [EB/OL].(2016 - 08 - 01)[2020 - 02 - 06]. http://www.360doc.co/content/16/0801/10/9874889_579959090.shtml.
② 陈呈. 张超:逐梦海天 强军先锋 [J]. 党课参考,2018(21).
③ 海军舰载机飞行员张超牺牲细节首次公开 [EB/OL].(2016 - 08 - 01)[2020 - 02 - 06]. http://www.360doc.co/content/16/0801/10/9874889_579959090.shtml.
④ 陈呈. 张超:逐梦海天 强军先锋 [J]. 党课参考,2018(21).

环境继续恶化之前,要建造新一代更灵敏的射电望远镜,接收更多来自外太空的讯息。而此时,我国在这一领域远远落后,当时最大的射电望远镜口径仅为 25 米。为了祖国天文观测事业的发展,南仁东放弃了薪资是国内薪资 300 倍的国外高薪工作毅然回国,承担了具有高风险、耗时长、写不了文章、出不了成果等问题的大科学项目,义无反顾地投身大射电望远镜建设。

自 1994 年项目预研究到 2016 年建成,南仁东坚持了 22 年。其间,南仁东孜孜不倦,努力学习力学、测控、水文、地质等知识,吃透了工程建设的每个环节。

为了寻找最适合安放大射电望远镜的位置,南仁东坐着单程需要 50 个小时的绿皮火车,从北京到贵州,带着上千张卫星图,一趟又一趟地进入喀斯特山区。12 年的不辞辛苦,大山里原本没有路的地方被走出了路,南仁东也在 391 个备选洼地中选出了条件最合适的平塘县克度镇的大窝凼。

2010 年 8 月,工程开工前夕,南仁东得知前期做的所有索网实验都失败了。面对万分焦虑的大家,他说:"我们没有退路,必须再做!"南仁东组织攻关,亲自上阵奋战 700 多天,经过近百次的实验后,终于研制出强度为 500 兆帕、抗 200 万次拉伸的钢索,把材料工艺提高到国标的 2.5 倍,成功解决了索网问题。

南仁东带领团队,建成了具有中国自主知识产权、世界第一大单口径射电望远镜,为中国的科技创新做出了巨大贡献,改变了我国天文望远镜在国际领域几乎空白的落后局面。他无声的爱国和持之以恒的坚持激励着新时代的奋斗者们[①]。

3. 程开甲——人民科学家

1950 年,程开甲婉拒导师玻恩的挽留,放弃英国的优厚待遇和研究条件,回到一穷二白的中国。回国后,程开甲接到一项重要的任务——去二机部九所!从那一刻起他在科学界销声匿迹几十年,成为当时中国的最高机密!

1964 年 4 月,程开甲带着他的人马来到中国核试验基地马兰,展开了第一颗原子弹的总装战役。在那里,50 摄氏度的高温、又涩又咸的饮用水、戈壁滩上的飞沙走石、颠簸不平的"搓板路",严峻地考验着每个人。

1964 年 10 月 16 日 15 时中国第一颗原子弹爆炸成功。程开甲则开始了他长达 20 多年的核弹研究岁月,展开了此后的 30 多次核弹试验。在第二次地下核试验成功后,程开甲和朱光亚决定到原子弹爆心做考察,这在世界试验史上是前所未有的,但程开甲说:"不入虎穴,焉得虎子。"为了掌握准确真实的数据,他们用自己的身体,为中国的核武器发展,拿到了许多第一手珍贵的资料和数据!

程开甲院士,他将 20 年的岁月献给死亡之海罗布泊,甘愿隐姓埋名 40 年,他用在罗布泊爆发的声声"核弹惊雷",为中国铸牢了国防盾牌,让中国人民挺直了脊梁。

4. 王文教——为国争光的羽毛球教练

王文教从 1944 年起开始打羽毛球,20 世纪 50 年代初就成了印尼羽毛球界的明星。1954

---

① "科技盛典" 2016 年科技创新人物和团队揭晓 [J]. 科学家,2017(2).

年 5 月王文教受到党和政府对体育事业重视的影响，为振兴中国羽毛球事业，他冲破重重阻力，毅然回国，为祖国的体育界贡献自己的一份力量。从 20 世纪 60 年代开始执教羽毛球队，王文教带出的羽坛名将贯穿中国羽毛球发展历史的半个世纪，他带领中国队夺得第 13 届和第 15 届汤姆斯杯及第 10 届、第 11 届尤伯杯冠军；他带领中国队在第 5 届世界羽毛球锦标赛上，囊括 5 个冠军，让中国羽毛球进入了第一个黄金时代。在他的总教练生涯中，所带领的队伍共获得过 56 个世界单项冠军，9 个世界团体冠军，是中国羽毛球第一代奠基人之一。

在中国羽毛球事业的发展过程中，王文教做出了不可磨灭的贡献。他放弃海外安逸的生活，离开父母兄弟，告别心爱之人，回到祖国。这为的是什么？为的是两个字：祖国！为的是一个共同的目标：为国争光！从运动员到教练，在王文教长达 57 年的羽毛球运动生涯中，他始终心系祖国，时光催白了他的头发，却无法熄灭他那颗热爱祖国的拳拳之心。

5. 申纪兰——男女同工同酬的倡议者

申纪兰 1929 年出生于山西省平顺县山南底村。抗战时期，她就担任过村里纺花织布小组的组长。一嫁到西沟村，她就积极参加劳动。1951 年西沟村成立初级农业合作社，她担任副社长一职。这对奉行"好男人走到县，好女子不出院"古训的山里人来说，她已让人刮目相看。

但在她心里，有一个坎始终过不去：为啥妇女的劳动报酬要少一半？按照当时的分工计酬方式，如果男人干一天活记 10 个工分，妇女只能记 5 个。不平等的报酬挫伤了妇女们的劳动积极性，很多妇女只愿意干"家里活"，不愿出门参加社会劳动，而这又成为阻碍妇女地位提高的关键因素。为了让妇女得到真正的解放，申纪兰走家串户，向妇女宣传"劳动才能获得解放"的道理，同时努力做男社员的思想工作，积极争取男女同工同酬。刚开始，很多男社员不同意这一建议。申纪兰认为，只有干出成果，才能让妇女们不再受歧视。村里本来是男女共同协作劳动的，经申纪兰申请，社里专门给女社员划出一块地，和男社员进行劳动竞赛。男社员认为自己稳操胜券，该休息就休息；被发动起来的妇女为了争取自己的权益，始终在田间争分夺秒。最后，女社员赢得了竞赛。这场劳动竞赛在西沟村产生了意想不到的效果，许多男社员都开始支持男女同工同酬①。

到 1952 年，西沟村已经实现了"男女干一样的活，记一样的工分"。1954 年 9 月，在中华人民共和国第一届全国人民代表大会上，申纪兰提出的"男女同工同酬"倡议被写入中华人民共和国第一部宪法。

6. 屠呦呦——青蒿素为全世界消灭疟疾

1930 年 12 月 30 日，屠呦呦出生在宁波。她对医药的执着，是从 16 岁那年开始的。屠呦呦的人生，最好的青春年华是在实验室里度过的。她心里只有科研、制药。

1969 年，屠呦呦接到国家"523"秘密军事任务，前往海南岛。要知道仅 1955 年，海南疟疾发病人数就多达 28 万余例，居全国首位。在海南，屠呦呦看到最多的是死亡。在死

---

① "男女同工同酬"要感谢这位国家勋章获得者［EB/OL］．（2019 - 09 - 21）［2020 - 02 - 06］．http：//news. sina. com. cn//c/2019 - 09 - 21/doc - iicezzrq7345358. shtml.

亡威胁的笼罩下，屠呦呦毫不畏惧，整整3个月，不是外出走访，就是埋头学习古籍，研究治疗疟疾的方法。然而，这只是个开始。在圈定了需要检验的药方后，接下来是一次次地试验，看看这些药物是不是真的能够起到抗疟疾的作用。

将近3年的失败试验后，屠呦呦才看到一点点成功的曙光。研究发现，青蒿的乙醇提取物对疟原虫有一定的抑制作用。她的世界只剩下试验和青蒿了。乙醚是有害的化学品，那个年代设备设施简陋，又没有排风系统，在那样的环境中长时间工作，科研人员除了头晕眼胀，还出现鼻子流血、皮肤过敏等症状。终于在1971年10月4日，经历了190次失败试验之后，屠呦呦科研组在第191次低沸点试验中发现，以低沸点溶剂乙醚来提取有效成分，能够明显提高青蒿防治疟疾的效果，也能大大降低其毒性。为了加快试验进程，屠呦呦以身试药。1972年，屠呦呦和她的同事们在青蒿中提取到了一种分子式为$C_{15}H_{22}O_5$的活性成分——青蒿素，这一药物拯救了全世界的疟疾患者，为医学界带来了前所未有的收获。

7. 王有德——让沙漠退后20公里的治沙匠人

王有德的家乡在毛乌素沙漠的边缘，那里干旱少雨，他出生的那个村子早就被黄沙掩埋，无法找到踪迹。每年秋天，黄沙常常能一夜间就把大半个窑洞埋起来。到了春天，黄沙更加猖狂。当地有一首民谣："一年一场风，从春刮到冬，天上无飞鸟，地上无寸草。"道尽了沙漠给当地百姓带来的苦楚。

1983年，王有德被调到林场。当时，他面临的最大困难是，沙漠年年治，但始终没有成效，大伙都没信心，对林场领导也没有信心。王有德上门做调研时，职工们都说他是"露水官"，过几年就走了，没人信任他。王有德当时就给职工们立下3个承诺：第一，职工不富不走；第二，沙漠不绿不走；第三，职工队伍发展不好、厂子不活不走。

王有德采取了一些办法来调动职工的积极性，取消工资级别，职工都抢着干。发展副业，摆脱传统的"靠沙吃沙"的僵化思路。他推行家庭、联组或个人划片招标承包，号召全体职工平均一人一年扎设1万个草方格、栽植1万株树苗、治沙面积100亩、从治沙当中实现收入1万元，人心开始凝聚起来。

他给场里立下"铁规矩"：拉来的树苗不许过夜，如果晚上树苗进场，就连夜栽好。夏天，他带领职工在50多摄氏度的高温下将沙漠推平，挖坑种树，晚上就住在沙窝上搭建的帐篷里。挖树坑时，别人挖一个，他挖两个。冬天，为了抢抓树苗灌冬水的时机，他日夜吃住在水渠边。三伏天，背25公斤的水泥板走在沙漠中，职工背一块，他背两块。王有德经常给职工们打气："宁可掉下10斤肉，不让生态落了后。"

40多年来，王有德落下不少病根。由于常年吃饭不准时，王有德的胃病十分严重，他的包里放着很多种胃药，胃疼时就抓起一把，就着凉水往嘴里送。王有德每天的睡眠时间不足5小时，很多时候，他就在沙漠的帐篷里或者车上和衣而卧。特别是植树造林季节，每个栽树点他都要跑到，检查树苗是否按照规范栽种；晚上，他就在车上睡。在王有德的带领下，林场职工在毛乌素沙漠和黄河之间，营造出一条长48公里、宽38公里的绿色屏障，控制流沙近百万亩，完成了让沙漠后退20公里的壮举。

王有德，这个将人生追求融入治沙播绿伟大事业中的务林人，以自己的模范行为塑造了人民公仆的形象，以自己的高尚品格展现了当代共产党人的高风亮节和精神风貌，是我们青少年学习的榜样①。

8. 王启民——中国油田开发的创新者

20世纪60年代,"温和注水"是国内外普遍采用的油田开采方式,但是大庆油田的"温和注水"方法遇到了麻烦。注水仅3年,采收率就下降到5%,油田被"水淹"了一半。

在一次油田技术座谈会上,王启民对"温和注水"提出质疑:这里每口井都有数十个油层,每个油层厚薄相差很大,各层吸水多少也不同,呈典型的非均质特点,要人为达到注入水都均衡推进是违反客观规律的。他还形象地说,原油层就像大个子运动员,体力好、跑得快;薄油层、差油层就像体力差、跑得慢的小个子运动员。让他们齐头并进,必然事倍功半。

王启民说:"我们就是要靠自己的力量,闯出中国自己的油田开发之路!"为了解决这个重大难题,他一头扎进井场,吃住在阴冷潮湿的帐篷里,与现场工人、技术人员一起取资料,搞分析,进行实验。针对大庆油田地下油层厚薄不均的实际,王启民提出采取"因势利导,逐步强化,转移接替"的"高效注水开采方法"。他们在一口已经废弃的油井上开始一次次试验,这口井的日产量迅速回升,这个方法推广后,应用"高效注水开采方法"使被判了"死刑"的一批油井转而成为百吨高产井②。

9. 于漪——人民教育家

1929年出生的于漪,亲身经历过日本侵华战争。那种可能亡国灭种的苦难,让她的血脉里生出浓郁的家国情怀。

刚从8次心脏骤停逃离的于漪,一说起教育,就有使不完的力气。"一切为民族",这是于漪当年所念高中的校训,也成为她一生的理想信念和对教师的职业追求。1951年,从复旦大学教育系本科毕业后,于漪先教历史,后来又因工作需要改教语文。

她每次课前都把备课内容逐字逐句地推敲,课后还要写"教后记"总结反思,让每节课都不重复。1977年,于漪执教的语文课《海燕》进行了电视直播,很多教师都为她的课程所感染。因为课上得好,于漪的课堂堂都是"公开课",她上了近2 000节,成为各地学习的示范③。

在于漪看来,教师讲授历史风云、天地人事,目的不是让孩子应对考试,而是唤醒他们的生命自觉,点亮生命之火。她的一堂课、一场讲座,就可能悄然改变学生的一生。高二年级的马展颖,就因为2019年4月偶然听到于漪老师的讲座,重新找回了学习的信心。

于漪深知一个人的力量是有限的,她甘为人梯,为青年教师搭建成长平台;并首创"师徒带教"模式,先后培养三代特级教师,亲自带教全国各地青年教师;到2018年为止,这位耄耋老人已经连续8年担任上海市语文学科德育实训基地的主持人,培养远郊区县的年轻教师,每月一次8个小时的活动,她一场不落。

"一辈子做教师、一辈子学做教师"。回望70年,于漪的生命已经和我国的教育发展密

---

① "人民楷模"王有德:此生与沙漠斗到底 [EB/OL]. (2019-10-28) [2020-02-08]. http://news.dayoo.com/society/201910/28/140000_52886618.htm.
② 佚名. 1996年,王启民为石油而来为石油而痴 [J]. 当代劳模,2011 (7):89-89.
③ "人民教育家"于漪:一个肩膀挑着孩子的现在,一个肩膀挑着国家的未来. [EB/OL]. (2019-09-26) [2020-02-08]. news.xhby.net/index/201909/t20190926_6349072.shtml?ivk_sa=1023197a.

不可分，她先后获得全国首批特级教师、"全国先进工作者"和改革开放40年"改革先锋"称号，这次又被授予"人民教育家"国家荣誉称号。但于漪说，还要继续努力，播撒更多育人的种子。

10. 朱彦夫——中国的保尔·柯察金

朱彦夫出生于1933年7月，1947年参军，经历战斗上百次，在抗美援朝战场上失去了四肢和左眼，10次负伤，3次荣立战功。他所在连队参加了在朝鲜争夺250高地的血腥恶战，在零下30摄氏度的严寒条件下，与装备精良的两个营的敌人进行了殊死搏斗并且打退了敌人一次次的进攻，在弹尽粮绝的时刻，仍然坚持与敌人拼搏，最后阵地上只剩下一个遍体鳞伤的人。当他在长达几十天的昏迷中醒来的时候，已是躺在西安陆军医院的病床上，他这才发现自己已没有了四肢，左眼失明，右眼视力模糊，这个时候他号啕大哭并且高喊着："要向敌人讨回残臂残腿！"

在极端困难的生活面前，他挑战生命的极限，决心做个自食其力的生活强者。为了减轻国家的负担，为了不让别人照顾，他毅然要求回到自己的家乡。退伍后，他用自己的抚恤金，建图书室、办夜校，帮助农民提高文化素质。他担任村党支部书记25年，带领群众治山治水、脱贫致富，把一个贫穷落后的山村变成了山清水秀的富裕村。

他用7年时间创作了两部自传体长篇小说《极限人生》和《男儿无悔》，并且荣获"全国优秀共产党员""全国道德模范""全国自强模范"等称号①。

11. 高德荣——脱贫攻坚战线的"工作狂"村长

高德荣，男，1954年出生，云南贡山人，独龙族，中共党员。

2005年2月，持续暴雪导致贡山的电力、交通、通信全部中断，大量民房和农作物、牲畜受损，直接经济损失为7 132万元。高德荣担任道路抢修组组长，夜以继日奔波在灾区。10多天里，他跑遍了怒江沿岸的20多个村委会。每到一处，他挨家挨户了解灾情、慰问灾民，深入第一线带领干部群众抢险救灾②。有一个村公路因雪崩阻断，他步行3个多小时，去看望那里的灾民，村民见到他时泪水都流出来了。

高德荣一辈子都在为了独龙乡的脱贫攻坚战而斗争，一年365天，天天都在工作，甚至都没有休息的时间，所以他被称为工作狂。不睡觉、爱学习和勤汇报是独龙乡人对高德荣的三大印象，高德荣为了人民群众牺牲自己休息时间的奉献精神值得青年一代学习。

12. 董建华——"一国两制"杰出贡献者

出生于1937年7月7日卢沟桥事变当日的董建华，自幼便在民族危亡之中接受爱国教育。浓厚的家国情怀让他始终把国家利益放在首位。十多岁时移居香港，因不会讲广东话，同学们又听不懂他的上海话，他常常被取笑。董建华人小志气大，主动与同学们交谈，一字一句地学习广东话，只用了几个月的时间就消除了语言障碍。他在香港中学毕业后，17岁时又到英国读书，父亲寄给他的钱仅够学费及生活支出，所以到了暑假，他还得去打工。董

---

① 张新强．"人民楷模"国家荣誉称号获得者：朱彦夫我不信命我信党[J]．中国火炬，2019（12）．
② 云轩．为了4000多名独龙族同胞：记云南省贡山独龙族怒族自治县县长高德荣服务群众的故事[J]．党建，2013（10）：52-53．

建华曾说过:"不会说广东话要学,不会说英语要去英国,对我来说都是一个很大的挑战,而这种挑战给了我一个很好的锻炼机会。我喜欢为自己定下一个长远的目标。定下目标,我便会坚定不移地朝着这个目标努力。我从小就培养出这样的个性。达到一个好的目标,是人生的乐趣。"

董建华的父亲董浩云曾被称为世界七大船王之一,他的爱国情怀,影响了董建华的一生。他秉承父辈的"以中国人为骄傲再创天地"的信念,把事业推向世界,走上政坛,成为中华人民共和国香港特别行政区的首任行政长官。他自觉参与国家大事的决策讨论,在出色地履行法定职责之外,他还利用自己的人脉和资源,创建了一个中美对话的平台,开启了港人以次主权外交的身份参与国际事务的新模式,这些不仅仅是一种爱国的情怀,更是治国安邦的智慧。

董建华矢志不渝维护国家的主权、安全和发展利益,为香港顺利回归与平稳过渡,为中国香港的发展做出了贡献!2019年9月29日,董建华荣获"'一国两制'杰出贡献者"国家荣誉称号[1]。

13. 顾方舟——"糖丸爷爷"

顾方舟是中国医学科学院北京协和医学院教授,于1957年首次用猴肾组织培养法分离出脊灰病毒并定出型别,让中国成为无脊灰国家。

脊髓灰质炎又称小儿麻痹症,在国内的暴发发生于1955年。当时,江苏南通市1 680人突然瘫痪,大多为儿童,466人死亡,随后迅速蔓延,青岛、上海、济宁、南宁……一时间,全国闻之恐慌[2]。

顾方舟教授是我国开展小儿麻痹系统流行病学调查的先行者、"小儿麻痹糖丸"疫苗的发明者和生产组织者、我国实现无小儿麻痹的验证者。顾方舟想到,孩子们都爱吃糖,那能不能索性把疫苗做成糖丸呢?经过一年多的研究测试,终于在1962年,顾方舟牵头成功研制糖丸减毒活疫苗。除了好吃之外,糖丸减毒活疫苗也是液体疫苗的升级版,在保存了活疫苗病毒效力的前提下,大大延长了保存期。他不仅带头亲身接受小儿麻痹活疫苗试验,还冒着风险让自己的孩子试服首批活疫苗。这个小小糖丸为中国消灭小儿麻痹症做出了巨大贡献,他被称为"糖丸爷爷"。他是中国组织培养口服活疫苗开拓者之一,为中国消灭"脊灰"的伟大工程做出了重要贡献[3]。

14. 李保国——"开创山区扶贫新路的太行山愚公"

1986年,李保国携国家重点攻关课题"太行山高效益造林绿化配套技术研究",走进人烟稀少的保定易县望隆村,进行爆破整地技术研究。1989年7月他加入中国共产党。1990年,整套石质山地爆破整地技术体系建设完成。从1999年开始,在最难开发的太行山干旱丘陵岗地,李保国和课题组成员选取临城县的凤凰岭,确立了"聚土集水"的开发策略,选种薄皮

---

[1] 王旭,陆敏. 董建华:"一国两制"的践行者和捍卫者[EB/OL]. (2019-10-19) [2020-02-08]. http://www.xinhuanet.com/politics/2019-10/19/c_1125125372.htm.
[2] 病毒学家顾方舟辞世 他用"小糖丸"消灭了中国小儿麻痹症[EB/OL]. [2020-02-08]. http://appdata.chtangyao.com/gao jian fen xiang /xmtms 1546590667307.
[3] 田雅婷. 消灭"脊灰",他是一座丰碑[N]. 光明日报,2019-01-07.

核桃。几年后他所推行的"绿岭薄皮核桃矮化密植栽培技术"被认定为国内首创①。

在内丘县富岗村，他研究种植的优质苹果被评为 A 级绿色食品，在 1999 年昆明世博会上获得银奖，极品果卖到 100 元一个；在临城县凤凰岭，他创造了"一年栽树，两年结果，三年有产，五年丰产，亩产 500 斤优质核桃，亩纯收益万元以上"的奇迹。他使邢台前南峪森林覆盖率达到 90.7%，植被覆盖率达到 94.6%。

他在太行山 30 年的时间里创建的山区生态开发模式被认为是经济社会与生态效益同步提升的扶贫新路。因此，他受到该地区居民的爱戴，被誉为"太行山愚公"。

15. 张富清——隐身英雄

在解放战争的枪林弹雨中九死一生，先后荣立一等功三次、二等功一次，被西北野战军记"特等功"，两次获得"战斗英雄"荣誉称号②，这是老党员张富清的"往事"。

然而，60 多年来，他刻意尘封功绩，连儿女也不知情。1955 年退役转业后，他主动选择到湖北省最偏远的来凤县工作，为贫困山区奉献一生。老英雄张富清先后在粮食局、三胡区公所、卯洞公社、外贸局、建设银行等单位工作，在各个岗位上留下"政声人去后"的清誉。他常跟子女们这样说："我没有本事，也没有力量给你们找工作。我是国家干部，要把位置'站'正。"

很多人不禁好奇，张富清老人为何一辈子深藏功名？为何在平凡岗位上能如此低调奉献却甘之如饴？面对记者的提问，95 岁的老英雄张富清思绪飘到远方，眼睛湿润："和我并肩作战的战士，献出了自己宝贵的生命。一个排、一个连的战士，都倒下了。他们对党忠诚，为人民牺牲。和牺牲的战友相比，我有什么资格张扬呢？"

16. 黄旭华——中国核潜艇之父

1926 年 3 月，黄旭华出生于广东省。1945 年，黄旭华以第一名的成绩考上国立交通大学造船系。1958 年他被选中参加核潜艇设计。以当时的条件，他们根本不知道核潜艇是何物，只能通过外国的报纸、杂志学习和了解情况，他们用"放大镜"找情报、线索，用"显微镜"分析推测，用算盘、计算尺演算数据，攻克了反应堆等 7 个核潜艇关键技术，造出了我国第一艘核潜艇。

由于工作高度保密，黄旭华毕业后在亲友圈消失了整整 30 年，其父、兄去世，他也因执行秘密任务未能返乡奔丧。1987 年，有家杂志刊登了一篇叫《赫赫而无名的人生》的文章，报道了"中国核潜艇总设计师"的事迹，文章并没有提黄旭华这个名字，但有这么一句话："他的夫人李世英默默地支持他的工作。"就是这句话，印证了"中国核潜艇总设计师"即黄旭华。黄旭华无法给年迈的母亲解释自己为何多年来难以回家，自己在干什么，为宽慰母亲，将这本杂志寄回家。老母亲这回终于明白，"我儿在为国家做大事"。据此，老母亲告诫所有子女和亲友小辈：你们不要再怨他不回家。

黄旭华以"不可告人的人生"，回答了"人的一生应该怎样度过"的经典命题，用"赫赫而无名"的淡泊，诠释了"想国家之所想、急国家之所急"的报国情怀。

---

① 孙洁，李保国. 他的精神光芒照亮世界 [J]. 中国农村科技，2016（12）：50-53.
② 郑曼尼."深藏功名六十载 不忘初心守本色"[N]. 海口日报，2020-01-03.

17. 袁隆平的敬业故事

袁隆平是我国的杂交水稻之父。在长期的研究中，一个偶然的机会，他发现了一株"鹤立鸡群"的稻株，由此灵感一现，萌生了培养杂交水稻的念头。然而袁隆平的设想与传统的经典遗传学相悖，许多权威学者认为他是蚍蜉撼树，根本不可能成功，但是他凭着颠覆世界权威的胆识，下定决心要将自己的想法坚持到底。

六七月份的天气，他每天带着水壶和馒头，拿着放大镜，一垄垄、一行行、一穗穗地寻找理想中的苗株。艰苦的条件和不规律的饮食，让他患上了肠胃病。正是凭着这种坚韧不拔、勇敢顽强的意志，在勘察了14万余株稻穗后，经过两年多的试验和研究，他终于写成了令世界震惊的论文——《水稻的雄性不孕性》。随后，袁隆平和他的助手们花了整整6年时间，先后用1 000多个品种，做了3 000多个杂交组合，都没有培育出不育度达到100%的水稻苗来。杂交水稻的研究过程充满了艰辛，而袁隆平凭借着他的智慧和执着，战胜了一个又一个的困难。终于在1974年，袁隆平在安江农校试种的"南优2号"杂交水稻亩产达到了628公斤，与常规稻亩产150公斤相比，简直是天壤之别。

杂交水稻研制成功后，各种荣誉纷纷而来：杂交水稻之父、国家首个最高科技奖、2004年"感动中国"年度人物。"一颗种子改变世界"是对袁隆平所做贡献最好的诠释①。

18. 周总理礼仪小故事

周总理一向被人们称作礼貌待人的楷模。有一次，周总理请一位姓朱的理发师傅给他刮脸，刚刮到一半，周总理忽然咳嗽了一声，朱师傅没提防，刮了个小口子，朱师傅心里一阵紧张，忙说："我工作没做好，真对不起总理。"周总理微笑着宽慰他说："怎样能怪你呢！全怪我咳嗽没和你打招呼，还幸亏你刀躲得快。"事后，周总理还一再向朱师傅道谢，尽力消除朱师傅的顾虑。

19. 魏文侯的诚信故事

战国时期魏国的第一个国君叫魏文侯。有一次，他和管理山林的人约好第二天下午一起去山林打猎练兵。

到了第二日，下朝后举行了宴会，魏文侯准备宴会一结束就去打猎练兵。可谁知宴会结束后，天忽然下起了瓢泼大雨，雨不见停反而越下越大。魏文侯起身对众大臣说："对不起，我要告辞了，赶快准备车马，我要到郊外去打猎练兵，那里已经有人在等我了！"

众臣一见国君要冒雨出门，都上前去劝阻。这个说："下这么大的雨，怎能出门呢？"那个说："去了也无法打猎练兵。"魏文侯看看天色说："打猎练兵是不成了，但是也得告诉那位管理山林的人。"众臣中有一个人自告奋勇地说："那好，我立刻去。"魏文侯摆一摆手说："慢，要告诉也得我自己去。"那个人眨着眼睛仿佛没有听懂似的，魏文侯说："昨日是我亲自跟人家约定的，如今失约，我要亲自向人家道歉才行。"说完大步跨出门外，顶着大雨到管理山林的人的住处去了。正因为魏文侯处处诚信待人，才博得了臣民的信赖，国家才

---

① 没有挨过饿的人不知道袁隆平先生的价值 [EB/OL]. (2020-04-23) [2020-06-08]. https://www.ikepu.com/xiaozhishi/31369.html.

得以强盛①。

20. 弃医从文——鲁迅的励志故事

1902年3月，22岁的鲁迅为了寻求救国救民的真理，告别祖国，到日本留学。他想用医学"救治像我父亲似的被误的病人的疾苦，战争时候便去当军医"，为反压迫、反侵略的斗争出力；还想以医学作为宣传新思想的工具，启发人们社会改革的信仰，达到改造国家的目的②。但是，鲁迅在上课时，教室里放映的片子里一个被说成是俄国侦探的中国人，即将被砍头示众，而许多围观的中国人都无动于衷，脸上是麻木的神情。这时身边一名日本学生说："看这些中国人麻木的样子，就知道中国一定会灭亡！"鲁迅听到这话猛地站起来向那日本人投去严厉的目光，这件事使他终于认识到"医学并非一件紧要事"，他想到如果中国人的思想不觉悟，即使治好了他们的病，这些人也只是做毫无意义的示众材料和看客，现在中国最重要的是改变人们的精神。他终于下定决心，弃医从文，用笔写文来唤醒中国老百姓。于是在1906年秋他便离开日本，决定用文学唤醒人民，使祖国富强起来。

21. 六尺巷的和为贵

清代礼部尚书的家人和邻居因为宅基地的事情闹了很久。宅基地都是祖上留下来的，大家都很重视，谁都不让，公有公的理，婆有婆的理，纠纷越闹越大。最后没有办法，礼部尚书张英的家人就传书让张英动用官权，让邻居让出地方。但张英收到家书后一笑，写了一首打油诗，他家人以为张英一定有锦囊妙计，高兴得很，打开家书后发现只是一首打油诗，败兴得很。诗云："千里修书只为墙，让他三尺又何妨。万里长城今犹在，不见当年秦始皇。"家人后来一合计，也只有让地这一办法才能解决纠纷，于是张英家人主动让地三尺，其他人知道后，纷纷赞扬，称赞其旷达的态度。张英的行为正应了那句话：宰相肚里能撑船。这一行为感动了邻居，邻居也同意让出三尺。两家人的争端很快平息了。两家之间，空了一条巷子，有六尺宽，两家各一半，村民们可以自由地出入。

22. 温州人重拾诚信

曾几何时，浙江温州曾以制造假冒伪劣产品而闻名全国，关于温州假货的新闻铺天盖地，温州的商品被全国人民判为假冒伪劣的同义语。

温州市人民政府出台《温州市失信黑名单管理办法》。一旦被确认为失信黑名单的主体，将会处处受限。例如，从严审核行政许可审批项目，从严控制生产许可证发放，失信人员想贷款，不光要比别人多付利息，还可能不贷款给你，还会被限制出境和限制购买不动产、乘坐飞机、乘坐高等级列车和席次、旅游度假、入住星级以上宾馆及其他高消费行为等。

同时，温州市建立和完善了公共信用信息服务平台，致力于消除信息"孤岛"现象。创新建成个人信用评估体系统，建立信用信息省、市、县纵向互联互通和部门间横向交换共享机制，为全市近30万家企业和812万自然人建立信用信息档案；为33个市级部门和11

---

① 魏文侯诚信待人 [EB/OL]．(2018-05-30) [2020-06-10]．http：//www.zhuna.cn/zhishi/1230646.html.
② 辛连中．《藤野先生》试析 [J]．山东师院学报（社会科学版），1977 (6)：58-63.

个县（市、区）开通信用信息查询端口，提供企业信用信息的共享和联合监管服务。同时，通过温州信用网提供信用信息资讯发布、企业信用信息查询等服务，为社会公众提供线上"一站式"信用信息查询①。

警醒的温州人花了3年的时间重塑温州的诚信，他们开始用诚信重启温州经济的繁荣之门。

23. 张秉贵的敬业故事

在王府井百货大楼的门口，立着一尊铜像。这就是被大家誉为"燕京第九景"的张秉贵同志的铜像。

张秉贵出生于1918年，在当时全国最大的商业中心的百货大楼糖果柜台工作。因每日客流量巨大，张秉贵同志便下决心苦练售货技术和心算法，练就了令人称奇的"一抓准""一口清"技艺。所谓"一抓准"，就是张秉贵一把就能抓准分量，顾客要半斤，他一手便能抓出5两；"一口清"则是非常神奇的算账速度。就算遇到顾客分斤分两买几种甚至一二十种糖果，他也能一边称糖一边用心算法计算，经常是顾客要买多少的话音刚落，他就同时报出了应付的钱数。他也具有"一团火"的服务精神，"一团火"是指他从业三十年从没跟顾客红过脸。

张秉贵在平凡的售货员岗位上练就了令人称奇的"一抓准""一口清"技艺和"一团火"的服务精神，成为新中国商业战线上彰显敬业的一面旗帜。

24. 王继才的报国行为

王继才的一生，是以孤岛为家、海水为邻、孤独为伴的一生。他与妻子把青春年华都献给了祖国的海防事业。

1986年，王继才接到了守卫开山岛的任务。面对组织的挑选，他不顾家人的反对，毫不犹豫地接受了任务，瞒着家人上了岛。妻子王仕花放心不下丈夫，辞掉工作，与丈夫一起守岛，这一守就是32年。每天早上王继才夫妻的第一件事就是在岛上升起国旗。没有人让他们升旗，但是王继才认定，在这座岛上升起国旗比什么都重要。一次台风，王继才顶着大风到山顶，将国旗降了下来。回去时，他一脚踩空，从17级台阶上摔了下来，差点被卷进海里。在这种情况下，他还是将国旗紧紧地抱在怀里。在这里的整整32年里，王继才夫妻过着没有水、没有电，甚至随时都可能食不果腹的生活，但是他们没有退缩，因为在他们的信念里：岛就是国，国就是岛，守岛就是卫国。

25. 抓紧时间为党工作

周总理在健康每况愈下，身体一天比一天虚弱的情况下，仍然一心为公，牢记自己肩头所担的重任，每天只睡三四个小时，用牺牲自己健康的方式为国家、为人民的事情忙碌奔波，从没有一丝懈怠，从没有休过一天节假日。"文革"期间，有一次，周总理连续工作了三个昼夜，当天晚上又安排了七个会议，累得病又犯了，疼痛难忍，他就站起来用椅背顶住腹部，继续耐心地听大家汇报。参加会议的同志请总理坐下，总理却低声说："我不能坐，

---

① 良荣. 信用建设, 温州人不遗余力 [J]. 温州人, 2017 (13).

一坐下就会睡着了。"所有参加会议的同志都看到总理的身体十分虚弱,便以支部的名义做了一个决议,要总理增加休息时间。可是,对这个决议,总理往往执行得不好。大家又写了一张告示,贴到总理的门上,要他严格执行支部决议,注意休息。总理看后笑着说:"我老了,剩下的时间不多了,要更加抓紧时间为党工作。"①

---

① "抓紧时间为党工作"——敬业的人值得尊敬[EB/OL].[2020-02-10]. http://www.5156edu.com/ldlj/04/01.htm.

二、社会工作专业*

1. 代表人物

人物一：周波——北京市社会工作领军人才

周波，男，汉族，社会工作师，北京市大兴区社会工作者协会会长，现任职于北京市大兴区民政局社区服务中心，已经有十余年的社会工作从业经验。周波同志社会工作服务专长包括老年社会工作、社区社会工作、青少年社会工作等方面。从2004年至今，周波同志在工作中积极推动北京市大兴区的社会工作发展，先后指导了兴华东里居委会"三社联动"服务"失独老人"、天宫院街道海子角南居委会"亲邻工作坊"等项目；创造性地把社会工作方法引入婚姻登记处的工作中，对离婚进行干预，效果显著。他还编写了《大兴区社会工作优秀案例集》，对社会工作起到了很好的宣传效果。在生活中，周波同志秉承社工助人的精神，自费资助了一名大学生和一名贫困儿童。2012年4月，周波担任中国社工协会社会工作师委员会委员，他撰写的文章《孤独症儿童张晓宇的康复与修正》获得民政部二等奖，被《优秀社会工作案例精选》收录。2016年，其论文《社会治理视域下的社区志愿服务长效机制构建》在浙江省级期刊《青少年研究与实践》杂志2016年第二期发表。周波同志也曾多次受到嘉奖，先后获得优秀机关工作人员、优秀共产党员等荣誉称号。在社会工作理论研究、实务拓展、专业社工队伍建设等方面，周波同志能够勇于创新、积极实践，工作成绩突出并且有较大的影响力。在他的积极倡导下，大兴区培育出全国第一家农村社会工作组织——大兴区益民农村社工事务所。村委会、社区服务站、社会工作组织、义工和志愿者队伍共同结合，打造共建共治共享的农村社会治理新格局。"村两委+专业社工组织和本土社工+志愿者"乡村治理模式被评为北京市民政十大创新模式。由北京市大兴区民政局推荐，周波同志拟被确定为第二批北京市专业社会工作领军人才，被推荐为第二批全国专业社会工作领军人才候选人。

人物二：李爽——"90后"社会工作者，用大爱谱写芳华

在万千社工大军中，"90后"姑娘李爽便是其中一员。大学期间随着对社会工作专业的深度学习，李爽改变了对"公益"的看法，也愈加坚定了"助人自助"的信念，毕业后毫不犹豫地选择到社会工作机构就职。

如今距离毕业已有5年，当初毕业班的30余人，仅剩寥寥数人奋斗在这个行业。李爽作为其中一人，仍旧无怨地挥洒着自己的汗水。工作中经历了彷徨和茫然，她笑靥如初："我是一名社会工作者，现在是，以后也是。"李爽所在的和勤公益的主要服务领域为视障

---

* 编者：王春晖、杨峥威、陈卓、高连云

人士服务、社会组织培育和青少年服务。李爽注重"助人自助",这是作为一名社会工作者的专业理念,也是李爽从业的初心。与"授之以鱼,不如授之以渔"是一个道理,社会工作者们并不是无头苍蝇般盲目救助,而是借助所学专业技能帮助服务对象提升自身能力,以便他们能够在日后遇到类似的生活挫折和困难时,可以独立解决。

2016年7月,李爽作为项目负责人组织在校的大学生志愿者前去南阳邓州支教,为孩子们开展校内夏令营活动,给他们分享课堂以外的知识。贫困地区的生活条件不比城市,这群大孩子们经常被蚊子咬得浑身是包。而李爽作为领头人,必须尽心做好全程把控,避免在工作安排上出现偏差,为弥补教学经验的不足,志愿者们备课到深夜可谓是家常便饭。

青春正当时,别的小姑娘穿着漂亮的衣裙活跃在城市的街巷,而李爽却选择身披传递大爱的责任,出现在那些需要帮助的人身边。因为对她来说,这也是最美的芳华。

人物三:谭道亮——最美西城大妈

在北京市西城区,有一支由7万余名平安志愿者组成的群防群治队伍,这就是被网友戏称为"神秘组织"的"西城大妈"。由于这支队伍中成员的年龄大多在58岁到65岁之间,而且有七成左右的成员为女性,因此便有了这个有着浓浓京味儿的称号。

在"西城大妈"中有这么一个人,他生在红墙边,长在红墙边,扎根在红墙边,对这片土地有着一份特殊的责任感和自豪感;他关心社区的弱势群体和困难家庭,积极化解邻里之间的矛盾和纠纷,从点滴做起,服务社区居民,努力践行并传承"红墙意识",他就是以自己的实际行动完美诠释了"奉献、友爱、互助、进步"的志愿精神的志愿者——谭道亮。作为社区党委书记,谭道亮在推动社区建设过程中,积极发挥社区党委的核心领导作用,抓班子、带队伍、强作风、提能力,切实履行管党治党的主体责任。他整合地区资源,采用了"3+1"的工作模式,组织发动驻区的单位和在职党员共同参与地区维稳以及社区内的各项建设工作;他激发社工的积极性,积极培育社区社会组织,将社区创建成学习型示范社区。另外,他还组织社区的党员志愿者和有特长的居民志愿者成立社区党员服务队、"亮起来"服务队以及为老巡视员队伍,这些队伍为社区居民开展改造电线、看病取药、免费安装照明灯、购物送物、防汛排查等志愿服务活动。根据居民的不同需求,谭道亮开展党员"亮身份"结对帮扶活动,发动并组织社区党员与困难群众结对帮扶,号召党员"学习一技、奉献一艺",为社区居民提供力所能及的服务。

在背街小巷环境整治、"进千门走万户"、提升城市精细化管理水平等社区工作中,谭道亮始终以建设社区、服务百姓为己任,敢于创新、勇于担当,积极践行"红墙意识",在平凡的岗位上做出了不平凡的成绩,带领党员群众共同建设和谐美丽的家园,也被媒体誉为"最美西城大妈"。

人物四:王军芳——"天生的社工"

王军芳是中山大学第一届社会工作硕士(MSW2005级)班毕业生,在读期间她就表现出非常优秀的社工潜质和对社会工作的热忱。她被来自美国的支持中山大学社工教学的教授称为"Natural Social Worker"(天生的社工),两期超过1 000小时的专业实习,也被两位来自香港的要求非常高的(被其他同学称为"魔鬼督导")资深社工督导破例地给予了90多分的成绩。她优秀的表现以及各方的好评,也被中山大学社会工作教育与研究中心(以下简称"中大社工教研中心")的主任罗观翠教授看在眼里，觉得她是一位很值得栽培的社工苗子，毕业后她就被罗教授邀请加入中大社工教研中心工作，参与多个社工科研项目以及一些社工专业书籍的编写。

2007 年年底，在广州市民政局的支持下，广州市启创社会工作服务中心注册成立。2008 年，四川 "5·12" 大地震的发生深深地牵动了王军芳及"启创"的心。她邀请香港资深社工为广大社工及志愿者做灾后介入培训、整体负责中山大学附属第一医院来穗治疗的四川伤员辅导。王军芳虽然一直在广州努力地做着力所能及的事，但她的心还是觉得很不"满足"，她想亲身到灾区第一线，真正为灾区贡献一份力量。这种想法恰好得到由广州市民政局牵头的"广州社工支援汶川"行动组的支持，她毫不犹豫地报名参加了。在四川，王军芳被安排到汶川水磨，和那里的老师们一起住帐篷。看着四周坍塌的山岩，她认为只在镇上的帐篷区做工作是不够的，在随时有发生余震危险的情况下，她开始长途跋涉，走进高山深处的村庄，了解那里的家庭和孩子的困难，每天早出晚归、披星戴月地挨家挨户家访。就这样，她徒步走遍了高山里 9 个村庄共超过 70 户人家，进行了家访和社区需求的评估。回到帐篷区后她还非常有精神地与教师们谈天，了解他们的身心需求，当她评估到他们心中的压抑和对即将开学面对学生的忧虑后，及时舒缓他们的情绪，同时教会他们应对学生心理危机的方法。短短 10 天，她以她的实际行动深深感动了当地的老师和村民，同时打动了同去汶川支援的老一辈社工教师。

人物五：陈天虹——居民心中的"最美社工"

陈天虹是一名"80 后"社区书记，是辖区居民的贴心人，2018 年被评为沈阳市最美社工。她所在的社区是一个包括商品房、老旧小区、平房区的混合型社区。面对不同群体的需求，陈天虹创新党建引领，深入走访居民、关心党员群众，想居民所想，解居民所忧，用真情凝聚人心，用初心浇灌使命。为了带动社区服务走向完善化，陈天虹建立"六色志愿服务平台"，使为民服务渠道更加精细化；建立"爱心储蓄银行"，使困难群体真正得到帮助；建立"志愿者积分制"，使志愿服务规范化；建立"商户联盟志愿服务站"，拓宽为民服务渠道；建立"暖心屋平台"，提升社区服务水平；建立"文化型养老服务模式"，实现老有所乐、老有所依。

在社区工作中，她将社区百姓反映的问题和社工排查出的问题建立台账，逐项解决。使农机试验场从一个脏乱差的老旧小区，变成花园式小区；使鸭舍平房区从脏乱差的城中村，变得干净整洁、焕然一新。

陈天虹始终把老百姓的事当成自己的事，农机试验场燃气改造时，好多居民来社区闹，有的家里没有人，有的家里不同意安装……各种问题层出不穷。面对指责，她没有一丝埋怨，一遍一遍耐心地向居民解释，挨家挨户进行宣传。

陈天虹是无数社区工作者的缩影，守护一方和谐，保护一方平安。无论多辛苦，她依旧坚持如初。

人物六：刘涛——"90 后"暖心社工

晚上 7 点多，天已黑透。偶尔出现的几个路人也都是行色匆匆，冷风从板桥胡同和西仓门胡同的夹道口猛灌进来，路人都裹紧围巾、捏紧领口，生怕被吹个透心儿凉。可是有 4 名年轻人却抱着几个塑料袋顶风前行，冻得直跺脚，但却顾不上给自己挡风，反而把塑料袋往怀里搂得更紧了些。

"这是带给奶奶的鸡蛋和一些生活用品。咱们得走快点，不能让奶奶等！"在刘涛的号召下，几名年轻人索性在大风里奔跑了起来，向着"奶奶"家赶去。路灯暖暖地照下来，拉长了他们充满活力的身影。

离这个僻静的小巷子不远，就是繁华热闹的簋街。这个隐藏于闹市后的地方就是东城区北新桥九道湾社区。这是个典型的胡同平房区，有2 000来户常住居民，共4 800多人，这里就好似老北京胡同区的一个缩影，随着城市的快速发展，居民对社会服务的需求也日益增长。

这群在寒风中奔忙的年轻人，就是来自北京民和社会工作事务所和立林社会工作发展中心的"90后"青年党员志愿者，也是长期服务于该社区的"社工"。

在北新桥街道九道湾胡同深处，一个党建空间即将启用。这个空间的面积有500多平方米，刚刚装饰一新的院子被灯光映得既明亮又温馨，刘涛与几位社工正在和社区居民们开心畅聊。

社区里86岁高龄的高奶奶和几个年轻社工是老朋友了。北京的周末天气晴朗，刚做完结石手术的老人由"老朋友们"陪着，在家门口的胡同儿散心、晒太阳。

周末一早，看到环卫师傅的垃圾清运车从远处驶来，刘涛赶忙跑过去"护送"小车走出胡同。

板桥胡同、九道湾胡同和石雀胡同有众多外国游客。周末的时候，刘涛就为来胡同的外国游客当起义务翻译，介绍北新桥地区的历史变迁。

长期以来，这群热情的年轻人还热衷于开展各类公益活动。他们的热心和善良充满了工作和生活的点点滴滴。

西仓门胡同有一处正在装修的小院儿，几位年轻人正在忙活，"心服务，信互助，欣活力，新公益，馨家园"是他们从志愿服务中提炼出的工作理念。这几位年轻人是社区"板桥卫士"志愿服务队的成员，也是北新桥街道即将投用的五"XIN"党建服务空间的服务小团队。在以后的工作中，这里还将为社区提供专业助老等服务，社区的老街坊们又多了一个新去处。

刘涛介绍，目前他们的社工团队已在社区开展了涉及青少年、老年人、残障儿童等多种特殊人群的服务。能成为团队中的一员，这名"90后"感到很骄傲。热心公益的他辞去了先前企业的工作，成了一名专职社工。社工的收入可能并不高，但是能结识志同道合的志愿者朋友，却让他觉得很值得，"能实现自己的梦想，真的很快乐"。

这个寒冷的晚上，他们还有个重要的任务，就是去看望刚做完结石手术尚在家中休息的"老朋友"——高奶奶。听说老人做了手术，平时常在社区参加为老服务的义工们立刻决定前往探望。

高奶奶坐在床上，看上去精神不错，只是脸色有些苍白。看到"孩子们"的到来，奶奶开心得合不拢嘴，一左一右把两位志愿者刘涛和宋红妮揽在身边，亲热地抱着他们的胳膊。虽然奶奶由于耳朵不好在和志愿者聊天时总在"打岔"，但他们却像真正的祖孙一样，温馨快乐，亲密无间。

夜空被风吹得透亮，走出奶奶家，这些年轻人眼睛亮亮的，好像夜空中最美、最亮的星。"每当我找不到存在的意义,每当我迷失在黑夜里,夜空中最亮的星,请照亮我前行……"

人物七：刘彩霞——优秀社会工作师

刘彩霞,女,山东省潍坊市社工协会理事,奎文区婚姻登记处主任,社会工作师。几年来,她刻苦学习社工知识,运用社工理念,做好妇女及婚姻家庭的社会工作。她荣获全国妇联授予的"全国维护妇女儿童权益先进个人"荣誉称号；在2014年及2015年"全国首届及第二届社工知识网络竞答赛"中,分别荣获一等奖、特等奖,并取得了全国最高分。

刘彩霞一直秉承社工理念,做好家庭社会服务工作,为解决离婚率不断攀升这一问题,奎文婚姻登记处设立婚姻家庭指导工作室,由3名本处具有社工师资格的登记员担任辅导员,为有需求的当事人提供相关的法律咨询、心理疏导、情感辅导、危机处理和离婚辅导等服务。通过专业辅导,欲离婚的123名案主选择"再考虑一下",135名"赌气离婚"的案主当场和解,对放弃离婚的当事人,她用专业工作方法教授他们自主地分析问题,使他们可以正确地找到问题根源,主动地改善家庭关系,恢复正常的生活状态。对选择协议离婚的服务对象,尊重其自决,帮助服务对象分析在解除婚姻后需要应对的问题,指导其制定离婚后的生活计划,正确处理离婚后孩子的探视、教育及再婚等问题,并根据需要选择跟踪服务。

此外,刘彩霞积极利用各种政策参与途径,发挥政策倡导作用。曾经,婚姻登记记录证明被多个部门误作为婚姻状况证明使用,焦点访谈也于2015年6月报道了胡女士为证明未婚奔波8个月的案例。为促进这一社会问题的解决,刘彩霞数次奔走于有关部门之间,利用会议、新闻媒体等途径提出取消该证明的建议；她发表的《未婚证明——皇帝的新装 难怪〈焦点访谈〉找不到答案》一文,得到相关部门的重视。之后,民政部下发取消该证明的通知,刘彩霞也应邀参加民政部举办的取消婚姻登记记录证明应对问题座谈会。从此,"婚姻状况"证明成为历史,极大地方便了人民群众的相关社会生活。

她以社工的诚恳、接纳、平等、温暖与尊重等理念开展社会工作,赢得了服务对象的肯定和认可；她从社工的角度关注社会问题,积极进行政策研究和宣传,全身心地投入自己热爱的婚姻辅导服务工作中。

人物八：秦坤——"基层禁毒楷模"

秦坤,男,衡南县鸡笼镇长康村支部书记,也是村禁毒康复站站长。长康村有33个小组,900余户,3218人,离市、县较远,交通不便,但山清水秀,环境优美。秦坤说,因为历史的原因,衡南县成了毒品滋生的边角地,毒品也就成了他心中的千千结。

2007年上半年,秦坤走访各个小组暗中收集线索,然后亲自向公安部门举报,得到衡南县公安局禁毒大队及鸡笼派出所领导与民警的肯定与支持,有力地打击了犯罪人员。秦坤说,一个地方要想抓好禁毒工作,只有教育老百姓,使其自觉树立拒毒意识,才是治本之策。为此,他花了一段时间宣讲毒品危害性,在村子的每个角落里,都留下了他的汗水和足迹,他用长康的事教育长康的人,让老百姓看得见、摸得着,激发老百姓防毒拒毒的热情,在此基础上,他召开组长党员会议,开展"三防三创"活动,倡导全村"防毒、防火、防盗",组织村民一事一议,设立禁毒举报奖,设立禁毒教育读书室,设立禁毒宣传橱窗,积极引导群众创建"无毒家庭",创建"无毒小学",创建"无毒村组",激发广大群众参与禁毒的热情；经过这些点点滴滴努力，长康的毒品问题，一有风吹草动就再也逃不过秦坤的"千里眼"和"顺风耳"。因此，村里近五年来，再也没有一个村民沾染毒品，新吸毒人员零滋生的目标的实现，使长康村山更清，水更秀，人更美。

人物九：李欢欢——社工路上坚定的前行者

从苏州到南京再到北京，苏州大学社会工作专业出身的李欢欢在社会工作的路上已经走了快10年了。这10年里她也曾经想过放弃，但最终却成为割舍不了的事业。李欢欢表示，是服务对象让她感到了一种特别的成就感，"社会工作跟其他的工作不太一样，就是它在改变人，从中体会到的这种快乐是做其他的工作体会不到的"。

虽然社工行业发展起步晚，发展过程困难重重，但是作为最早一批进入社工行业的社工，李欢欢始终秉承社会工作"助人自助"的理念，坚持将希望和阳光播撒在每个服务对象的心中，用热情去感染人，用坚定去影响人，用激情去点燃人。

自大兴区众合社会工作事务所创办以来，李欢欢带领团队帮助了一个又一个的困难群众，渡过了一道又一道的难关，得到了服务对象的称赞，获得了业界的认可，这也更加坚定了她对社会工作的执着。

她长期坚持在一线服务，活跃在妇女儿童当中、在残疾人身边、在空巢老人家里、在社区居民当中。

在她的带领下，团队先后在6个社区开设了小学生课后"四点半"课堂，为300多个职工家庭减轻负担；建立社区家庭综合服务点8个，为社区2 000多个家庭提供个别化和综合性服务；帮助残疾人家庭、大病家庭、空巢家庭和低保家庭等300多户，为这些家庭筹集社会救助资金3万多元；为1 300多名临出监女性提供法律、职业技能培训，开设社会融合和支持小组，帮助她们重拾生活的信念和信心；在社区开展法律服务、安全教育、文化服务活动千余场，有效地推动了社区建设和发展。

"我们在'四点半'课堂上开设了各种各样的活动，有一个小姑娘跑过来对我们的社工说'姐姐，以后我毕业了长大了我也要来做社工'，当时我们她问为什么想来做社工，她说：'因为我看到你们很开心，我愿意天天见到你们，所以我也想要做社会工作。'她还让她的父亲和母亲都到我们课堂上来做志愿服务。听到这些我们就觉得我们做这份事业是非常值得的。"李欢欢强调。

为了让这份非常值得的事业做得更好，李欢欢十分注重理论知识的学习和更新，主动参加各类培训活动。2016年她被推荐作为第十三届北京市思想政治工作优秀思想政治工作者候选人，并考取了中级社工师资格证。她先后参加社会工作督导培训班、萨提亚家庭治疗课程学习、舞动治疗课程学习等，以提升社会工作水平和业务能力。

同时作为党支部书记，她始终抓党建工作不放松，将党建工作与服务工作相结合，取得了一个又一个的佳绩。2018年，她所在的机构被中华女子学院授牌称为MSW实践教学基地。

"社会工作特别有意义，现在我是彻彻底底地把这个当成一份事业来做。我希望以后能开拓更多的服务品牌、更多的好的项目帮助带动更多的人。"李欢欢强调。

人物十：张金春——转业军人的社工情怀

作为一名军队正团职自主择业干部，张金春因为一次偶然的经历进入了社工领域，却一发不可收拾，也越做越专业，越做越投入。

"我是很偶然地因为给社区居民讲了一堂写作的课，发现他们对我非常欢迎，希望我经常为他们组织活动，所以我就萌发了投身社会组织这样一个想法。"张金春回忆道。

刚开始张金春认为做社区工作可能很简单，就是婆婆妈妈的事情，"但是现在发现做社工的工作难度越来越大，现在因为老百姓的需求越来越多。"张金春表示。

于是，强调专业性成为张金春的选择。为了做好社区工作，他首先放下了他熟悉的军事专业，从头开始，先后2次参加北京大学、1次参加清华大学举办的社会组织高研班的培训来学习相关专业知识，购买了2万余元的社工专业书籍，潜心研究基层社会工作的特点规律。

为了提高社工队伍的整体素质，他还专门安排员工去参加相关业务知识培训。在他的积极带动和推动下，恩泽社工团队的专业能力和业务素质不断地得到提升，并具备了承担大项任务的专业水准。他们还承担了部分街道的社工综合素质提升专业培训任务。恩泽社工团队很快就脱颖而出，成为活跃在各个社区文化活动现场惹人注目的"小旗手"队伍。

在专业理论的指导下，恩泽社工的社区项目开展逐渐形成了以人为本、精准定位的特色。

张金春非常注重区分各个年龄段、不同需求的老街坊们的特点，为他们分门别类地设计项目。

2017年7月1日，苹果园街道军一社区老年人集体生日活动，张金春专门设计了一个环节：让参加活动的70岁以上的老人一起上台切蛋糕，就是这样一个小小的环节，把整个生日会的氛围推向了高潮，老人们一个个乐得合不拢嘴，很长时间后还津津乐道。

2018年9月，张金春在深入社区走访的时候，发现很多行动不便的老人这辈子连一张像样的照片都没有。张金春专门推出了他精心设计的"为社区失能老人拍摄纪念照"项目。他派出老街坊摄影团的成员深入社区，为那些高龄失能老人们搞个人定制专场拍摄，并选出满意的照片冲洗放大成16寸，装进镜框，免费送到老人手中，老人们喜出望外，爱不释手。

为了表扬好人好事、普及相关知识，张金春还积极宣传老街坊品牌，组织作家、记者采访了100名优秀社工、老街坊的典型事迹，汇编成《石景山老街坊案例集》出版发行。

善于做宣传工作也是张金春的一大特点。2018年，石景山区被全国文明办确定为全国文明城区参选之一，张金春第一时间响应，果断地率先成立了由专业作家、评论员、朗诵者、记者和摄影师组成的30多人的"小喇叭文明宣传老街坊志愿服务队"，坚持采写文明故事汇编、播放文明小广播、拍摄文明故事照片、改编文明故事剧本、表演文明故事节目等。

张金春带领他的社工和志愿者，每周至少组织一次护水、环保、礼让斑马线等社会公益活动，被他们的行动感召来的北京慈善义工联合会正式注册的会员从一开始的100多人，迅速增加到400多人。

张金春还挑选优秀设计师创作的创城宣传作品，为区政府委办局、各街道和社区策划、设计、制作海报、宣传册、书籍等几十万份的宣传品，成为助力文明创城过程中最接地气的民间宣传"小喇叭"。

对于未来的工作，张金春的规划十分明确：一个宗旨，全心全意为社区老街坊服务；两个重点，老年人和青少年；突出三性，专业性、公益性、特殊性；精兵强将、精益求精、尽善尽美、善始善终；热心社会公益，细心服务社区，全心推广国粹，真心加强合作，精心塑造品牌。

人物十一：蔡寒枫——优秀社工

2010年，大学刚毕业的"80后"女孩蔡寒枫，第一次离开从小生活的广州，来到东莞市工作，成为东莞鹏星驻东城社工下桥服务站的一名一线社工。她这一干就是近10年，从一线社工到如今已经走上了管理岗位，成为东莞鹏星驻大朗镇求富路社区综合服务中心主任。蔡寒枫说，这是一份能带给他人和社会积极影响的工作，她会一直坚持下去。

社区有一名初二学生辍学，她终日奔走于父子之间，架起双方沟通的桥梁；社区有发生家庭矛盾的妇女，她在积极开导的同时还帮助服务对象教育她正处于叛逆期的儿子；走上管理岗位后，她积极在社区组织社工开展公益活动，所组织开展的项目还曾获得广东省社会工作教育与实务协会社会工作优秀项目三等奖。

到东莞近10年，她在这里成长成为一名经验丰富的社工，并且在这里收获了爱情。

蔡寒枫曾说，做社工，就是要深入社区，多和居民交流，并和居民建立相互信任的情感，社工工作的开展就会更加容易。刚入职不久，蔡寒枫接触了一名服务对象，其家庭出现危机，蔡寒枫便常常和她聊天，站在女性的角度感同身受地对其进行劝导。当得知该名服务对象还有一位处于叛逆期的儿子时，她还时常找小男孩聊天，让孩子能够理解母亲的不容易。后来，蔡寒枫还常鼓励这个家庭组织亲子活动，经过一段时间的专业介入，这个家庭的危机终于得以化解，丈夫也回归了家庭。

在东城下桥做社工的两年时间里，蔡寒枫常常奔走于不同的社区居民家中，扮演着不同的"角色"，有时是知心大姐姐，有时是好姐妹，两年间她帮助了很多妇女、儿童和青少年。

2011年12月，参加工作的第二年，蔡寒枫获得"东莞市优秀社工"的称号。除了深入一线开展专业社工服务外，蔡寒枫也非常注重服务水平的提升与项目的研发。她坚信，有品牌力度的服务项目对提升社会工作专业的地位有着重要的作用。例如，蔡寒枫与团队研发了"我的流金岁月——生命故事本"项目，邀请大学生志愿者长期走访社区的老人，采用手绘的形式将老人一生的故事呈现出来。当有老人拉着她的手告诉她，这是自己一生中最珍贵的遗产之一时，蔡寒枫觉得自己做了一件非常有价值的事情。

人物十二：俞妙英奶奶——一辈子专做一件事

清晨的阳光洒满大地，清新的空气让人愉悦，89岁的俞妙英奶奶吃完早饭，又准备到社区活动室逛一逛了。作为活动室"管理员"，已近鲐背之年的俞奶奶仍然坚持参加一些社区活动，服务左邻右舍们。"我就是居民的'勤务员'，只要还能服务好大家，我会继续干下去。"时光在老人的身上留下了岁月的皱纹，却没能撼动她的初心。没有工资、没有办公室，她是中华人民共和国第一代"社工"，俞妙英和社工的缘分要从中华人民共和国成立初期开始说起。

1953年，22岁的俞妙英进入临平西大街居委会担任治保主任，成为新中国的第一代"社工"，从此便开始了她的基层"社工之路"。"那个时候是建国初期，百废待兴，我们做社工是纯义务劳动，没有工资、没有办公室，所以平时就在自己家里工作。"聊起过往，俞奶奶沉浸在温暖的回忆中。"我们西大街当时一共有13个组，400多户人家，很多人家里条件不好，作为治保主任，我的工作主要是管理特殊人员、减少安全隐患等。"做社工需要摸清小区周围的各种状况。从"嫩头青"成长为一名"老同志"，俞妙英用了5年的时间，小区周围所有的巷子，她都牢记在心；谁家条件不好，谁家孩子要上学了，她也心知肚明，堪称小区的"大管家"。社工的工作虽谈不上惊天动地，却与老百姓的生活息息相关；有时候看上去烦琐又细碎，却又不得不迎难而上。

居民的困难无小事，无论是吃饭休息，还是过年过节，随时都可能有人找上门来。20世纪60年代的一个冬天的清晨，天刚蒙蒙亮，俞妙英便被一阵急促的敲门声惊醒。敲门的是一位邻居大婶："俞大姐，我丈夫'走'了，孩子还小，家里就我一个人，你能不能帮帮我……"

俞妙英很清楚状况：那时国家困难，这位大婶没有工作，孩子们还小，丈夫就是家里的"顶梁柱"，现在"顶梁柱"没了，家可不能垮。"走！"俞妙英立刻披上外套，没等对方说完，便跟着她一起出了门，帮助大婶一起料理后事。"她家里真的挺可怜的，房子是租来的，没有一件像样的家具，甚至连一口棺材都买不起，老百姓遇到了这样的困难，我们一定要尽全力去帮他们！"在俞妙英的帮助下，这位邻居料理了丈夫的后事，通过俞妙英的介绍还找到了工作，这一家子终于撑了下来。

人物十三：来艳芳——185张调休单的背后

一名社区工作者的责任和初心是怎样的？

从事社区工作18年，临近退休时从办公桌里整理出未休的185张调休单，这是杭州市江干区凯旋街道景湖社区的来艳芳给出的答案。

2002年6月，离开百货公司的来艳芳接棒父亲的工作，成为一名社区工作者。像对家人一样对待居民的工作作风，使她赢得了居民和主管部门的认可。2019年10月28日下午，在江干区庆祝第十届社工节暨表彰会上，一批像来艳芳这样的社工先后获得表彰，他们深入基层、服务居民、操心大小事务，让辖区居民的生活更幸福。

拿到荣誉证书的来艳芳说："虽然要退休了，但是自己身体还不错，以后可能会有更多的时间走到居民们身边。"回望18年的社工之路，来艳芳说自己始终抱着一颗全心全意为人民服务的心，自己是开心的，也是满足的。回想起刚接手劳动保障这份工作时，常常会有不少下岗工人因为心情不好，跑到社区里来诉苦，有时甚至还会骂上几句。然而，每次轮到来艳芳接待时，她都会细细听他们倾诉，安慰他们，到了业余时间，还会陪着居民去外面找工作。那些重新找到工作的居民，不少都和她成了好朋友。

社区工作细碎烦琐，但来艳芳始终耐心对待，加班自然是常有的事情。有时候社区会给加班的社工开调休单，但来艳芳从来没用过，直到这次整理抽屉，同事们才看到了这185张调休单。在江干，像这样的社工还有很多，他们天天和居民打交道，被亲切地称为"小巷总理"。家长里短,鸡毛蒜皮,柴米油盐,事无巨细,他们都要管一管。他们扎根在社区,为居民排忧解难,助邻里和睦团结。

人物十四:王思斌——社会工作是我自己的选择,也是我想要的选择

王思斌,北京大学社会学系教授,现任中国社会工作学会会长,中国社会工作教育协会荣誉会长,国务院学位委员会、教育部全国社会工作专业学位研究生教育指导委员会副主任委员,中国社会学会学术委员会副主任委员。1978年2月,王思斌作为恢复高考后的首批大学生来到北京大学求学。1982年,王思斌于北京大学哲学系毕业,同年留校任教。30多年来,王思斌始终奋斗在教学第一线。而今荣休,他依然奋斗在社会工作教育和事业发展的前线,为北京大学的社会工作教育乃至全国的社会工作事业的发展尽心竭力。

下面,让我们一起聆听王思斌讲那些年他与社会工作的故事。

采访中王思斌热情洋溢,动情地回忆了在母校长达40年的学习、工作和生活点滴,一帧帧富有故事性的画面,勾起往昔厚重的回忆,温暖感人。他对北京大学社会学专业的全体师生的期望和对社会工作事业的展望也使人肃然起敬。

从学生到教师,从哲学到社会学再到社会工作,变的是角色和专业领域,不变的是初心。40年来,王思斌从未离开过三尺讲台,以他春风化雨般的言行影响着每个北京大学的社会学专业的学子不断向前。"很多人认为我退休了一定很清闲,其实并不是这样。社会工作、社会学系的每件事情,我都当作自己的事情。这里是我的家园,没有社会学、没有社会学专业就没有我。我希望可以一直守着自己的家园。别人问我辛苦吗,我说没觉得辛苦。当你把这里的一切当成是自己的土地,只有努力耕耘才有收获时,那就不会去抱怨,只会往前走。我们的事业、我们的社会学专业是和北京大学联系在一起的,这是我辛苦耕耘的土地,我愿意为它付出汗水,努力耕耘。这是我自己的选择,也是我愿意的选择。"用王思斌的话说,北京大学是社会学专业建立道路上"孤独的前行者"。那我们一定会庆幸,在这看似孤独的道路上,我们还有王思斌这样的前辈,在这片他辛苦耕耘的土地上,做"坚定而执着的拓荒者"。

人物十五:张和清——中山大学社会学与社会工作系教授

张和清,男,1964年12月生,教育部新世纪优秀人才,中山大学社会学与社会工作系教授、博士生导师、副系主任、中山大学社会工作教育(MSW)中心主任、华南农村研究中心副主任、民政部"全国城乡社区建设专家委员会"成员,中国社会工作教育协会农村社会工作专业委员会主任委员,中国社会工作教育协会华南片区委员会主任委员,香港理工大学中国社会工作硕士(M.S.W)及哲学博士(Ph.D.),兼任广东省社工师联合会顾问。他具有15年的中国农村社会工作经验,7年的中国灾害社会工作经验。他倡导并践行日常生活化的社区社会运动和城乡合作运动及行动研究。他从事的教学及科研方向涉及农村社会工作理论与实践、社区社会工作、社会工作理论与方法、边缘群体社会工作、灾害社会工等领域。在《社会学研究》等国内外核心刊物发表学术论文50余篇,且著有《农村社会工作》《灾害社会工作:中国的实践与反思》《国家、民族与中国农村基层政治:蚌岚河槽六十年》等10余部著作及教材。他在2010年荣获林护中国社会工作培训及发展基金第二届林护杰出社会工作学人奖。而后他成为广州市社会工作人才队伍建设政府购买社工服务试点项目"新农村建设-农村社会工作"从化项目负责人、中山大学-香港理工大学云南社工站

(绿耕城乡互助社/平寨项目)中大方负责人(本项目从2001年至今)、中山大学-香港理工大学映秀社工站(中山大学、香港理工大学、广州市民政局合作建设)中大方负责人(本项目从2008年6月至今)、广东省社会工作师联合会副会长、广州市社会工作协会常务理事。

人物十六：王振芳——公益慈善道路的坚守者

王振芳，女，1973年7月出生于成都市金堂县，汉族，民盟盟员，现工作于金堂县社会工作者协会，从事公益慈善事业。她拥有助理社工师、初级养老评估师、美国AHA、中国红十字会急救员等众多头衔，现为成都市第十七届人大代表，金堂县第十八届人大代表，民盟四川省委社会法制工作委员会副主任、民盟成都市老青妇工委副主任。

她是24年公益之路的坚持者。24载春秋，她参与帮扶、捐赠、服务人群2万余人，服务项目12个，累计集资30余万元。她打造的项目品牌有"农民创业接力棒计划""留守妇女黑山羊养殖培育项目"和弘扬传统文化的"风铃草国学堂系列项目"等，以解决"贫困问题""就业问题""留守儿童问题""可持续问题"为目的，参与到扶贫攻坚中来，努力使109户农民脱贫致富。2008年她组织成立金堂县第一家志愿者团队，11年间，她一直在公益事业方面，做着最长情的陪伴，用开拓进取的精神，为本土化发展做最果敢的承担。

她除了拥上述众多头衔外，还是2008年北京奥运火炬手之一，2016年获得四川省优秀巾帼志愿者称号、2016年被评为金堂县特殊人才津贴专家、2017年获得成都市十佳志愿者称号。她说她从来没计算自己身上有多少荣誉，自己永远只是一位微不足道的公益者。

她始终认为，每位公益者对社会无异于沧海一粟，而正是这无数的沧海一粟，构成了川流不息，构成了波澜壮阔。她始终如一地坚持、努力、奉献，无愧于"社会工作者"的光荣称号。

2. 政策阐释

(1) 党中央高度重视社会工作专业的发展

党中央、国务院高度重视社工队伍建设，党的十六届六中全会明确提出"建设宏大的社会工作人才队伍"，指出"造就一支结构合理、素质优良的社会工作人才队伍，是构建社会主义和谐社会的迫切需要"。

中共十六届六中全会以后，相关部门积极落实中央关于建设宏大社会工作人才队伍的要求。中共中央国务院2010年6月发布的《国家中长期人才发展规划纲要(2010—2020)》中把社会工作人才队伍作为我国六大人才队伍之一，确立了社会工作人才在国家人才队伍建设中的地位。2011年10月，中组部、民政部等18部门联合发布了《关于加强社会工作专业人才队伍建设的意见》，首次明确了要建立社会工作人才培养、使用和评价等系列制度体系，并确立了"党委领导、政府推动、社会参与、突出重点、立足基层、中国特色"的原则。2012年4月，中央和国家19部门又联合发布了《社会工作专业人才队伍建设中长期规划(2011—2020)》，这是第一个国家层面的社会工作发展规划，该文件明确提出到2015年，我国一线社会工作专业人才总量增加到50万人，到2020年增加到145万人的目标，并对社会工作制度建设的多个方面做出了规划要求[①]。

---

① 论当前我国专业社会工作的制度建设[EB/OL]．(2017-11-07)[2020-02-12]．http：//theory.people.com.cn/n1/2017/1107/c40531-29631969.html．

（2）社会工作积极参与脱贫攻坚

扶贫济困是社会工作的重要领域。为深入贯彻落实《中共中央国务院关于打赢脱贫攻坚战的决定》（中发〔2015〕34号）要求，充分发挥社会工作专业力量在困难帮扶、资源链接、生计发展、能力提升等方面的积极作用，将社会工作的专业理念、方法和技术引入扶贫工作，助力精准扶贫、精准脱贫，实现扶贫需求和社会服务的精准对接，推动物质扶贫和精神关爱的同步介入，促进社会工作专业力量和其他扶贫力量的协同服务，帮助贫困群众树立脱贫信心、摆脱贫困处境、共享发展成果，民政部、财政部、国务院扶贫办联合发布了《关于支持社会工作专业力量参与脱贫攻坚的指导意见》（民发〔2017〕119号，以下简称《意见》）。《意见》以助力脱贫攻坚为目标，以促进社会工作专业力量发挥作用为核心，按照"党政引导、协同推进，以人为本、精准服务，东西协作、广泛参与，群众主体、助人自助"的总体原则，提出了一系列支持社会工作专业力量参与脱贫攻坚的政策措施，为社会工作助力脱贫攻坚提供了制度指引[①]。

（3）我国开展"高级社会工作师"评价工作

2018年3月13日，人力资源和社会保障部、民政部联合发布了《高级社会工作师评价办法》（人社部规〔2018〕2号，以下简称《办法》）。

高级社会工作师考试采取考评结合的评价方式，即通过考试评价申请人的学识水平、业务能力、对社会工作理论理解的深度及广度，以及处理和解决实际问题的能力；通过评审评价申请人的实务经验、工作成绩、行业贡献等，确保高级社会工作师评价的科学、公正、客观。明确以服务能力为评价重点。社会工作者是服务基层群众、解决具体社会问题的应用型专业技术人员，能力为本是社会工作师职业资格制度的重要遵循。高级社会工作师评价重点强调参评人员的直接服务经历和服务能力，突出工作实绩和工作成果。

高级社会工作师应具有本科及以上学历（或学士及以上学位）。在取得社会工作师资格后须从事社会工作满5年。

开展高级社会工作师评价，有利于引导社会工作从业人员提升能力素质，加快培养高层次社会工作专业人才，优化社会工作专业人才队伍结构；有利于引导用人单位建立完善的社会工作专业岗位与职级体系，合理配备使用社会工作专业人才，拓展社会工作专业人才的职业晋升空间；有利于引导社会增强对社会工作的职业认同，提升社会工作的职业地位，扩大社会工作的职业影响[②]。

（4）我国发布首个青少年社会工作服务标准

2019年6月28日，共青团中央社会联络部、民政部慈善事业促进和社会工作司在北京联合召开《青少年社会工作服务指南》（以下简称《指南》）发布会，面向社会公众宣传并发布社会工作领域的第一个国家级标准。

《指南》由共青团中央、民政部共同提出，是落实《中长期青年发展规划（2016—2025年）》有关要求，提升青少年社会工作服务专业化、规范化水平的重要举措，对青少年社会

---

① 《关于支持社会工作专业力量参与脱贫攻坚的指导意见》解读［EB/OL］.（2019-05-07）［2020-02-12］. http://mzt.fujian.gov.cn/xxgk/jggk/cszz/mgj/tblj/shzzcytpgj/zcfb/201905/t20190507_4870742.htm.

② 《高级社会工作师评价办法》解读［EB/OL］.（2018-03-23）［2020-02-20］. http://www.mca.gov.cn/article/gk/jd/shgzyzyfw/201803/20180315008136.shtml.

工作服务的原则、内容、方法、流程和管理等进行了规范。

《指南》明确指出，青少年社会工作服务的主要内容包括思想引导、身心健康促进、婚恋交友支持、就业创业支持、社会融入与参与支持、社会保障支持、合法权益保护、违法犯罪预防等方面；明确要求"共青团组织要统筹规划青少年事务社会工作服务的范围和规模，负责青少年社会工作服务成效评估制度的建设和业务指导"。与此前下发的《关于做好政府购买青少年社会工作服务的意见》形成呼应，对共青团完善青少年社会工作服务顶层制度设计，引导青年社会组织有序参与社会治理具有重要意义。

《指南》于2019年7月1日起正式实施①。

（5）《中华人民共和国社区矫正法》通过，明确了社会工作参与途径

2019年12月28日，第十三届全国人民代表大会常务委员会第十五次会议表决通过了《中华人民共和国社区矫正法》（以下简称《社区矫正法》）。《社区矫正法》共九章六十三条，自2020年7月1日起正式施行。这是我国首次就社区矫正工作进行的专门立法，也是首部明确了社会工作参与的法律。

《社区矫正法》强调，国家鼓励、支持企事业单位、社会组织、志愿者等社会力量依法参与社区矫正工作。《社区矫正法》还明确规定，社区矫正机构根据需要，组织具有法律、教育、心理、社会工作等专业知识或者实践经验的社会工作者开展社区矫正相关工作。社区矫正机构应当根据社区矫正对象的情况，为其确定矫正小组，负责落实相应的矫正方案。根据需要，矫正小组可以由司法所、居民委员会、村民委员会的人员，社区矫正对象的监护人、家庭成员，所在单位或者就读学校的人员以及社会工作者、志愿者等人员组成。社区矫正机构可以通过公开择优购买社区矫正社会工作服务或者其他社会服务，为社区矫正对象在教育、心理辅导、职业技能培训、社会关系改善等方面提供必要的帮扶②。

3. 职业道德

人物一：陈容颖——社工已是我生命的一部分，要一直做下去

陈容颖获得天涯区2018年度"社工之星"，近年来她致力于服务青少年群体，先后服务青少年等群体逾1 000次。

"青少年是一个青春、单纯的群体。对待他们，不应以一种说教的方式去对待，要尊重他们的想法。"陈容颖说，她曾经服务过一位叫万成（化名）的残障青少年，由于身体缺陷的原因，万成自我认同感很低，觉得自己什么都做不了，也不愿意去和朋友、同学交往。且因行走不便，万成只能长期由年老的爷爷背着上学。得知万成的情况，陈容颖和其他社工一起组织"义卖"活动，为万成筹集善款购买了一台轮椅，这让万成感到很开心。与此同时，陈容颖还对万成进行了学业和心理辅导，提升其人际交往能力。现在，自信心慢慢提高的万成还新交了几位好朋友。

"社工已是我生命的一部分，要一直做下去。"陈容颖说，像万成这类青少年群体值得社会上更多的人去关注，要让他们感受到温暖，让他们觉得自己不是孤独的。近两年的社工

---

① 《青少年社会工作服务指南》国家标准发布［EB/OL］．［2020-02-20］. https：//baijiahao. baidu. com/s? id=1637582782747053386&wfr=spider&for=pc.
② 《社区矫正法》通过明确社工参与途径［EB/OL］．［2020-02-20］. http：//www. gongyishibao. com/html/gongyizixun/18046. html.

之路,让陈容颖对社工的价值有了更深的认识。这份工作,除了帮助个人在社会中过得更好,更是在推动社会变得更适合人生活。所以,她愿意在社工这条路上坚持走下去,实现社工的价值。

人物二:刘海燕——矢志不渝 创新服务

刘海燕在上海市杨浦区控江路街道社区事务受理服务中心工作,在日常工作岗位上,能够切身体会百姓疾苦,忠于职守、兢兢业业,用党的政策帮助人,用真挚的情感关心人,用亲善的形象感染人,用工作的技巧说服人,赢得了社区居民的好"口碑"。她总结和创新的"燕子救助八法",被上海市民政系统评为十佳服务品牌,社区居民亲昵地称她为"燕子"。

刘海燕始终把"权为民用、情为民系、利为民谋"作为救助工作的出发点和归宿点。她用"诚心、真心、贴心、细心、尽心"的"五心"优化业务流程,规范服务标准。她将"亮身份""亮承诺""亮标准"融入工作中。她将211户救助对象的电话存在自己的手机里,并公示自己的手机号码,于细微处播撒关怀,抚慰救助对象的心灵。

她曾多次奔波于虹口区、杨浦区社会保障部门为脑梗瘫痪在床的杨某办妥了提前退休的手续;她为身患重病的回沪无业知青俞某解决了其看病难和补缴养老金退休养老的难题;她为控江一村的尿毒症患者王某设计了多套救助方案,并联系有关单位与其结对帮困,解决了其定期血透所需的费用;她多次与困难家庭结对,进行助学帮困;她经常为孤困老人服务,甚至服务其到临终……她不仅仅是通过自己的努力解决了人们的困难,更是一次次向困难家庭传递生生不息的爱和希望。

人物三:张经伟——社工之路上认真前行的"90后"

张经伟曾经做过青少年领域的一个重点服务项目,实地收集涉罪未成年人和贫困家庭青少年的详细信息,建立个案专档,并开展帮扶。每次探访,他看到的都是社会弱势群体的凄苦生活,很难想象,在经济发达的沿海城市,竟会有人住在墙不挡风、瓦不遮雨的土房里,家畜就在破败的院子中散养。

"每次探访都只能带点微不足道的东西,去了解服务对象的过往,却又不能提供实质性的帮助,这样不是在揭别人的伤疤吗?"无法自我疏解情绪的他找到了项目督导寻求帮助,督导告诉他:"在那样的环境中,如果我们不去,还有谁会去听他们说,了解他们的生活,如果注定要揭开伤疤,我们这些拥有专业知识的人是不是会降低这种伤害?如果我们不去做,还有哪些人可以科学地收集探访信息呢?"

督导的话对张经伟产生了很大的影响,让他如醍醐灌顶般豁然开朗。从那时起,一个坚定的信念在他的心中萌生——尽自己所能,帮助需要帮助的人。于是,在后面的探访中,他做得比谁都认真,每次也尽可能全面地了解服务对象的信息,在半个月的时间里走访并建立了32份重点青少年的个案专档。

人物四:佟鸣宇——敬业奉献 服务社群

作为一名学校社会工作者,佟鸣宇为了开拓服务空间,一面利用心理测评课的机会宣传社工工作,一面积极参与设计生涯规划课程,通过开展的服务让师生们理解、感受"社工是什么""社工做什么"。由于高中课程紧密,为了不影响学生上课,佟鸣宇不得不利用午休、晚自习的时间开展辅导,这样虽然需要经常加班,但是可以"让学生在需要时,就能看到社工办公室的灯光"。在做学校社工的时光里,他陪伴轻度抑郁的学生走过高考前的一整年;让因为瘦弱和"不合群"常被同学调侃的学生,内心变得坚强;让陷入焦虑的"三好学生"更宽容并接纳自己的不足……在每学期170余次的咨询中,高大、帅气的社工哥哥佟鸣宇逐渐赢得了学校大多数学生的信任。同时,他的"来访者"也从学生扩展到越来越多的教师和家长。"做社工的满足,就是帮助服务对象看到新的可能性"。佟鸣宇这样认为。

人物五:张璠——扎根一线 服务医患

张璠是2019年度"首都最美社工"。2015年,张璠入职清华大学附属北京清华长庚医院。四年来,她始终扎根于医务工作一线,全面参与社区健康促进、医院志愿服务督导、病友小组构建与临床个案介入、社服基金搭建等工作。

"我们是医师的助手、护士的伙伴、患者与家属的朋友、家庭的保护人、社区的组织者、其他专业技术人员的合作者。"医务社工的工作比较繁杂,是现代卫生系统中"不可缺少"的重要专业技术人员。张璠走出医院,调动医疗资源,走进社区,开展的健康促进活动累计400余场;连续三年组织"永庆杯路跑"大型健康公益活动,倡导积极健康的生活方式。

在医院志愿服务督导方面,张璠设立组织架构,完善内部管理章程,提升内部活力,传达"快乐志愿"理念。如今,在她的努力下,医院的志工队已有310人,均为长期来参加服务活动的周边居民,目前这个队伍已经能够半自主地独立运营。在临床个案介入方面,张璠本人参与介入经济困难、交通肇事、三无病患等个案40余例,运用专业社会工作方法对患者进行情绪疏导。在社服基金搭建方面,通过张璠的工作推动,清华长庚社会服务基金将募集到的百余万元善款用于清贫患者的慈善医疗救助①。

4. 行业法规

(1) 你好,我们是社工

民政部发布的《社会工作者职业水平证书登记办法》规定,社会工作者是指通过全国社会工作者职业水平评价取得《中华人民共和国社会工作者职业水平证书》的人员。"双创青年"是由郑州市金水区民政局购买,在金水区团委领导下,郑州市金水区尚和社会工作服务中心运营的企业社会工作服务项目。针对辖区内国家知识创意产业园区的创业青年和6个大学生创业园,项目计划通过运用社会工作的专业知识和技巧,为企业青年职工提供心理疏导与支持,帮助青年职工提升社会交往技巧,帮助创业青年链接增能资源,维护社会公平和可持续发展。社会工作者根据园区情况和青年人活泼、爱挑战的特点和个性,首先设置了"趣味套圈"和"智力闯关"两个小游戏,活动地点分为"室内场"和"室外场"。经过几次小组活动,达到了预期目标,大大增加了项目服务交流群的人数,发展了活动骨干人员队伍。社工初驻园区,不能急于"提供服务",而是首先让大家了解社工,了解项目,打好"群众基础"。因为群众只有了解了才会接纳,也才会参加社会工作者开展的活动,接受社

---

① 张璠荣膺"首都最美社工"称号,医务社工与医师和护士有何区别?[EB/OL]. (2019-04-11) [2020-02-20]. https://www.takefoto.cn/viewnews-1755095.html.

会工作者的帮助，甚至主动向社会工作者求助。

(2) 薪酬状况衡量社工职业化程度

党的十六届六中全会《中共中央关于构建社会主义和谐社会若干重大问题的决定》提出，建立健全以培养、评价、使用、激励为主要内容的政策措施和制度保障，确定职业规范和从业标准，加强专业培训，提高社会工作人员的职业素质和专业水平。美国的社会工作职业化发展，至今已有超过100年的历史。在发展初期，社会工作者的薪酬待遇和社会地位比较低下。这种状况激起了社会工作者对职业地位的追求，成为推动社会工作职业化进程的一个重要因素。在此后的20多年时间里，美国社会工作的职业化进程得到了推进，薪酬待遇也逐步成为美国社会工作职业化发展程度的衡量指标之一。进入20世纪80年代，随着美国大部分地区的社会工作法律的制定和完善，社会工作的职业化进程加快，社会工作者的薪酬待遇也得到进一步提高。依据美国劳工统计局的数据，2015年美国社会工作者的平均年薪是49 670美元，平均时薪是23.88美元，中位数时薪是22.07美元。社会工作者的平均年薪，已经明显高于美国所有职业的平均年薪（48 320美元），中位数时薪更是比全国数据（17.40美元）高出将近5美元。总体而言，社会工作者的薪酬待遇在美国处于中等偏上的水平，摆脱了以往较低的薪酬待遇和社会地位。

(3) 牵手高校，广州市从化区首个村级社工服务站落地

民政部《关于进一步加快推进民办社会工作服务机构发展的意见》规定，民办社会工作服务机构是以社会工作专业人才为主体，坚持"助人自助"宗旨，遵循社会工作专业伦理规范，综合运用社会工作专业知识、方法和技能，开展困难救助、矛盾调处、权益维护、人文关怀、心理疏导、行为矫治、关系调适、资源链接等服务的民办非企业单位。2020年1月14日，华南农业大学公共管理学院与从化区民政局在鳌头镇帝田村共同签署合作共建协议，并为首个共建项目——从化区鳌头镇帝田村社会工作服务站揭牌。广州市从化区民政局介绍，"一老一小"是村级社工服务站的重点服务对象，服务站目前正在谋划升级"长者饭堂"，打造"幸福食堂"，不仅为老人提供助餐配餐，也为跟老人一起生活的儿童提供服务。广州市从化区已纳入全国首批乡村治理体系建设试点，而且正在全力建设全省乃至全国乡村振兴示范区。这次共建合作，有利于贯彻落实党的十九届四中全会精神，着力于基层社会治理和基本社会服务改革创新，共同探索具有从化特色的农村社会工作服务模式、共建共治共享社会治理模式、农村公益慈善和志愿服务模式、农村社区居家养老模式，为乡村治理体系创新探路。

(4) 护航成长，重构青春梦

《中华人民共和国未成年人保护法》规定，未成年人是指未满18周岁的公民。国家根据未成年人的身心发展特点给予特殊、优先保护，保障未成年人的合法权益不受侵犯。公安机关、人民检察院、人民法院以及司法行政部门，应当依法履行职责，在司法活动中保护未成年人的合法权益。小明是美术特长生，文化课成绩也很不错。在2018年年初的一个晚上，与往常一样，小明饭后坐在沙发上玩手机，向来严格的父亲看到他没有学习就严厉地教训了他几句，小明一气之下选择离家出走。几天过去，小明身上的现金所剩无几，他做了一个大胆的决定——抢劫。小明的抢劫行为，构成了犯罪，公安机关依法走完程序后，将案卷递交

至检察院。万幸的是，小明的行为并未造成不可挽回的后果，且得到了被害人的谅解。案卷送到检察机关后，检察官考虑到小明是个未成年人，根据最高人民法院的相关规定对小明做出了附条件不起诉决定，由司法社工对其开展为期半年的考察。经过社工的介入，小明能够掌握基本的法律知识，对自己之前的犯罪行为有了深刻的认识，法律意识增强，学习成绩也稳步上升，在期中考试结束之后，小明的成绩保持在班级前十名。

（5）成功就业后的挑战与成长

《中华人民共和国残疾人保障法》规定，残疾人是指在心理、生理、人体结构上，某种组织、功能丧失或者不正常，全部或者部分丧失以正常方式从事某种活动能力的人。国家采取辅助方法和扶持措施，对残疾人给予特别扶助，减轻或者消除残疾影响和外界障碍，保障残疾人的权利。国家保障残疾人劳动的权利。小张今年22岁，智力残障二级，3岁时高烧不退从而引发了癫痫，经过治疗直至8岁痊愈，一直在家没有上学，不识字，没有自己的社交圈子，不会使用社区资源。小张平时由父亲照顾，母亲在湖北工作，平时主要通过电话与其沟通联系，家里有个弟弟但与小张关系一般。2017年3月15日，小张来到某残疾人康复就业服务中心寻求帮助，于2018年3月，在社会工作者的帮助下成功就业，就业地点为餐厅。但在就业过程中，小张对新工作的工作环境适应以及融入新同事方面出现问题，表现为在没有当事人允许的情况下翻看他人背包和偷东西等行为，导致对其是否可以继续工作产生影响。社会工作者及时和小张沟通，让小张重新树立信心并具备足够的勇气，努力工作，最终实现在餐厅继续就业。

三、心理咨询专业*

1. 持之以恒的意志力

俞敏洪是新东方教育科技集团的董事长兼总裁。他出身农村，经历3次高考才考入北京大学英语系，因为之前的基础不太好，大学期间他的成绩一直是班里比较差的。他在大三时还不幸患上肺结核。最后毕业时他分析自己最大的优点是有一个良好的心态：设定目标之后，坚定信念，永不放弃，也就是现在习近平总书记所说的"不忘初心，牢记使命"。在他们班的毕业典礼上，他讲了一段风趣幽默又严肃认真的话："大家都获得了优异的成绩，我是咱们班的落后同学，但是我想让同学们放心，我决不放弃，你们5年干成的事情，我干10年，你们10年干成的，我干20年，你们20年干成的，我干40年。如果实在不行，我会保持心情愉悦，身体健康，到80岁以后把你们送走了我再走"。从他的这段话中，我们明白面对自己的弱势和短板时，不沮丧、不气馁，更不放弃，仍然保持不骄不躁、坚持不懈的态度，滴水穿石、铁杵成针，最终一定能够达到个人理想的彼岸。也正是这种持之以恒、不畏艰难的意志力支撑着他，在创业路上历经艰辛，最后拼搏出新东方的辉煌成就。

2. 知耻而后勇的内驱力

对"00后"的大学生来讲，励志故事也需要与时俱进。因为残疾、贫困和苦难的现实生活已经逐渐地离他们远去了，大部分学生自小生活在物质基础比较丰裕的环境中。讲述苦情故事没有办法让他们产生心灵共鸣，也有很多学生认为并不只有苦情故事才励志，遭遇挫折之后仍然能够保持积极乐观的心态，对这代人来讲才是最励志的。2012年厦门理工学院举行十佳励志大学生的评选活动，外语系大三学生陈晓芳入选。她的故事是这样的：大一的时候成绩平平的她见到外教上课就躲在教室里最远的角落，有一次被外教点名翻译乔布斯的名言"Stay hungry, stay foolish"，意思本来是求知若渴，虚心若愚。她当时很紧张，站起来脱口就说"保持饥饿，保持愚昧"，这个翻译引得同学们哄堂大笑。在这之后，她知耻而后勇，每天6点钟起床，听英语广播，背诵名人演讲稿，电影必看英语原声，还主动申请加入莎士比亚戏剧社，后来陈晓芳不仅通过了英语专业八级，还拿到了剑桥商务英语高级证书，考取了教师资格证和导游证，成为同学们心中的"考证达人"。这个故事告诉我们，对大学生来讲无知并不可怕，无耻才是学生成长中最大的绊脚石。学生只有在能够真正看到自己的不足并愿意去克服它们的时候，才会真正产生出想要进步的强大动力①。

3. 困境重生的抗逆力

很多大学生觉得自己出身一般，没有官二代、富二代、红二代、星二代等身份，觉得平凡的

---

* 编者：于新红、高屹、赵静、顾凯、武雷

① 代国辉，唐红波，陈强. 励志故事不再都是"残贫苦"[N]. 中国青年报，2012-07-02.

自己注定要度过平凡的一生，也许看了曹德旺的故事他们会有不同的感想。曹德旺，1946年5月出生，福建省福州福清市人，福耀玻璃集团创始人、董事长。他把这家企业发展成中国第一、世界第二大的玻璃企业。

曹德旺是一位具有传奇色彩的人物：幼年时他饱受磨难，为了谋生，在街头卖过烟丝、贩过水果、拉过板车、修过自行车，经年累月一日两餐食不果腹，在歧视者的白眼下艰难谋生，经历了常人难以想象的艰辛。中年时，他大胆创业，专注于汽车玻璃行业，成为举世闻名的"玻璃大王"。曹德旺是从底层崛起的普通人，他说自己很像《贫民窟的百万富翁》中的主角。由于家境贫寒，他14岁时就辍学，常常忍饥挨饿，饱受磨难。为了改变命运，曹德旺决定出去闯一闯。他向乡亲们收购白木耳，从福建倒卖到江西赚差价，很快就赚到人生第一桶金。可惜好景不长，曹德旺最后一次倒卖白木耳时，被民兵查获，血本无归。"从江西回来，我几乎把一辈子的眼泪都流干了。"不过曹德旺并没有因一时的失败而丧失斗志，找到一个机会之后他又开始到农场做销售员，倒卖树苗……尽管生活艰辛，但是母亲经常对他说："要抬起头来微笑，不要说肚子饿，要有骨气、有志气！"这句话变成了曹德旺心中坚强的意志，也使他拥有了在无数次困境中重生的抗逆力[①]。

4. 勤能补拙的自控力

曾国藩是众所周知的历史名人，是中国晚清时期的政治家、战略家、理学家、文学家、书法家，是湘军的创立者和统帅。他在中国历史上非常有影响力，在他的倡议下，清政府生产了中国第一艘轮船，建立了第一所兵工学堂，印刷翻译了第一批西方书籍，安排了第一批赴美留学生。他出生在普通耕读家庭，自幼勤奋好学，但是他小时候天赋非常一般。有一天他在家中读书，把一篇文章重复读了很多遍，却始终背不下来。这时候家里来了一个贼，潜伏在屋檐下，希望等到这个读书人睡觉之后能够偷点钱财。可是小贼等啊等，就是不见他睡觉，翻来覆去地读那篇文章，小毛贼大怒，跳下来说："你这么笨，读什么书？"然后把曾国藩反复朗读的那篇文章背诵了一遍，得意扬扬地扬长而去。小毛贼是很聪明，记忆力很好，听了几遍的文章就能够背下来，而且还很有胆量，居然做贼还不心虚，敢跳出来和主人发怒。然而遗憾的是，最终他仍然是一个小毛贼，名不见经传，而曾国藩先生没有靠天分，只是靠自己的努力，就成了连毛泽东主席都钦佩的人。毛泽东主席曾经评论曾国藩："愚于近人，独服曾文正"。这个故事表明勤能补拙是良训，一分辛苦一分才。天道酬勤，这个成语的意思是上天偏爱勤奋的人，付出的努力一定会有所回报，也说明了机遇和灵感往往只光顾有准备的头脑，只垂青孜孜以求的勤勉者。再有天分的人，不愿意付出努力，只想不劳而获，最终也只能两手空空。

5. 爱的滋养——不断追寻的自信心

这是一个美丽的爱情传说。从前有两兄弟都到了适婚年龄，哥哥叫阿勉，弟弟叫阿全，兄弟俩决定一起到外面去寻找自己喜欢的姑娘。有一天他们来到一个村庄，在村头碰到一位姑娘，阿勉觉得那位姑娘正是自己要找的意中人，他认为或许这就是一见钟情，于是决定留

---

① 史楠，李海秀. 网上激情传递"青春励志故事"[N]. 光明日报，2012-04-01.

下来。阿全说那个姑娘没有什么出众的地方，样子也不怎么好看，就对哥哥说："既然你喜欢，就留下好了，我继续去找我喜欢的人了。"

哥哥在送走弟弟之后，在当地了解到这位姑娘叫阿秀，尚未嫁人。还有人告诉他在这个村子里，男人要娶姑娘，必须用牛做聘礼。因为牛是这里的主要劳动力，男方准备的牛的数量的多少，代表着姑娘的相貌的高低。如果送一头牛，就代表着女方是那种无人愿娶的丑女；最多送九头牛，就代表着姑娘像仙女一般优秀。这么多年来这个村子根本就没有人送过九头牛，但是阿勉想方设法地准备了九头牛，浩浩荡荡地去阿秀家求婚了。阿秀的父亲非常吃惊，觉得自己的女儿只是一个普通人，最多只要三四头牛就行了，并且对他说："你送这么多牛来，这是不对的，邻居会笑话我的。"阿勉说："不，老人家，我认为你的女儿是世界上最漂亮、最优秀的姑娘，我认为她就值九头牛，请你一定要收下。"最后老人推辞不掉，只好收下了九头牛，结婚之后阿勉一直把阿秀当成最漂亮、最优秀的姑娘来对待。

三年之后，弟弟阿全还是没有找到自己心满意足的姑娘，又回到了村庄找哥哥，想看看哥哥和嫂子生活得怎么样。刚到村头，他就看到了一位姑娘在河边洗衣服，这位姑娘长得非常漂亮，长发飘飘，阿全看呆了，心想这不就是自己日思夜想要找的意中人吗？怎么以前没有发现呢？当他上前询问哥哥阿勉的地址时，姑娘告诉他阿勉正是她的老公，弟弟阿全非常吃惊，他难以置信地说："当初见到你的时候，你是一个很普通的女孩子，怎么过了几年变得这么漂亮？"嫂子说："没遇到阿勉之前，所有的人，包括父母和我自己都觉得我只是一个很普通的女孩子，可阿勉用九头牛娶了我，我开始相信自己是很优秀的，并且一直以九头牛的标准来要求自己，以报答阿勉对我的知遇之恩，所以慢慢地就变成你看到的这个样子了。"

生命成长的过程就是不断寻找自信，不断给自己定位的过程。自信是一种非常重要的个人特质，然而没有人天生拥有自信。我们的自信一方面源于身边重要的人对自己的看法和期待，另一方面也源于个人对自己的定位和要求，你想要成为什么样的人，并一直在向那个目标努力，最终就会变成什么样的人。

大学生常常会困于爱情关系中，无法判断一段恋爱关系是否值得拥有。这个故事告诉我们美好的爱情关系是一种滋养的关系，会让一个人由内而外变得越来越美好。

6. 吕蒙正——人穷志不穷

吕蒙正是北宋的宰相，也是一代名臣。他幼年时期，身世非常坎坷。他父母之间的感情不好，每天几乎从早吵到晚。父亲一怒之下，竟连老婆和孩子都不要了；不但把他母亲休弃了，连他也被赶出了家门。母亲带着他离开了家，孤苦无依，几乎无以为生。幸好，有一个老和尚，看他们母子可怜，又觉得这个孩子心性淳厚，禀赋不凡，将来必成大器，因此收留了他们母子，并且教他读书。

这样的身世背景，"穷"是当然的。他穷到什么地步呢？有一次，他走过伊水边，天气非常炎热，他口渴得要命。看到路边有个人在卖瓜，瓜其实卖得很便宜，但他连买个瓜解渴的钱都没有，只是看一眼，低头走了过去。那小贩心地非常善良，看他在大太阳之下赶路，挥汗如雨，感觉非常口渴的样子，再看他的衣着打扮，知道他是个穷书生，大概没钱买瓜，就喊住他，大方地送他一个瓜解渴。吕蒙正接过瓜就吃了。他虽然很感谢卖瓜人的好意，但想到自己，一个读书人，竟要卖瓜的小贩"施舍"瓜给自己吃，心中百感交集，竟然当场就被瓜噎住了。

到后来，他做了宰相，特地在伊水边当年吃瓜的地方，建了一座亭子，亭名叫"噎瓜"，纪念他贫穷时，曾受人施舍，吃瓜噎住的往事，以鼓励贫家子弟要"人穷志不穷"。

7. 周杰伦——不纠烂事、不缠烂人的自我定力

周杰伦是我国台湾地区的知名音乐人，在海内外享有盛誉。但是周杰伦出道至今，一直饱受争议。2008年前后，他度过了一段极其黑暗的时期，可以说是被全网抹黑。铺天盖地的污蔑和网络暴力，让周杰伦背上了各种莫须有的罪名。其中影响最深远、性质最恶劣的，莫过于两个谣言：一个是周杰伦说自己不是中国人，是台湾人；另一个是汶川地震周杰伦只捐了5万元。事实上，周杰伦不仅从来没有说过这样的话，而且多年来坚持走中国风路线，写出了像《东风破》《青花瓷》《发如雪》等弘扬中华文化的歌曲。五次登上春晚舞台，是国家对周杰伦最大的肯定。

更何况，央视主动出面澄清，周杰伦为汶川地震捐款4200万，是台湾歌手中捐款金额最多的。然而，面对各种不择手段的诬陷，周杰伦并没有发表声明或者做出解释，只是一如既往地出作品，只要发新专辑依旧占据各种榜单。在时间和实力面前，一切烂人烂事都只是浮云罢了。每个人的人生，都会有更有意义的事情等着自己去做。

格局越大的人，越不会和烂人烂事、小人小事纠缠。他们不因旁人的看法患得患失，不因现实的流言蜚语纠结。无论任何事情，都无法缠住他们前进的步伐。

8. 高学历的高铁霸座男——生活中的晕轮效应

2018年8月21日，从济南开往北京的G334次列车上，一名男乘客在一名女乘客上车前，先坐在了属于该女乘客的座位上，女乘客上车后，继续"霸座"。当事女乘客叫来列车长后，该男乘客自称"站不起来"，并表示到站下车时也站不起来，需要乘务员帮忙找轮椅。他拒绝坐回自己的座位，并称让女乘客要么站着，要么坐他的座位，要么去餐车。

2018年8月31日，高铁霸座男真的坐在轮椅上拍了一段视频。视频中，霸座男子赤裸着上身，坐在轮椅上笑着挥手，不仅喊话昆山砍人案中的"龙哥"给他推车，还调侃了不久前发生的与滴滴公司相关的"反杀案"。

后来有网友曝料该"座霸"是韩国某著名大学的经济学博士，引起大众更加猛烈的批评。"为什么博士只淘汰学渣，不淘汰人渣？""就怕流氓有文化""学历和素质不成正比"。人们在表达愤怒之外，也暗含了这样一种期望：怎么你学历这么高，素质却这么低呢？也就是说人们普遍有这样一种看法，"他学历这么高，素质应该也挺高的吧"。

这里面就暗含着心理学中的晕轮效应，又称光环效应，是指当我们对某人的某一特征形成固定的好坏印象后，仍倾向认为此人其他方面也有这样的特点。然而实际情况是学历高，素质不一定高。晕轮效应其实是以一种以偏概全的视角去看待事物，是一种非常普遍的心理错觉。人们自身要尽量避免这种效应出现，同时也应该恰当利用这种效应改善自己的人际关系。

9. 林森浩——扭曲的性格

林森浩与黄洋均为复旦大学上海医学院的2010级硕士研究生，分属不同的医学专业。2010年8月起，林森浩入住复旦大学某宿舍楼的421室。一年后，黄洋调入该寝室。之后，

林森浩因琐事对黄洋不满，逐渐怀恨在心。

2013年3月29日，林森浩在大学宿舍听黄洋和其他同学调侃说愚人节快要到了，想做节目整人。林森浩看到黄洋笑得很得意，便联想起其他学校用毒整人的事件，便计划投毒"整"黄洋，让他难受①。2013年3月31日，林森浩将二甲基亚硝胺原液投入宿舍饮水机内，室友黄洋不慎饮用后出现重度肝功能损伤，后来入院治疗，最终没能挽回生命，不幸离世。在黄洋住院期间，林森浩还曾去探访黄洋，假装关心，扰乱警方视线。

专业知识丰富的名校生守不住基本的道德和人性底线，让人警醒：过于功利的社会环境让我们忽视最基本的健康人格的培养，灌输仇恨的不良风气让心浮气躁的青年人心胸狭隘，缺乏容人之量。从亲密室友到下毒伤人，扭曲的性格提示我们心理健康教育任重道远②。

10. 蔡桓公——自以为是送了命

古代齐国有个国君，名曰蔡桓公。扁鹊是当时远近闻名的名医，一次扁鹊面见蔡桓公，在其面前站着看了一会儿说：您有小病表现在皮肤的纹理中了，不医治恐怕要加重。蔡桓公说：我没有病。扁鹊退出以后，蔡桓公说："医生喜欢给没有病的人治病，把治好病作为自己的功劳！"过了十天，扁鹊又进见蔡桓公，说：您的病在肌肉和皮肤里面了，不及时医治将要更加严重。蔡桓公又不理睬他。扁鹊退出后，蔡桓公又因此事不高兴。又过了十天，扁鹊又进见蔡桓公，说：您的病在肠胃里了，不及时治疗将要更加严重。桓侯又没有理睬他。扁鹊退出后，蔡桓公又因此事不高兴。又过了十天，扁鹊在进见时远远看见蔡桓公就转身跑了。蔡桓公特意派人问扁鹊为什么转身就跑，扁鹊说："小病在皮肤的纹理中，是汤熨的力量能达到的部位；病在肌肉和皮肤里面，是针灸的力量能达到的部位；病在肠胃里，是火剂汤的力量能达到的部位；病在骨髓里，那是司命管辖的部位，医药已经没有办法了。现在您的病在骨髓里面，我因此不问了。"又过了五天，蔡桓公身体疼痛，派人寻找扁鹊，扁鹊已经逃到秦国了。蔡桓公不久就病死了。

蔡桓公为自己的自以为是付出了生命的代价。国王作为一国之君，自然很难接受别人的批评。生活中我们要正视自己的缺点与错误，不能拒绝批评和帮助，要防微杜渐。我们要自我反省、自我批评，及时修正自己。

11. 骆驼祥子为什么没去拿曹先生家的东西？

《骆驼祥子》是老舍的代表作，讲述的是旧中国北平城里一个人力车夫祥子的悲剧故事。祥子来自乡间，为生活来到城市拉洋车，他最大的梦想不过是拥有一辆自己的车。经过三年的奋斗，他买上了车，但不到半年，竟被匪兵抢走了。为了赚钱再买辆车，祥子在一家姓杨的人家里拉过包月车，之后又回到车行，其间受尽屈辱。

后来祥子在曹先生家做包月车夫，曹先生待他很好，祥子过上了好日子，攒钱买车又有了希望。曹先生因宣传社会主义言论，被一个叫阮明的学生告发了。曹先生赶忙远走避难，他让祥子回家送信。一到家，祥子就被孙侦探抓住了，孙侦探敲诈去了他的全部积蓄，祥子

---

① 马加爵、林森浩人格分析 [EB/OL]. [2020-02-08]. http://blog.sina.com.cn/s/blog-4bc7d2a70102x89m.html.

② 大学生心理健康导论 [EB/OL]. [2020-02-08]. www.docin.com/p-2112993995.html.

买车的计划又一次像肥皂泡似的破灭了。晚上，祥子辗转反侧，始终睡不着。他真想偷偷地起来，去曹宅看看。反正曹先生跑了，曹家空无一人，为何不去拿几件值钱的东西？为了曹宅的事，自己辛辛苦苦攒下的钱被人抢去，自己拿曹宅的东西补上，不是正合适吗？再说，即使自己不拿，别人照样会拿。走，去曹家！不，不能当贼！去还是不去？祥子在内心里进行了激烈的斗争，最终还是没去①。

祥子为什么没有去曹家拿东西？运用弗洛伊德的人格理论来分析，每个人的人格都包含三种成分：本我、自我和超我。本我，本然的我，遵循快乐享受原则，受本能支配。自我，遵循现实原则，衡量客观现实的规范，有理性地、符合大众期望地为本我服务又避免现实的惩罚。超我，遵循道德原则，良心、道德或高超理想是它的主要内容。按照本我的要求，祥子应该去曹家拿几件值钱的东西，用变卖后得到的钱去买车。根据自我的内容，祥子也可以去曹家拿几件值钱的东西，因为曹家已经没有人了，他拿了东西也没人知道。但是，祥子的超我中存在的良心和道德不允许他去拿，他认为拿别人家的东西就是偷，就是贼。祥子是善良的，他恪守着朴素的道德原理，宁愿穷也不做违背良心的事情，彰显了底层劳动者的美好品格。

12. 忽视心理健康的恶果——马加爵案的启示

马加爵（1981年5月4日—2004年6月17日），男，汉族，广西宾阳人，云南大学生化学院生物技术专业2000级学生。2004年，马加爵在云南大学宿舍内连杀4位同学，引发了轰动全国的"马加爵事件"。马加爵从小就是一名学习成绩优异的学生，1996年至1997年在宾州初中读初三，以优异成绩考取省重点的宾阳中学；1997年至2000年就读于宾阳中学；1999年至2000年读高三，成绩优异，曾获得全国奥林匹克物理竞赛二等奖，被预评为"省三好学生"；2000年考入云南大学生化学院生物技术专业②。是什么原因导致马加爵沦为一名杀害4名同窗的杀人犯？

法院审核认为，马加爵因不能正确处理人际关系，在学校因琐事与同学积怨，进而产生报复杀人的恶念，并经周密策划和准备，先后将4位同学残忍杀害。据同学反映，马加爵平时看起来就给人一种不太舒服的感觉，特别是在楼道内遇到他，由于楼道光线不好，总会给人一种阴沉沉的感觉，能吓人一跳。同学们反映说他这人太怪了，没有人敢接近他。在篮球场打球，如果别人没打好或不小心撞到他一下，他就会翻脸骂人，时间一长，也没人敢跟他一起打球了③。大家都觉得他心理有问题，每次同别人闹不愉快，他从不反思自己，总认为是别人找他麻烦④。后来，大家只能远离他，但绝没有料到他会如此极端。由此可见，马加爵在沦为杀人犯之前，心理已经开始出现问题。

在马加爵杀害的4位同学中，有2位是他怀恨在心计划杀害的对象，另2位是妨碍了他杀人计划的普通同学。当一个人有心理问题时，不仅与他有瓜葛的人会受到直接影响，而且

---

① 老舍. 骆驼祥子［M］. 海口：南海出版公司，2015.
② 大学生犯罪与加强青少年的情商、德商及法商教育问题［EB/OL］. ［2020-02-08］. http://blog.sina.com.cn/s/blog-aff4b0050102v7u8.html.
③ 马加爵其人. 中国青年报［N］，2004-03-17.
④ 马加爵：一个大学生"屠夫"的成长［N］. 新闻晨报，2004-03-16.

与他无冤无仇的人也会受到牵连。马加爵因心理扭曲不能正确处理人际关系问题，最终令包括他自己在内的5位大学生丧命，给5个家庭带去了无法弥补的巨大伤害。心理问题具有隐蔽性，有时很难得到格外关注，学生觉得躲着他就无大碍；马加爵自己也没能重视自己的心理问题，没有及时寻求帮助。所以，心理健康教育非常重要，通过心理健康教育可以帮助学生认识和识别心理问题，促进个人加强自省、及时进行自我调节或求助，能够减少恶性事件发生的概率。

13. "一诺千金"——诚信的价值

秦朝末年有一个叫季布的人，特别讲信义，只要是他答应过的事，无论多么困难，一定会想方设法做到。当时甚至流传着这样的谚语："得到一百两黄金，也不如得到季布的一个承诺"①，这就是成语"一诺千金"的由来。

楚汉相争时，季布是项羽的部下，他为项羽出生入死，冲锋陷阵，立下了大功。曾几次献策，使刘邦的军队吃了败仗，刘邦对他深为痛恨。刘邦在统一中国做了皇帝后，下令以千两黄金的重赏捉拿季布②。但是，季布重信义，深得人心。人们宁愿冒着被诛灭三族的危险为他提供藏身之所，也不愿意为赏赐的一千两黄金而出卖他。为了帮助季布逃跑，一位姓周的朋友秘密地将季布送到鲁地一户姓朱的人家。朱家明知他是季布，仍收留了他，后来，朱家又到洛阳去找刘邦的老朋友汝阴侯夏侯婴说情。夏侯婴从小与刘邦很亲近，后来为刘邦建立汉王朝立下了汗马功劳。他也很欣赏季布的信义，所以在刘邦面前为季布说情，终于使刘邦赦免了季布。不久刘邦还任命季布做了河东太守③。

心理学研究表明，在人际交往中诚实守信是最受欢迎的个性品质。人们喜欢和诚实守信的人交往，这样的人让人产生安全感、信任感，进而在交往中能够向他敞开心扉，进行深度交往。根据人际关系的"交换与共享"理论来说，人际关系有两种，一种是交换关系，另一种是共享关系。交换关系强调礼尚往来，讲究平衡与对等，如一般同事关系、普通熟人关系、商务关系；共享关系强调关心对方幸福，不期望对方做出对等回报，如家人之间或亲密朋友关系。人际关系大多同时包含不同水平的交换与共享成分。一个人诚实守信，更容易与别人建立共享关系，能获得更多人的尊重和友谊。

14. 王菲——当爱情逝去，她的人生仍然精彩

王菲是歌坛的"天后"级人物，在华语歌坛有着巨大的影响力。她在事业上可谓非常成功；但是，她的感情却没有那么一帆风顺，先后经历了两次婚姻。与其他明星离婚时的互相揭短、指责甚至曝黑料不同，王菲与两任丈夫都是和平分手的，从不互相攻击。与第一任丈夫窦唯结婚时，王菲甘愿放下天后的身段，与丈夫住在四合院的平房里，每天去公共卫生间上厕所。2013年王菲和李亚鹏宣布离婚，在媒体猜想种种原因并对李亚鹏进行跟踪和大肆爆料的时候，王菲站出来给李亚鹏辟谣说："婚是自己选择离的，我们之间没有发生什么问题，也没有第三者出现，也没有财务纠葛。"王菲向我们展现了一个现代女性对待爱情和

---

① 一诺千金的故事［EB/OL］．［2020 - 02 - 08］．http：//www.zygaozhi.cn/show - 37 - 1014 - 1.html.
② 一诺千金——季布的故事［EB/OL］．［2020 - 02 - 08］．http：//www.haolietou.com/n - 51640.
③ 一诺千金的故事［EB/OL］．［2020 - 02 - 08］．http：//www.zygaozhi.cn/show - 37 - 1014 - 1.html.

婚姻既认真又洒脱的态度，相爱时全力以赴，不计名利、地位的差异；不爱了，给自己和对方以自由，做回朋友或亲人。现代女性，首先要有独立的经济基础和精神自由，在此前提下才能心无杂念地去追求爱情和幸福的婚姻。

有的人爱情和婚姻一帆风顺，令人羡慕；但不是所有人都如此幸运。面对爱情或婚姻的破裂，面对被分手的事实，你是否能够坦然面对、恰当处理，重新找回自己的人生？心理咨询理论之一"人为中心疗法"认为，帮助一个人把生命当作一个变化的过程，是增进心理健康的一个目标，也是维护心理健康的一种方法。失恋是很多人都可能遇到的一件事情，一些人在失恋时总是有一种执念，那就是"我不应该失恋"。所以失恋时首先要面对失恋，承认自己可以失恋，承认爱情可以消失，或者接受对方有权利重新选择。失恋的原因有以下几点，如个体变化：随时间推移，人的身份地位、思想观念甚至个性都会发生变化；移情别恋：爱情是可以发生多次的，爱上第三者或被第三者爱上都会造成原感情破裂；厌倦与疲劳：长时间共处产生贫乏无味感；时空改变：物理环境改变会在多方面改变一个人；遇上"渣男（渣女）"：有人采取欺骗的手段，恋爱动机原本就不纯洁。一段感情结束了，你需要了解这段感情结束的原因，从逝去的感情中获得成长，重新建立自己的生活，使自己变得更丰富、更坚强。

15. 李子柒——落入凡间的精灵

李子柒，微博知名美食视频博主，微博签约自媒体人。李子柒的作品既传递积极向上、热爱生活的态度，又结合人生经历传递独立自强的奋斗精神，曾被共青团中央官方微博等众多主流媒体转发表扬①。截至2019年12月，李子柒粉丝数量近3 000万，其中海外粉丝740多万，累计播放量近30亿，被评为2017年超级红人节十大美食红人、2019年超级红人节最具人气博主，荣获2019年超级红人节最具商业价值奖，成为成都非物质文化遗产推广大使，荣登"2019年度影响力人物"榜单，获"年度文化传播人物"称号。在2019年中国农村青年致富带头人协会第三届会员代表大会上，李子柒获得"中国农村青年致富带头人推广大使"荣誉称号。

在李子柒很小的时候她的父母就离婚了。母亲杳无音信，她跟父亲生活，父亲不幸早逝，继母对这个没啥血缘关系的孩子特别不好，非打即骂。6岁时，她就要自己生火做饭。爷爷奶奶知道了她的悲惨处境，实在不忍心，便把她从继母那里接了过来，从此李子柒便和爷爷奶奶相依为命。虽然从小就缺乏关爱，她却也在生活的泥泞中养成了坚韧、要强的性格。

五年级时，李子柒的爷爷不幸去世。此时奶奶年纪大了，难以支持她继续学业，14岁的她辍学出去打工，开始了长达8年的漂泊生活。最初的打工生活异常艰难，她睡过公园椅子，啃过两个月馒头。在餐馆做服务员，一个月工资不到300元②。为了赚更多的钱养活自己和奶奶，要强、能吃苦的李子柒辞掉了服务员的工作，快速学会了打碟，并在酒吧驻唱。

---

① 陈鲁民. 李子柒为啥能走红［N］. 宁波日报, 2019-12-19.
② 14岁辍学酒吧做DJ, 29岁身家过亿, 这个90后女孩凭什么？［EB/OL］.（2019-10-22）［2020-02-09］. https://new.qq.com/omn/20191022/20191022A0AHSL00.html.

在陌生城市学得一技之长改善自己和家人生活的经历，让李子柒养成了坚持、不服输、追求完美的性格，也帮助她能够将后期的视频效果呈现得如此完美。2012年，李子柒的奶奶生了一场重病，这让李子柒决心回到乡下陪伴老人共度余生。这也是她能成为如今的李子柒的最重要的一个人生转折点。

李子柒对待视频制作严谨认真。《兰州牛肉面》中记录的兰州牛肉面被誉为"中国面文化的活化石"，工序繁杂考究，对于操作年限和技术要求极高。李子柒历时近2个月向老师傅求教，终于以专业标准完成了视频录制。资料查阅、走访调研、深入学习加上独立拍摄、剪辑到最终呈现，前后历时长达3个月之久。《秋千沙发床》成片近5分钟，前后累计拍摄素材2 000余条。拍摄劈木材、钉桩等粗重劳动内容时，她屡次受伤，甚至左手无名指曾被几十斤重的木桩砸伤。因为她兼顾摄像职责，为了减少相机损耗，不顾伤口忍痛操作。在一次致谢视频中，李子柒说道："2万余条素材，来来回回开关4万次，按每条素材走25步来算，共计步行约260公里。不求您能喜欢，但求能给努力做内容的自媒体人最基本的尊重。"

有人说，看李子柒的短视频，就像做了一场脑内按摩一样，满足了人们对田园生活的幻想，"采菊东篱下，悠悠见南山"。几间小屋，一方院子，她靠自己的一双手，把自己的家变成了宝藏仙境①。

李子柒不但在国内红，在外网上人气也一直居高不下，她在YouTube上的订阅量已经有740万，每期视频的播放量都上千万，影响力超过一众明星，成为国内对外网影响力最大的博主。很多人说从她的视频里感受到了宁静和美好，被她视频里的中国传统文化吸引②。

在心理咨询中，我们经常分析原生家庭对孩子的影响，李子柒的童年过得并不幸福，但她成年后却靠自己的力量实现了人生的升华。我们喜欢李子柒，不仅喜欢她的院子、她的菜品，更喜欢她的生活状态。经历了人世伤痛之后，依然热情地拥抱生活，感知当下的美好，这样的人必然不会被命运亏待。

16. 真正的朋友——一名"学渣"的逆袭之路

沈俊是南京航空航天大学的一名学生。刚上大一时，沈俊特别迷恋打游戏，除了睡觉和吃饭，其他时间都在外面打游戏。他不但不去上课而且连考试也不参加，可以说是一名十足的"学渣"。大一结束后，沈俊因为挂科率太高，留级重修大一。

留级后，让他没想到的是，自己竟然被分到了一间"学霸"宿舍！看到舍友一起上课，相互讨论题目，监督学习，贪玩的沈俊显得有些格格不入。这样的情况没有持续多久就在某天的早晨被打破了。据室友回忆，当天早上大家去上课时，发现沈俊还在睡觉，于是就喊他起来上课，没想到沈俊真的起来了。舍友见他愿意起床上课，顿时觉得颓废的沈俊还能挽救。于是大家商量决定，从每天喊他准时起床上课开始，帮他恢复正常的生活学习规律。通过舍友的"人工闹钟"唤醒，沈俊几乎每天7点起床和大家一起上下课。一个月后他养成了正常的作息规律。从此开启了勤奋学习、规律作息的逆袭模式！

虽然开始愿意学习，但由于高数落下的课程比较多，沈俊学起来非常吃力，此时曾获数

---

① 陈鲁民. 李子柒为啥能走红［N］. 宁波日报，2019-12-19.
② 14岁辍学酒吧做DJ，29岁身家过亿，这个"90后"女孩凭什么？［EB/OL］.（2019-10-22）［2020-02-09］. https://new.qq.com/omn/20191022/20191022A0AHSL00.html.

学建模竞赛一等奖的室友张肖纬,成了沈俊的数学辅导教师,从矩阵到微分方程常常讲到夜里12点。宿舍另外两人则在生活和其他科目上帮助他。

在舍友们的共同帮助下,沈俊从挂科率90%、绩点1.5,逆袭到零挂科、绩点3.1,并获得二等学业奖学金,而他们宿舍也被评为学校的标兵宿舍!

沈俊的宿舍除了他自己找回学习的自信外,其他每个人也都有着不俗的成绩。室友张天立在机器人科创方面获得两项国家一等奖、两项国家三等奖等共计18个奖项;另一名室友孙成获得学校百佳青年等荣誉称号;张肖纬则是全国大学生数学竞赛决赛的常客。两年来他们宿舍成员获得的奖学金总额已经超过4万元。

心理学研究表明,从青少年时期开始,家庭对一个人的影响逐渐让位于同伴群体对一个人的影响。这个时候如果选择和积极向上、豁达无私的人做朋友,自己也会在其影响下不断进步;反之,如果整天混迹于消极厌世反社会的酒肉朋友中,自己也会慢慢被主流社会所淘汰。当然,朋友只是个人成长的一个外因,得之我幸。人的命运更多的还是把握在自己手里。

17. 钟友彬——认识领悟疗法创始人

钟友彬,1925年4月出生于山东省藤县,1945年考入北京大学医学院,1952年毕业留校,在北京大学精神卫生研究所(北京大学第六医院)从事精神病学医疗、教学和科研工作。他曾担任中国心理卫生协会常务理事,中国心理卫生协会心理咨询与心理治疗专业委员会副主任委员,中国性学会理事等职务。他出版著作数十部,其中代表作有《中国心理分析——认识领悟心理疗法》(1988年,辽宁出版社);《心理与疾病》(1993年,人民出版社)等。他先后发表了60余篇学术论文并通过论文最先把森田学说咨客中心疗法介绍给国内的同行。2009年3月在北京逝世,享年83岁。

在20世纪五六十年代,我国精神医学界受苏联影响,巴甫洛夫的高级神经活动说成为对神经症的解释。钟友彬敢于对巴甫洛夫质疑,指出心理因素是神经症的致病根源。通过对巴甫洛夫的质疑,促使他转向对弗洛伊德的理论的学习。1988年,钟友彬的《中国心理分析——认识领悟心理疗法》出版,标志着钟氏领悟疗法正式诞生[①]。认识领悟疗法,是通过解释使求治者改变认识,得到领悟而使症状得以减轻或消失,从而达到治病目的的一种心理治疗方法,是依据心理动力学疗法的原理,与中国实情及人们的生活习惯相结合而设计的。

钟友彬认为,中国人至少有以下两方面的生活习惯,与传统认识、心理动力学的原理相近:一是相信幼年经历或遭遇对人的个性及日后心理健康有重大影响,幼年和成年心理特征有连续关系;二是中国人认为,可以从成年人的观念、作风和行为中看出他幼年时期受到的影响。据此钟友彬先生提出了认知领悟疗法的心理病理学说,认为:"'病症的根源'在于儿童时代受过的精神创伤,这些创伤引起的恐惧在脑内留下的痕迹,在成年时期遇到挫折后就会再现出来影响人的心理,以至于必须用儿童的态度,去对待本来不值得恐惧的事物。"由于症状都是个人幼年期经历的恐惧在成年后身上的再现,因此症状的表现必然带有幼稚性,具有不成熟的儿童式的心理表现。心理治疗就是要找出一个人不现实的、不合理的或非理性的、不合逻辑的(儿童式的)思维特点,并帮助他建立较为现实的认知问题的思维方

[①] 沉痛悼念并深切怀念钟友彬同志 [J]. 中国临床心理学杂志, 2009 (4).

法，来消除各种不良的心理障碍①。

认识领悟疗法又称为中国式心理分析，或称"钟氏领悟治疗法"。具有中国特色的认识领悟疗法在心理治疗史上写下了独特的一页，钟友彬先生也被《时代周刊》、法新社、安沙社、意大利晚邮报、法国电视台等媒体采访，并接到了哈佛大学的邀请，被同行誉为"中国的弗洛伊德"②。

---

① 钟友彬. 中国心理分析：认识领悟心理疗法 [M]. 沈阳：辽宁人民出版社，1988.
② 沉痛悼念并深切怀念钟友彬同志 [J]. 中国临床心理学杂志，2009（4）.

四、法律事务专业*

1. 法治爱国

案例一：狼牙山五壮士案

作家洪振快于2013年11月8日在杂志《炎黄春秋》上发表了题为《"狼牙山五壮士"的细节分歧》的文章。文章援引不同来源和内容的文献资料，对"狼牙山五壮士"英雄事迹的细节提出质疑。事后，"狼牙山五壮士"中的葛振林之子葛长生、宋学义之子宋福保认为，该文抹黑了"狼牙山五壮士"的英雄形象和名誉。2015年8月25日，葛长生和宋福保分别向北京市西城区人民法院递交起诉状，请求法院判令洪振快承担侵害名誉权的民事责任。被告洪振快认为原告葛长生、宋福保的起诉没有事实依据，其所发表的文章是学术文章，没有侮辱性的言辞，不构成侵权。北京市西城区人民法院公开开庭审理了上述案件。法院经审理认为，1941年发生在易县的狼牙山战斗是著名战斗，"狼牙山五壮士"英勇抗敌的基本事实和舍生取义的伟大精神，赢得了全国人民的高度认同和广泛赞扬，是"五壮士"获得"狼牙山五壮士"崇高名誉和荣誉的基础[1]。然而被告的文章通过强调与基本事实无关或者关联不大的细节，质疑"五壮士"英勇抗敌、舍生取义的基本事实，颠覆了英雄形象，贬损了英雄人格，引导读者对英雄们英勇抗敌的事迹产生怀疑，侵犯了"五壮士"的名誉和荣誉。遂判令被告立即停止侵害行为、赔礼道歉、消除影响。

案例二：阿Sir加油！

2019年7月14日，部分游行人员在香港沙田区进行公众集会及游行时非法集结并暴力袭击警察。事后，香港警方在多次警告后使用了适当武力，拘捕了47名犯罪嫌疑人。根据警方透露，被捕嫌疑人涉嫌非法集结、袭警、妨碍警务人员执行公务和藏有攻击性武器等罪名。香港舆论和社会各界对暴力乱港行径予以了强烈谴责，表示支持警方严正执法，支持特区政府依法施政。2019年8月，香港民间团体举办"全民撑警日"活动，数十万市民到各个警署给警察送上心意卡和物资，一声声"警察你们辛苦了""我支持你""阿Sir加油"，表达香港绝大多数市民对警队的支持。这是香港社会"沉默的大多数"传递的正能量[2]。作为一支优秀的警队，香港警方在暴力事件发生后执法专业、无惧危险、任劳任怨、坚守岗位，但内外反华势力却污蔑香港警方"暴力执法"。反对派媒体和外国记者断章取义拍摄视频，甚至很多警察还收到了威胁电话，连他们的家人也遭到辱骂和诅咒。面对这样的情况，

---

* 编者：温慧卿
[1] "狼牙山五壮士"名誉权纠纷案［EB/OL］．(2018-12-13)［2020-05-10］．https://www.chinacourt.org/article/detail/2018/12/id/3607013.
[2] 王平．香港阿Sir，撑你到底［N］．人民日报（海外版），2019-08-12.

香港各界开始支持正义的警察队伍。有一位香港市民在香港《星岛日报》上专门给港警写了"感谢信":"希望香港市民同心协力,坚决反对任何违法行为。坚决支持香港警队执法,维护香港法治的核心价值,保护我们美好的家园。"

2. 智慧人生

案例一:改革先锋——王家福

在庆祝改革开放40周年大会上,党中央、国务院决定授予100名同志改革先锋称号。其中,人称"中国法学界的一面旗帜"的法学家王家福获得"推动依法治国的理论创新者"的荣誉称号。王家福曾任第八届全国人大法律委员会委员、第九届全国人民代表大会常务委员会委员、国务院学位委员会法学评审组成员、中国法学会副会长、中国民法经济法研究会会长、中国国际经济贸易仲裁委员会副主任、中国海事仲裁委员会顾问等职。

1931年,王家福出生在四川南充。1950年,19岁的王家福带着对祖国的热爱和美好憧憬,和同学们一起赴北京考学。他不负众望,考上了北京大学法律系。在上学期间,王家福聆听过多位著名学者的课程,这为他日后50多年严谨治学、推动中国法治事业发展奠定了深厚的基础。1952年7月,国家实行院系大调整,北大、清华、燕京、辅仁和浙大的法学院合并成立北京政法学院,即现在的中国政法大学。王家福与同学们一起奉调参与建校工作;大学毕业后便被分配到业务教研室做教辅工作。1955年,王家福进入苏联列宁格勒大学(今为圣彼得堡国立大学)法律系学习,攻读法学副博士学位。为感恩国家对青年学子的无限关怀,王家福在苏联学习期间毫不懈怠,于1959年完成学业,获得苏联法学副博士学位。他怀着炽热的报国之情回到祖国,被分到中国社科院法学研究所工作。王家福和同事们一起为党和国家的中心工作服务,从中国实践的需要出发研究法学。1978年,王家福接到了任务——研究民法制定的必要性。王家福立即组织专家认真研讨,他们一致认为中国需要尽快制定民法典,并撰写关于制定民法典的建议报告给中央。报告在论证民法典制定必要性的基础上还初步提出了民法典制定的基本设想。20世纪80年代,王家福组织翻译的拉普捷夫的《经济法总论》在当时的中国法学界引起了关注。20世纪80年代中期,王家福参与了具有划时代意义的我国《民法通则》的起草工作,并发挥了积极作用,对后来我国合同法和担保法的立法起到了重要的作用。1999年,王家福参与宪法修正案的审议和通过,见证了"实行依法治国,建设社会主义法治国家"基本治国方略入宪的历史时刻。进入21世纪,王家福撰文《WTO与社会主义市场经济法律制度建设问题》,继续呼吁制定民法典、完善商法体系、健全经济法。20世纪90年代以来,王家福带领中国社科院法学所的专家们为党中央和全国人大常委会就有关重要法律和社会问题讲授法制课,为党和国家的决策提供了智力支持[①]。

案例二:有理想、有追求的燃灯者——邹碧华

邹碧华,1967年1月18日出生,江西奉新人。1984年入北京大学法律系学习,1988年7月参加工作,1999年5月加入中国共产党,1999年获北京大学法律系经济法专业博士学位。1988年起,邹碧华历任上海市高级人民法院经济庭书记员、助理审判员,经一庭助理

---

① 改革先锋王家福去世,他被誉为"法学界的一面旗帜"[EB/OL].(2019-07-15)[2020-05-10]. http://nc.newssc.org/system/20190715/002714907.html.

审判员、审判员；上海市高级人民法院研究室调研二科科长、主任助理、副主任；上海市高级人民法院民一庭副庭长；上海市高级人民法院审判委员会委员、民二庭庭长等职。2012年11月，邹碧华被任命为上海市高级人民法院党组成员、副院长、审判委员会委员。2014年12月，时任上海市高级人民法院副院长的邹碧华因突发心脏病经抢救无效因公殉职，享年47岁。邹碧华去世后，中宣部追授其"时代楷模"荣誉称号，最高人民法院追授其"全国模范法官"荣誉称号。

从一名农家子弟走入北京大学法律系，从北大走到司法站线，从一名普通法官到"上海市十大杰出青年""全国模范法官""上海市优秀共产党员"，邹碧华这一路可谓是拼搏的一路、奋斗的一路。邹碧华在工作上是一个十足的"拼命三郎"。他白天奔波工作、晚上钻研业务、假日加班加点。在司法改革中，很多工作他都亲力亲为。邹碧华有三句口头禅："没事，我不累""你们先去忙吧""没事，有我在就行"[1]。邹碧华遵循母亲的教诲，成为一名"有良心的法官"。他做法官有同理心、有情怀。在工作中，邹碧华能运用多种方法，也特别善于改进工作机制。用邹碧华的话说就是，"一个人，一个团队，只要热爱自己的职业，用心做事，许多问题就会迎刃而解"。

2015年1月6日，习近平总书记对邹碧华同志的先进事迹做出的重要批示指出，邹碧华同志是新时期公正为民的好法官、敢于担当的好干部。他崇法尚德，践行党的宗旨、捍卫公平正义，特别是在司法改革中，敢啃硬骨头，甘当"燃灯者"，生动诠释了一名共产党员对党和人民事业的忠诚[2]。

3. 理想事业

案例一：北京法院优秀聘用制书记员——王钰茜

2019年，北京市高级人民法院对表现突出的20名优秀聘用制书记员通报表扬。其中有一名书记员来自海淀区人民法院，她叫王钰茜。王钰茜是北京青年政治学院法律事务专业2014届的毕业生。2014年7月，21岁的王钰茜毕业后进入北京市海淀区人民法院担任聘任制书记员。由于人手短缺，王钰茜刚步入工作岗位就被委以重任——一人协助两位法官办案。起初高强度、快节奏的工作使她焦虑。为此她给自己定了目标：不出差错，不给大家添麻烦！经过一段时间的磨合，王钰茜逐渐掌握了工作方法：合理安排，提前准备。她所在的庭室负责审理交通类民事案件，案子类型单一但不简单。例如，她曾跟办过一个因飙车引起的交通肇事损害赔偿案。整个审判过程牵涉多方。这期间，王钰茜配合带她的同事积极与伤者沟通、通报案件进展，做了充分的准备工作。案子开庭时，因当事人众多，标的额较大，开庭时间非常长，王钰茜一个人负责整个法庭记录，光庭审笔记就打了厚厚一摞。记到后来她手都发麻了。王钰茜说，这个案件，不仅是她身体上经历的一次苦战，更是她内心接受的一次洗礼。

随着内设机构改革，王钰茜所在的庭室开始专门审理速裁类案件，后所在庭室被调整为

---

[1] 时间都去哪了？邹碧华人生10个感人瞬间 [EB/OL]．(2015-02-25) [2020-05-10]．http://sh.people.com.cn/n/2015/0225/c134768-23988827.html．

[2] 邹碧华先进事迹学习宣传座谈会今召开 [EB/OL]．(2016-01-07) [2020-05-10]．http://sh.people.com.cn/n2/2016/0107/c357908-27484470.html．

队第一速裁团队。王钰茜除了跟随法官办案外，还担任了庭里第一速裁团队的内勤工作，被同事们亲切地称为"大内"。在同事们眼中，"大内"就是"百事通"的代名词。"大内"的工作烦琐而重要。由于速裁案件量大且流转快，所以王钰茜基本每隔两天就要去立案庭取案卷。将近200本案卷扫描后送给庭长，分完之后做表统计、录系统，并抓紧时间在一天之内送到承办法官手里。需要集中送达的，她收好材料后一起送给送达组，需要保全、鉴定等各种不适合速裁的案子，则会再次回到她手里，由她集中进行移转。如果是她所协助的法官的案子，她则要马上开始发起诉状排期开庭，准备开庭，之后还要校判决、宣判、归档……除此之外，她还负责领各种物资、接各种电话、参加需要内勤的各种会议、给实习生办实习证、出实习证明等，每天像陀螺一样转不停。面对这么多工作，为了保证不出错、有效率，王钰茜总结了六字要诀："努力做，使劲做！"看似简单的六个字却包含了这个温柔腼腆的小姑娘日复一日的敬业和坚守。她在工作中取得了很多的成绩，但总是把这些成绩归功于曾经教她的老师和法院带她的同事。她总是很谦虚地说："这些工作都是安康姐最开始一点一点教给我的，庭里的每个人都是我的老师，我要学的还有很多，很多事情还得做得更好一些。"王钰茜也寄语北京青年政治学院法律事务专业的学弟学妹们：花开花落，岁月如梭，大学的时光历历在目，大学的回忆温馨又美好，感恩母校和老师们的培养与关爱，教我知识，促我成长，让我可以顺利地迈向社会，我是一名普通的毕业生，没有功成名就，但希望可以更好地做好本职工作，不辜负母校的期望。

案例二：最美社工郑枭枭

2011年，郑枭枭从北京青年政治学院法律事务专业毕业后放弃了北京城里的高薪工作，选择到房山区良乡渔儿沟村当村官。2012年7月21日，北京市遭遇了多年罕见的暴雨侵袭，遭灾最严重的是房山区。暴雨给渔儿沟村造成了重大损失。按照防汛值班表规定，暴雨当天的晚上8点才轮到郑枭枭值班。但下午时，当他看到雨越下越大，路面囤积的雨水也越来越多时，他意识到防汛形势十分严峻，于是冒雨直奔工作岗位。虽然积水已经漫到了胸口处，但他没有退缩，而是尽快赶到了村委会投入抢险工作。当晚9点多，暴雨越下越急，水位迅速攀升，居民住宅区和部分路段受灾严重。党支部书记准备带队前去危险处排查险情。虽然没有抢险救灾的经验，但郑枭枭知道在这危险时刻必须要记录一手资料，于是他主动请缨前往险情地区。在险情现场，郑枭枭负责拍摄工作。领导考虑到他年龄小，又没有抗灾经验，手里还一直拿着相机，于是劝他回去。但郑枭枭始终坚持要和抢险队员们坚守在一线，记录抢险时感人的每个瞬间。为了保护仪器不受损坏，他最终不得不回到指挥部。然而回去不等于休息，他又积极投身到了另一个抢险救灾的岗位上。他及时整理出村里抢险救灾的材料并交到了街道办事处，使上级第一时间了解到了渔儿沟村的灾情。郑枭枭在抢险中刮伤了小腿，被雨水浸泡的伤口溃脓作痛，但他依然忙于灾后工作，无暇顾及自己的病痛。他细致地拍摄村民家中的受灾情况，耐心地帮助村民解决困难。从2012年7月21日下午到27日，郑枭枭主动连续值班和加班，不仅参加第一线的抗洪抢险，还及时报道灾情和救灾事迹，并及时将采集的信息整理上报，以便上级及时掌握情况。作为一名参加工作不久的大学生村官，郑枭枭在抗洪抢险工作中任劳任怨、不畏危险、连续作战、勇于担当。他的行为诠释了当代大学生社工的良好精神风貌。由于在工作中表现突出，郑枭枭荣获2012年"首都最美社工"称号。①

4. 道德诚信

案例一：涉案数额特别巨大的口罩诈骗案

2020年1月底至2月初，被告人程某某在新冠肺炎疫情蔓延迫切需要口罩之际，通过网络途径发布口罩销售的虚假广告，谎称自己有大量口罩可以出售，诱骗他人下单购买。在收取钱款后，程某某为了拖延时间，发送虚假快递单号给被害人，并将诈骗所得的部分赃款用于个人消费及偿还债务。本案中，程某某个人诈骗约65万余元。2020年2月7日，被告人徐某经王某某介绍认识了程某某，并与程某某、钟某某合谋，由徐某伪装成口罩生产厂家工作人员，负责收钱管账；程某某和钟某某负责寻找客户推荐给徐某，以此骗取他人的信任，诱骗其购买口罩。上述三人事先约定诈骗所得钱财平分。2020年2月8日，在收到被害人购买口罩的货款后，程某某、钟某某和徐某三人将11万元赃款瓜分，并将其中5 000元分给王某某，剩余近40万元赃款存放在徐某的账户中，共同诈骗金额达50余万元。上述案件是江西省疫情防控期间涉案金额巨大的一起口罩诈骗案。2020年4月20日，法院对该案进行了一审公开宣判。法院审理认为，被告人程某某、钟某某、徐某以非法占有为目的，虚构事实，利用信息网络骗取他人钱财，数额特别巨大，三名被告人的行为均构成诈骗罪。因此判处程某某有期徒刑13年，并处罚金人民币60万元；判处钟某某有期徒刑10年6个月，并处罚金人民币30万元；判处徐某有期徒刑11年，并处罚金人民币30万元②。

案例二："总对总"网络查控系统使失信人无处遁形

2019年11月23日早晨，云南镇康县人民法院执行局干警敲响了吴某的家门。原来吴某带耿某一起做工程，但工程结束后，吴某却拖欠了耿某一万余元的工资款。耿某将其起诉至法院，经法院调解，吴某承诺2019年10月前将工资款支付给耿某。但法院调解结束后，吴某玩起了失踪。法院即刻将吴某列入了"失信被执行人名单"，并与公安联动查找吴某下落。根据规定，"失信被执行人"将被限制出境、乘坐飞机、高铁。经过查找，法院执行干警找到了吴某，责令其履行偿还耿某工资款的法律义务，否则将会被拘留15天。吴某在压力之下赶紧联系朋友凑钱，支付了拖欠耿某的工资款，并承认了自己的错误。这是目前法院众多"信息化找人"案中的一起。法院之所以能迅速查找到被执行人的信息，得益于最高法自2014年起建立的"总对总"网络查控系统。最高法陆续与公安部、交通部、民政部、中国人民银行等16家单位和3 900多家银行业金融机构建设信息共享机制。法院执行干警通过这一系统可以依法查询被执行人在全国范围内的不动产、存款、金融理财产品、船舶、车辆、证券、网络资金等16类25项信息，全面覆盖被执行人的主要财产形式和信息，从根本上改变了传统线下执行模式，有效破解了执行难的问题③。

5. 谨慎交友

案例一：善恶在心中，交友需谨慎

16岁的小泽出生在一个温馨的家庭。他的学习成绩一直名列前茅，由于他考上当地重

---

① 首都最美社工：记法律系2011届毕业生郑枭枭[J]. 中国大学生就业, 2014 (21): 30-31.
② 江西乐平法院一审审结一起涉案数额特别巨大口罩诈骗案[EB/OL]. (2020-04-21) [2020-05-10]. https://www.chinacourt.org/article/detail/2020/04/id/5035883.shtm.
③ 徐隽. 让执行难不再是"老大难"[N]. 人民日报, 2020-01-05.

点中学，越来越多的人表扬他。这使他逐渐变得沾沾自喜，也开始和社会上的"朋友"混在一起，还学会了抽烟、喝酒，学习成绩直线下滑。为了使他与那些所谓的"朋友"断绝来往，小泽妈妈把他送到省会的一所医学院学医，希望他能够脱离原来的朋友圈子。小泽下定决心不辜负父母的一片苦心，努力学习，终于在期末考试中取得了优异的成绩。一年后，逐渐回归正轨的小泽却又见到了"故友"陈某。原来是陈某主动找到小泽，向小泽诉说自己当下的痛苦。陈某告诉小泽自己和女朋友方某因种种原因产生了矛盾，关系不断恶化。陈某请求小泽教训一下方某，好让自己出口恶气。小泽和陈某原来是"好哥们"。如今"兄弟有难"怎能不帮？于是小泽满口答应帮忙。次日，小泽和陈某把方某骗到一间没人住的小破屋内。陈某追上去将方某摔倒在地，两人扭打在一起。小泽吓得一动不动，不知所措。就在此时，陈某瞪着发红的眼睛，气急败坏地冲他喊："哥们儿快点！"小泽身不由己地跑了过去，不顾方某苦苦哀求，残忍地将其杀害。事后，16岁的小泽因故意杀人罪被法院判处有期徒刑11年[①]。

案例二：聚餐聚出的祸端

和朋友聚会是很开心的事情，但如果我们因为贪杯等原因，疏忽大意，可能造成不可挽回的严重后果。下面就是两个后果极其惨痛的案例。第一个案例：铁某在某酒店邀请许某等友人参加生日宴。席间同桌的友人劝许某喝酒，许某醉倒，铁某无奈，在该酒店开房让许某休息。次日凌晨2时许，有人发现许某身体情况出现异常，立即呼叫救护车，但急救中心医生赶到时许某已经死亡。后经鉴定，许某为乙醇中毒，致使呼吸中枢麻痹而死亡。许某的近亲属十分悲痛，认为当天相关人员均应负责，于是将酒店、铁某和同桌的数名客人一并诉至法院，请求判令被告赔偿损失10万余元。法院经审理，依法判令铁某赔偿许某的近亲属经济损失1万元。第二个案例：于某与胡某、武某、李某三位好友聚餐。餐后，于某酒后驾车送上述三人回家。途中发生车祸。车祸造成于某死亡，武某和李某受伤。事故发生后，武某和李某向于某的家属赔偿了8万元，胡某却没有赔偿。于是于某的亲属将胡某诉至法院，要求其赔偿各项损失12万余元。法院审理认为：作为完全行为能力人，胡某知道于某酒后驾车十分危险，但未及时有效劝阻，而且还接受其酒驾送自己回家，最终酿成惨剧。同时于某自身对交通肇事结果也存在过错，应承担主要责任。所以法院最终判决被告胡某赔偿于某家属相应损失[②]。

6. 为人处世

案例：无声调解亦彰显语言艺术

2020年3月，仍在疫情防控期间。重庆市忠县人民法院的法官接待了一对要离婚的夫妻。这对夫妻都是聋哑人。承办案件的王法官在脑海中立刻产生了一系列问题：离婚是不是这两位聋哑人的真实意愿？法庭没有懂手语的人，和这对当事人沟通需要手语翻译，可当事人本人又是否接受过手语教育？疫情防控期间办事需要高效率，当天能否调解成功？王法官

[①] 讲哥们义气他挥起了屠刀［EB/OL］．（2010-05-09）［2020-05-10］．http：//www.dzrbs.com/dzrbspage/dzrb/html/2010-05/09/content_149527.htm.

[②] 劝酒承担法律责任的情形［EB/OL］．［2020-05-10］．https：//www.66law.cn/laws/114187.aspx.

带着这些疑问接待了这对聋哑夫妻，并开始调解。王法官用笔在纸上写下问题："你们俩上过学吗？"庆幸的是，夫妻俩都识字。于是一场无声的调解开始了。经过纸面沟通，法官了解到：夫妻二人都是年幼时因病失语的。两人偶然相识，再到后来的相知并结婚生子。婚后二人因家庭琐事经常吵架，再后来干脆分居了。法官问夫妻二人他们的孩子是否健康，二人在纸上写下"很健康"三个字！法官从夫妻二人的表情和肢体语言感受到：虽然二人在生活中有分歧，但对他们3岁的孩子却都是爱意满满。所以法官也着重以此为切入点开始了进一步的调解工作。王法官劝二人孩子还小，双方要多谅解对方，不要冲动离婚，可以试着好好过。但是夫妻二人依然表示要离婚。妻子向法官表示："放心，我会出去好好挣钱，给球球买衣服，常回来看球球。"王法官在尝试调解和好却无果的情况下，只得将法律关于子女抚养、财产分割的规定给二人详细写下来。他们二人看完后用手语进行交流，其间情绪平稳、气氛和谐。两人最后达成了一致意见。案子在无声但有爱的情况下调解成功了。但王法官看着这对年轻的夫妻，心里还是有些放心不下。从保护未成年人的角度出发，王法官又给即将分手的夫妻二人写下了长长的一段寄语——希望他们在离婚后也要多沟通交流，多回家陪伴孩子，尽量努力给孩子提供好的成长环境。王法官是这样结束寄语的："你们都要好好的，希望你们都幸福。"当事人看完寄语后表示赞同，妻子眼里更是含着泪花。离开法庭时，夫妻二人竖起大拇指，这是他们在用手语向法官致谢[①]。法官在审理司法调解案件的过程中，查明案件事实，进行说理、疏导、劝说及调解，都离不开语言表达[②]。这场调解，虽然是无声的，但王法官紧扣当事人纠纷的焦点，层层深入，使得当事人和平达成离婚协议，没有伤了和气。而在调解成功之后，法官仍不忘叮嘱当事人要善待他们的未成年子女。足可见，司法调解不是冷冰冰的法律，它是在依据法律基础上的具有艺术魅力的纠纷化解模式。

7. 为学励志

案例：保安苦学 15 年 变身法学副教授

中北大学人文社会科学学院法学专业教师药恩情，现任中北大学法学专业学术带头人，兼任中国法学会法学教育研究会理事、中国法学会科技法学研究会会员、山西省法学会环境资源法研究会常务理事、山西省经济法研究会理事等职。如果不是了解药恩情的履历，我们很难将这样一位法学知识渊博的大学副教授和保安这个职业联系起来。然而，1968年出生的药恩情老师是在做了15年保安后，通过自己的努力进修继而从事教育事业的[③]。

1991年，从警校中专毕业后，药恩情被分配到中北大学从事保卫工作。受到大学校园学术氛围的感染，他立志作一名大学教师。从1992年起，他通过了中国刑警学院的成人自考，再后来又获得了中央党校函授本科文凭。2000年，药恩情报名参加了山西大学的硕士研究生考试，但最终却以落差70分的成绩落榜。后来，药恩情琢磨自己考试的弱项，努力攻克英语难题。第二年他又报名参加了兰州大学的硕士研究生考试，虽然又落榜了，但这次缩小了差距，差了不到10分。药恩情没有气馁，继续努力，第三年终于考上了山西财经大

---

① 王启芳. 一次无声的调解［N］. 人民法院报，2020-03-27.
② 周海. 司法调解中的语言艺术［N］. 人民法院报，2020-01-02.
③ 逆袭！大学保安苦学15年变身法学副教授：当老师是我的梦想［EB/OL］.［2020-05-10］. https://baijiahao.baidu.com/s?id=1603158165243350152&wfr=spider&for=pc.

学的法学硕士研究生。经过自己的不懈努力，药恩情终于成为中北大学法学专业的副教授。药恩情说，求学路上最重要的就是坚持，既然有了目标，再难也要做下去。如今，药恩情主要从事经济法理论的研究，主持多项科研项目并出版了专著和教材。凭借自己的钻研和认真，药恩情还获得了中北大学首届"知行杯"我最喜爱的教师提名奖等奖项。

8. 修身养性

案例：陈鹏生教授的热血人生

陈鹏生，1932年出生在福建省南安市。就在他刚出生时，父亲就逝世了。母亲带着他和姐姐移居香港。抗战爆发后，他又返回厦门鼓浪屿，后迁回故乡南安。在故乡，陈鹏生小学毕业后进入培元中学读书。母亲专门为他聘请了一位举人住在家里指导他学古文和书法，这为陈鹏生打下了坚实的古文基础。他从小学到中学，多次参加作文和书法比赛并获奖。陈鹏生在中华人民共和国成立初期进入厦门大学法律系学习；后因院系调整，转入华东政法学院学习。1954年毕业后，陈鹏生被选派到上海市人民检察院工作。由于他脑子灵活又喜欢写作，不久就成了一等优秀宣传员。后来因为种种原因陈鹏生离开了上海，去到安徽；到了安徽后，他又自愿去最艰苦的大别山区①。到了大别山，刚安顿下来，他就协助学校在破庙里建起了简易宿舍，解决了山区孩子上学难的问题。他平时住在由山顶破庙修成的学校里，晚上点一盏劣质煤油灯看书，第二天早晨满脸都是黑的。他想，大别山这么秀丽的风光，山里却还要点煤油灯！于是他在当地群众的支持下，和电工、教师们合力修建了一座水电站。山上物质匮乏，他就自己种南瓜。生活虽然艰苦，但陈鹏生却把它看作"人生最难得的宝贵经历之一"。出身富裕之家的他在身处逆境时依然乐观向上，演绎着热血人生。

陈鹏生的热血人生远不止此。1981年，陈鹏生回到上海，进入华东政法学院担任法律史教学工作。他深入研究中国历史上法制的兴衰得失，主张在中国法律史学会下面设立中国儒学与法文化研究会。在他的积极呼吁下，首个对儒学、法学与传统文化开展综合研究的学术团体终于在1990年成立了。陈鹏生的研究引起了海内外的重视。1991年，陈鹏生访问台湾。他是祖国大陆访问台湾的第一位法学家。之后他又应邀到日本讲学，推动成立了日中经济文化交流促进基金会。"开拓"和"创新"是陈鹏生热血人生的关键词。他笔耕不辍，我国社科重点项目《中国法律思想通史》中的《中国近代法律思想史》、《中国法制通史》中的《隋唐法制史》都是由他主编的。他又在台湾出版了与杨鹤皋教授合著的《春秋战国法律思想与传统文化研究》。"奉献"是陈鹏生热血人生的另一个关键词。陈鹏生在71周岁时才退任教席。但他依然孜孜不倦地开展工作。上海市侨联、全国侨联先后为陈鹏生颁发了"爱国奉献奖"。正如陈鹏生自己所言："作为一个由人民培养出来的知识分子，应该'常怀忧民之心，恪尽爱民之责！'"②

---

① 天生是热血，http：//news.sina.com.cn/o/2003-11-07/09171072765s.shtml.
② 一身正气满乾坤：陈鹏生教授介绍［EB/OL］.［2020-05-10］.http：//www.fxcxw.mzyfz.com/dyna/content.php? id=13026.

9. 爱情婚姻

案例一：全职太太离婚案

易某与崔某经人介绍认识并恋爱，后二人登记结婚。婚后二人育有二子。由于需要照顾两个孩子和老人，还要干农活，所以夫妻二人决定由易某外出工作养家，崔某则全职在家操持家务，相夫教子。在日常相处过程中，易某和崔某性格不合的问题逐渐暴露出来。二人经常为一些琐事吵得不可开交。易某和崔某终于决定离婚。虽然二人均同意离婚，但就财产分割问题却无法达成一致。因此易某将崔某起诉至人民法院。易某认为，崔某婚后一直没有外出工作，家里的存款、房产均是自己辛苦挣钱所得，因此主张财产应该全部归自己所有。法院经审理认为，易某和崔某感情确已破灭，准许离婚；但存款和房产是夫妻共同财产，不能都归易某所有，应当平均分配。另外，考虑到崔某虽然一直未外出工作，但其作为全职主妇，对家庭付出较多，而且没有固定收入来源，离婚后将导致其生活困难。因此根据《婚姻法》有关规定，判决易某给付崔某经济帮助两万元。在法律事务中，类似的案件很多。在婚姻关系中女方往往是对家庭付出较多的一方。她们一方面可能为了照顾家庭而牺牲自己的事业；而另一方面，在出现婚姻纠纷时则有可能因为缺乏固定经济收入而导致其合法权益得不到保障。因此人民法院在审理此类案件时，通常在充分查明案件事实的基础上会对确实对家庭付出较多义务的女方判决给予一定的经济帮助，使其合法权益能够得到保障。[①]

案例二：互联网时代的婚姻

史某与谢某因网络游戏结识。二人在进行了一段时间的网络交往后开始线下约会。经过一年多的恋爱，终于正式结为夫妻。婚后二人非常幸福。但在生育了孩子后，双方由于生活习惯不同，经常因为一些生活琐事而大动干戈。加上当初两人网络交流时没有对彼此的家庭有深入了解，因此家庭矛盾逐渐扩大。在一次争吵过程中，谢某终于无法忍受，对公婆大打出手。一气之下，丈夫史某以夫妻感情已破裂为由起诉离婚。人民法院经审理认为：双方主要矛盾在于家庭琐事，生活中家庭内部有摩擦在所难免，加上原被告是网恋而成的婚事，彼此仍有进一步了解缓和的希望。因此，双方感情实际上并未完全破裂，原被告仍有将婚姻关系修复好的希望，因此法院判决驳回诉讼请求。原被告经法官判后释法，均未上诉。近年来，以互联网作为媒介而形成的婚姻关系很多，由该方式形成的婚姻关系存在双方对彼此的了解不够充分的可能。婚后，尤其是在育儿方面，年轻夫妻经常会由于一些琐事而争吵，有时还会波及其他家庭成员，但这并不代表夫妻感情破裂。法院在审理时亦会引导双方当事人互相谅解、共同维护婚姻关系，不应轻易判决年轻夫妻离婚，而更应注意给闹矛盾的双方留下缓冲和解的空间[②]。

[①] 岳某诉曹某离婚纠纷案——公平原则在离婚案件中的彰显［EB/OL］.（2015-11-19）［2020-05-10］. https：//www.chinacourt.org/article/detail/2015/11/id/1752089.shtml.

[②] 邵某诉薛某离婚纠纷案——"网恋"时代，更应惜缘［EB/OL］.（2015-11-19）［2020-05-10］. https：//www.chinacourt.org/article/detail/2015/11/id/1752097.shtml.

五、文秘专业*

1. 智慧应对故事

案例一：弦高退秦师

公元前628年冬，郑国人杞子向秦国人出卖郑国的都城情报。他向秦国表示，他负责掌管郑国都城的北门，如果秦军能来，他会打开北门迎接秦军，秦军必得郑国都城。于是，秦穆公决定发兵偷袭郑国都城。当时，一个名叫弦高的郑国商人赶着一群牛正在赶往洛阳的途中，准备到洛阳的集市将牛卖掉。弦高正巧碰上了秦国军队，当他得知秦军是要去袭击郑国时，回国报信已经来不及。于是，他急中生智一边派人抄近路连夜回国报信，让郑国做好迎战准备；一边把自己装扮得衣冠楚楚，并挑选了12头肥牛和4张牛皮，乘着马车，带着随从，求见秦军的统帅，并向他表示自己受郑国国君的委托，送来12头牛犒劳秦军。秦军本是想偷袭郑国都城，所以听到弦高的话非常吃惊，以为郑国已经知道秦军要偷袭的消息，并且已经做好了充分准备。因此，秦军将领认为，既然无法偷袭郑国，而所带的秦军又不够围困郑国都城，还不如放弃偷袭郑国的计划。于是，秦军就不再向郑国进发，而是掉头撤回秦国。

后来，秦军在回去的路上，顺手灭了滑国。晋国知道此事后，一是认为此时的秦军军心不稳，二是秦国灭滑是欺侮晋国新君年轻，三是秦军本想进攻的国家是与晋同姓的郑国，就决定袭击秦军。结果，晋国派兵在崤山脚下袭击了秦军，秦军由于没有防备，被自己的盟国晋国打得几乎全军覆没，3位秦将孟明视、西乞术、白乙丙都被晋国俘虏了。

秦国本是想偷袭郑国，结果反而被晋国偷袭，其转折点就是弦高犒劳秦师。

案例二：郑国智回嬴政

战国末期，秦国吞并六国之势已不可阻挡。紧邻秦国的韩国为了拖延其东进的步伐，就想出了一个"疲秦"策略。韩桓惠王派擅长水利工程的专家郑国到秦国，找机会建议刚刚即位的秦王嬴政兴建水渠，诱使秦国修建大工程，以此来消耗秦的国力。按照郑国的设计，以泾水为水源，凿中山，将其引到瓠口，以灌溉渭水北面的农田。秦王嬴政虽然年轻，但却敢作敢为，于公元前246年，调集大量人力、物力开始修建"郑国渠"。

不幸的是，韩国的阴谋被秦王发现了。因此，秦王就要杀死郑国。但聪明的郑国用一段话不仅使自己逃过了被杀的厄运，还使自己流芳千古。郑国说："始臣为间，然渠成亦秦之利也。臣为韩延数岁之命，而为秦建万世之功。"①郑国的话没有把重点放在否认或解释自己最初建水渠的目的上，而是放在建设水渠的意义上。郑国首先承认自己建议秦国修建水渠

---

* 编者：丁桂莲、汪玉川、王振波、黄昕、黄岚

① 班固. 汉书 [M]. 北京：中华书局，2007.

的目的是为了韩国的利益，接着指出修建水渠的结果：对韩国来说，不过能因之而延续几年的存在；而对秦国来说，却能因之赢得长久的利益。

秦王嬴政经过认真思考后，认为郑国说得很有道理，就把对郑国的痛恨放到一边，仍然重用郑国，使其主持完成"郑国渠"修建。经过10多年的努力，"郑国渠"建成后，效果非常显著。水渠引来的泾水灌溉了渭水北岸的大片土地，从此，关中变成千里沃野。

2. 秉公执法故事

案例一：张释之判犯跸

张释之是汉文帝时的廷尉（掌刑狱，九卿之一）。一天，汉文帝外出行至中渭桥，突然有一个人从桥下跑出来，惊了汉文帝御驾的马，汉文帝险些摔下马。汉文帝十分恼火，就命人拘捕了此人，交给廷尉查办。张释之审讯后得知，该人在听到皇帝经过、需要回避的命令后，就立刻躲藏在了中渭桥下。由于躲了很长时间，已经听不到动静了，以为汉文帝的车驾已经过去了，就从桥底下跑出来。没想到正好碰上汉文帝骑马从桥上经过，他吓得赶紧跑，结果惊了汉文帝的马。于是，张释之依汉法判定其为"冒犯车驾，罚金四两"[①]。听到这个判决，汉文帝很生气，认为判决过轻，就对张释之说：幸亏我的马柔和，要是别的马，说不定我就摔下马受伤了。张释之马上解释说："法律应该是天子和天下人共同遵守的，法律条文就是这样规定的，如果要加重处罚，这样会使法律不能取信于民。"接着，张释之又说："如果在当时，皇上您让人立刻杀了他也就罢了。现在，既然把这个人交给我，走常规的法律程序，我身为廷尉，是天下公正执法的标志性人物。如果我执法时稍有偏失，那么下面的执法者在判刑时，就敢任意或轻或重。如果那样的话，老百姓岂不是会手足无措？愿陛下明察。"汉文帝毕竟是一位贤明的皇帝，听了张释之的话，想了很久说道："廷尉的量刑判决是对的。"

案例二：张释之判盗高庙玉环

一次，有人偷了汉高祖刘邦庙神座前的玉环，被抓到了，汉文帝很生气，就让士兵把抓到的人交给廷尉治罪。当时负责刑狱之事的廷尉张释之就按汉法规定的相应惩罚判其死刑，然后奏报给了汉文帝。汉文帝看了奏折后，对其所判的处罚非常不满意，勃然大怒道："这人胡作非为、无法无天，竟敢偷盗先帝庙中的器物，我交给廷尉审理的目的，是想要给他灭族的惩处，而你却只是知道按照法律条文处理，这无法表达我恭敬奉承宗庙的本意。"张释之见皇帝发怒，急忙脱帽叩头谢罪道："法如是足也。且罪等，然以逆顺为基。今盗宗庙器而族之，假令愚民取长陵一抔土，陛下且何以加其法乎？"[②] 张释之回答汉文帝的话的意思是：依照法律就应该是判处死刑，判处死刑已经足够了。即使罪名都是偷盗宗庙器物，但也要区别犯罪程度的轻重不同。如果现在偷盗宗庙的器物就要处以灭族之罪，万一有人愚蠢到挖长陵一捧土（即盗墓之意），陛下用什么刑罚惩处他呢？汉文帝将张释之的话想了很久，又和薄太后商量如何处理此事后，才同意了张释之提交的判决。

面对有着生杀予夺之权的皇帝，张释之选择不惜冒犯皇帝的威严而坚守法律的尊严，是因为他相信，只有这样做才会对国家有利、对皇帝有利。

---

① 司马迁. 史记·张释之冯唐列传 [M]. 北京：中华书局，2007.
② 司马迁. 史记·张释之冯唐列传 [M]. 北京：中华书局，2007.

3. 真诚待人故事

案例一：季羡林为入学新生看行李

至今方敏想起入学第一天和季羡林先生的相遇，仍然难以抑制那份一如当初得知真相时的激动与惭愧。1984年9月，来自农村的学生方敏独自一人背着行李走进了北大校园。行李很简单，一个大布包，但行李很重，因为所有的家当都在大布包里。一进学校，她着急去办入学手续，背着行李，很是不便。正一筹莫展时，他看到一个穿着朴素的老人朝自己这边走来，于是壮着胆子请老人帮忙照看一下行李，没想到老人爽快地答应了。

方敏一路排队，按流程办理入学手续，等到办完的时候已过了正午。沉浸于办理入学手续中的方敏恍然想起自己的行李，想起拜托了一位陌生老人在为自己照看着。她赶紧跑去找行李，发现老人汗流浃背、头顶烈日、手捧一书竟然仍在原地站着，身旁就是自己的大布包。方敏感动地道谢，老人不以为然地挥挥手，叮嘱方敏赶紧把行李搬去宿舍。

第二天的开学典礼，方敏突然发现昨天帮忙看行李的老人赫然端坐在主席台上，经介绍得知他就是北京大学副校长季羡林先生。方敏激动地把自己和季羡林先生相遇的事情告诉了身边的同学，同学说："怪不得昨天季羡林先生大汗淋漓地站在太阳下，怎么劝也不肯走。他说自己在帮人看行李，如果换了地方换了人看，取行李的人就该着急了。原来季羡林先生是在替你看行李啊，你真厉害！"方敏得知还有这样一个小插曲，深感愧疚，专程去向季羡林先生认错。季羡林先生笑着说："你有什么错？我那么做是应该的。你从农村来这里读书，布袋里装着全部家当，你能把它托付给我，就是对我最大的信任，我又怎能不认真对待呢？"

季羡林的谦和朴实、真诚待人令方敏感动不已。

案例二：高山流水遇知音

俞伯牙，春秋时期的著名琴师，精通音律，琴艺精妙。在一个清风明月之夜，他乘船游玩，触景生情，思绪万千，拨弦以抒怀。没想到悠扬的琴声吸引了一个过路樵夫驻足倾听，并大声叫绝。伯牙甚为惊讶，邀请樵夫同船游览，并再次拨弦演奏。当伯牙为雄伟峻绝的高山有感而发时，樵夫就说："雄伟庄重，我好像看见了高耸入云的泰山！"当伯牙因汹涌澎湃的波涛有感而发时，樵夫又说："波澜壮阔，我好像听见了大海的波涛汹涌！"伯牙激动极了，兴奋地说："这大概就是知音吧！我的心声你都能听懂。"樵夫名叫钟子期。二人由此相识，结为至交好友。后来，钟子期早死，俞伯牙失去了这位听琴音识心声的知音，终生不再抚琴。

因此缘故，后人常用"高山流水"一词比喻知己或知音。

4. 淡泊名利故事

案例一：吕端小事"糊涂"

三朝为臣，不仅无过，还屡屡升官，他是谁？他官运亨通凭借的是什么秘密武器呢？这个人名叫吕端，经历了北宋太祖、太宗、真宗三朝，太宗时期官至宰相，可谓一人之下、万人之上。

吕端为相时有一知名同僚，就是任参知政事（副宰相）一职的寇准。寇准办事干练，是一员能臣，只是性子急躁而且刚烈。吕端被提拔为宰相，寇准颇感不服，朝堂内外也时有不忿之词发出。吕端从不挂怀，相反为了平息寇准情绪，他经常主动放权退出宰相事务中心，隐藏自己行止，把表现机会让给这位副宰相。许多不明真相者都觉得吕端是个糊涂虫，好好的御封宰相竟然不如副宰相风光。甚至有好心人来劝谏吕端警惕寇准，小心丢了宰相职位。吕端不仅一笑置之，反而"变本加厉"请求太宗另下了一道命令，那就是让担任参知政事的寇准和他轮流掌印，领班奏事，并一同到政事堂中议事。后来，太宗下诏说：朝中大事要先交给吕端处理，然后再上报给我。但吕端遇事总是与寇准一起商量，从不专断。朝堂内外说吕端"糊涂"的声音接连不断。过了一段时间，吕端又主动把相位让给了寇准，自己去当参知政事。这下，吕端彻底坐实了"糊涂虫"的名声。

吕端做官"糊涂"，做人也不是很"明白"。虽说宋朝文官俸禄丰厚，但吕端家族人口众多，其为官清廉，进项少、花销多，而且还常常周济亲戚街坊，所以也时常入不敷出。以致吕端去世后只留下一个穷家薄业给后人。后来，他的两个儿子生活窘迫、无以成家，只能把房产质押给别人换钱娶妻。宋真宗得知此事，非常感动，特准从皇宫的开支中拿出五百万两银子帮吕家后人把房产赎了回来，另外又赏了他们不少金银和丝绸，替吕家还清了旧账。

吕端主动让权，在世人眼中是"糊涂"；吕端不置产业，为官清廉，致后人贫困，在常人眼里是"糊涂"。然而吕端这种对个人利益、对自身名利淡然处之的"糊涂"，却受到人们的交口称赞。吕端的官运亨通，不是他心思巧妙、巧舌如簧、巧取豪夺而得，而是他胸襟开阔、胸怀大志、不计个人得失所致，是这种小事"糊涂"的品质成就了吕端为官三朝不贬反升的官场奇迹。吕端具有很好的政治才能，在内政、外交等方面常有独到见解。北宋的开国宰相赵普曾这样评价他：得到褒奖不曾高兴，遇到挫折不曾害怕，具有宰相的气度。

案例二：诸葛亮写《诫子书》

"夫君子之行，静以修身，俭以养德。非澹泊无以明志，非宁静无以致远。夫学须静也，才须学也，非学无以广才，非志无以成学。淫慢则不能励精，险躁则不能治性。年与时驰，意与日去，遂成枯落，多不接世，悲守穷庐，将复何及！"①

《诫子书》概括了做人治学的经验：成于"静"，败于"躁"。这篇家训与其说是诸葛亮劝勉儿子勤学立志，不如说是诸葛亮对自己谨言慎行、志洁行芳的一生的总结。

5. 诚实守信故事

案例一：晏殊的诚实品质

晏殊（991—1055），字同叔，抚州临川（今属江西）人。北宋时期著名的政治家、文学家。

晏殊小的时候就被大家称为"神童"，被地方官员推荐给朝廷时，他年仅14岁。原本他可以不必参加科举考试就能直接得到官职，但他却毅然选择参加科举考试。无巧不成书，科举考试的题目竟是他以前做过的，并曾得到过几位名师的指点。所以，晏殊的成绩在千名考生中脱颖而出，得到了皇帝及众人的赞誉。但是晏殊并没有因为众人的夸赞而得意，他在参加复试的时候，便把自己的情况如实地告诉了皇帝，并请皇帝当堂出题重新考他。皇帝与

---

① 李昉. 太平御览[M]. 北京：中华书局，2000.

众臣们商议，最终提出了一道更有难度的题目，让晏殊当堂撰文作答。这一次，晏殊的文章同样写得非常精彩，他再次得到了皇帝和众臣们的赞赏。

晏殊在做官之后，每天办完公事回家，就会把自己关在书房里认真读书。皇帝知道了晏殊的做法之后，非常赞赏，便任命他担任太子手下的职位。晏殊面圣谢恩时，皇帝再次称赞了他闭门苦读的行为。但晏殊却非常坦诚地秉明皇帝："我并非不想去宴饮游乐，只是因为家中清贫，才没有外出游乐，我真是愧对皇上的夸赞啊。"皇帝听闻后称赞晏殊诚实质朴，且才华横溢，是一个难得的人才。几年之后，皇帝便把晏殊提拔为宰相。

晏殊的这种诚实品质一直为世人所称颂，晏殊的故事也一直流传到今天。

案例二：宋濂的守信故事

宋濂（1310—1381），初名寿，字景濂，号潜溪，别号龙门子等，汉族。他是元末明初著名的政治家、文学家、史学家、思想家，与高启、刘基并称为"明初诗文三大家"，又与章溢、刘基、叶琛并称为"浙东四先生"，被明太祖朱元璋誉为"开国文臣之首"，学者称其为太史公、宋龙门。

宋濂从小就很喜欢读书，但是因为家境贫寒没钱买书，只好向别人借书来看。每一次借书，他都会讲明借阅的期限，按时归还，从不拖欠。因此，人们也都非常乐意借书给他看。

有一次，宋濂借到了一本非常喜欢的书，读着读着便决定把书抄下来。可是快到还书的日子了，他只好连夜赶着抄书。当时正是寒冬腊月，冰天雪地，夜晚极其寒冷。宋濂的母亲劝他："都半夜了，天这么冷，等天明再抄吧。人家也不着急要回这本书。"宋濂却对母亲说："不管人家是否着急要回这本书，到了约定的期限就得归还，这是一个人的信用问题，也是对别人的尊重。如果不讲信用，说话、行事失信于人，又怎么会得到别人的信任和尊重？"

还有一次，宋濂与远方的一位学者约好了见面的日期要向其请教。谁知出发当天，下起了鹅毛大雪。宋濂挑起行李正准备出发时，母亲劝他说："这样的大雪天，怎么能出远门呢？估计你到老师那里，早已经大雪封山了，而且山上那么冷，你身上的这件旧棉袄，也御不住寒啊！"宋濂却坚持说："娘，如果我今天不出发，就会误了约好的拜师之日，那就是失约，就是对老师的不尊重啊。哪怕风雪再大，我都得马上出发！"后来，宋濂按照约定的日子赶到了老师家中，老师看到宋濂风尘仆仆，感动地称赞他："守信，好学，将来肯定有出息！"

我们在宋濂的身上也看到了"守信"的优秀品质，应该说"诚实守信"是中华民族的传统美德。在当前社会，"诚实守信"依旧是一种崇高的道德品质和道德信念，也是每个公民的道德责任，更是一种强大的"人格力量"！

6. 理想远大故事

案例一：周恩来为中华之崛起而读书

周恩来（1898—1976），江苏淮安人，我国伟大的马克思主义者，无产阶级革命家、政治家、军事家、外交家。周恩来在少年时代，就立下"为中华之崛起而读书"的宏伟志向。

12岁那年，周恩来离开家乡，来到沈阳的东关模范学校读书。一天，他在上修身课，魏校长给学生讲"立命"这个主题。当时，帝国主义列强侵犯中国，社会动荡不安，人们很困惑，特别是年轻人往往没有明确的理想和奋斗目标。魏校长给学生讲"立命"，就是教学生要怎样立志。魏校长问学生："请问诸生为什么而读书？"

学生们纷纷回答，有的说"为明理而读书"，有的说"为做官而读书"，还有的说"为发财而读书"……

周恩来一直没有发言，静静地坐在那里。魏校长注意到了他，走到周恩来的面前，问他："你为什么而读书？"周恩来站起身来，郑重而坚定地回答："为中华之崛起而读书！"

魏校长听后感到非常欣慰，感叹一个十二三岁的少年竟有如此的胸怀和抱负，不禁喝彩道："好！为中华之崛起！有志者当效周生啊！"

少年强则国强！身为学生要认真读书，早日成为栋梁之材，为国家的富强、繁荣而努力奋斗！

案例二：茅以升立志造桥

茅以升（1896—1989），字唐臣，江苏镇江人，我国著名的桥梁专家、土木工程学家、工程教育家。

茅以升小的时候曾在南京居住。离他家不远的地方，有一条秦淮河。每年端午节这天，秦淮河上都要举行划龙舟比赛。参赛的龙舟都会披红挂绿，现场锣鼓喧天、鞭炮齐鸣，河岸两边前来观赛的人熙熙攘攘，热闹非凡。

有一年端午节，茅以升因为生病，没有办法和小伙伴们一起去看龙舟比赛。他一个人躺在病床上，着急地等着小伙伴们回来，跟他讲一讲今年的龙舟比赛情况。

到了傍晚，小伙伴们从河边回来，茅以升连忙问大家："今天的比赛有多热闹？快给我讲讲吧。"可是，小伙伴们都低着头，难过地说："今天比赛出事了！""出什么事了？"茅以升吃惊地追问道。"看龙舟比赛的人太多了，把河上的桥都压塌了，很多人掉进了河里。"茅以升听到这个不幸的消息后很难过，他仿佛看到了男女老少纷纷落水的凄惨景象。

茅以升病好了之后，一个人来到秦淮河边，难过地看着断桥，心想：等我长大以后，一定要造出结结实实的大桥，永远都不会垮塌！

此后，茅以升在出门的时候，只要看到桥，就会特别留意各种桥的式样，木质的、石质的、平的、拱的……他都会仔细观察，默记于心，待回到家中，就会把所见之桥认真地画下来。平日，茅以升在读书看报时，只要看到有关桥的资料，都会细心地把资料收存起来。

就是这样，茅以升通过长期不懈的努力，终于实现了自己儿时的理想，成为一名优秀的桥梁建造专家。

7. 修身养性故事

孔子的学生子骞是个老成持重、孝顺、淡泊名利之人。子骞幼时丧母，经常受到继母的虐待和殴打，生活过得压抑、清苦。长大后不久，父亲就因病去世，守丧未满因国家发生战事被应召入伍。艰苦的生活和复杂的社会经历，使他深感世事艰辛，逐渐养成了、老成持重的性格。他平时少言寡语，然而只要开口便是中肯之言，孔子说他"夫人不言，言必有中"[①]。

---

① 论语·先进篇 [M]，北京：中华书局，2006.

作为孔子的得意门生，外加不平凡的生活经历，子骞在实践孔子思想学说的基础上，形成了自己独特的思想和行为方式。子骞重孝，父亲在世时，继母经常偏袒她的亲生儿子而无故捉弄和冤枉子骞。父亲在不明真相的情况下经常鞭打他，后来父亲知道真相后要赶走继母，子骞却反过来替继母求情。子骞规劝父亲说："母在一子寒，母去三子单。"他的孝行感动了父亲，后来也感动了继母，受到父母和乡邻的称赞。子骞主张修身养性，不要刻意追求物质享受和欲望的满足，他是孔子弟子之中第一个主张不做官而淡泊名利的人。有人来请他做官，均被他婉言谢绝。可见子骞是个真正注重修身养性而淡泊名利的自修之人。

8. 学无止境故事

一所大学，学生们正在准备参加毕业前的最后一次考试。这些学生看起来非常自信，毫无紧张感。因为老师说过他们可以带他们想带的任何书或笔记，唯一的要求就是他们不能在测验的时候交头接耳。两个小时过去了，老师开始收试卷，学生看起来不自信了，继而是焦虑和恐慌。老师看着眼前那一张张焦急的面孔，问道："4 道题全部完成的有几人？"没有一人举手。"完成 3 道题的有几人？"仍然没有人举手。"2 道题？"学生们开始有些不安。"那 1 道题呢？"教室里鸦雀无声。

"这正是我期望看到的结果。"老师说，"我只想给你们留下一个深刻的印象，即使你们已经完成了大学的学业，关于这门学科你们仍然有很多东西是不知道的。"然后他微笑着补充道："你们都会通过这个课程，但是请记住——即使你们现在即将大学毕业了，你们的学习仍然还只是刚刚开始。"随着时间的流逝，老师的名字已经被学生们遗忘，但是这堂课却没有人遗忘。

在当下，一个人的学习能力就是他的生存能力。唯学可以立志；唯学可以成才；唯学永远不能停止，且学无止境！

9. 勤奋惜时故事

案例一：路遥勤奋创作故事

路遥（1949—1992），中国当代著名作家，出生于一个陕北农民家庭，代表作长篇小说《平凡的世界》以恢宏的气势和史诗般的品格，再现了改革开放后中国城乡的社会生活和人们思想情感的巨大变迁，该小说获得了第三届茅盾文学奖。

路遥热爱生活，热爱生命，热爱家乡的黄土地。他始终认定自己是一个有"农民血统的儿子"，虔诚地相信"人生最大的幸福也许在于创作的过程，而不在于那个结果"，所以"只有在无比沉重的劳动中，人才活得更为充实"。他为了创作小说《平凡的世界》做了大量细致而深入的准备工作，单是查阅小说所反映的十年间的各种报纸，工作量就非常巨大，而且近乎是奴隶般的机械性劳动，手指头在纸张上反复摩擦，磨出了血，疼痛难忍，只好改用手掌翻阅。这项准备工作持续了 3 年，其后的创作又历经了 6 年，整个写作过程真是常人难以想象的辛苦。

事实上，路遥的创作生活，几乎没有真正的早晨，都是从中午开始的。他午饭前一个小时起床，于是，早晨才算正式开始。起床后他首先要接连抽三五支香烟，然后用比较烫的热水好好洗洗脸，紧接着喝一杯浓咖啡。午饭过后，他几乎立刻就扑到桌面上工作。整个下午都是路遥的最佳工作时间,除了上厕所,他几乎一直伏案工作,这种状态一直持续到晚饭时间。有时到了晚饭时间,他还会继续沉浸在下午的工作之中。在晚饭后一两个小时的消闲时间里,路遥会看半小时新闻联播,或是读当天的报纸。

夜晚,当人们入睡的时候,他的思绪再一次活跃起来。如果下午还没完成当天的任务,他便重新伏案写作直至完成。然后,或者阅读或者思考,路遥习惯同时交叉读多种书。他也时常会详细考虑第二天的工作内容或是小说构思中的各种各样、无穷无尽的问题,并随手在纸上或笔记本上记下要点以备以后进一步思考。第二天中午醒来,便又是一个新的早晨了。路遥在自己的创作随笔《早晨从中午开始》中说:"是的,我刚跨过40岁,从人生的历程来看,生命还可以说处于'正午'时光,完全应该重新唤起青春的激情,再一次投入到这庄严的劳动之中。"

案例二:犹太人对时间精打细算

犹太人是世界上最聪明、最神秘、最富有的民族。犹太民族的人口只有1 400多万,却执当今思想界、艺术界、经济界、科学界之牛耳!

在犹太人看来,时间就是生活,时间就是生命,时间就是金钱,必须惜时如金,必须精打细算地管理好自己的时间。因此,犹太人在与人相约时,不仅会确定相约的日期和具体的时间,还会把结束的时间也提前明确下来。每天刚开始上班的一小时是犹太人"发布命令的时间",在这段时间里,要把昨天下班后至今天上班前所收到的一切业务往来的材料或事务进行统一处理,做出具体的安排,因此他们会在此时拒绝任何人的拜访。

在其他工作时间,犹太人也不做没有必要的拜访接待,以拒绝别人的打扰。不管是什么人,即便是他们的重要客户,也必须先预约,才能和他们会面。任何不速之客都是不受犹太人欢迎的。在犹太人看来,"不速之客"是妨碍自己工作的绊脚石,必须予以拒绝,自己的工作才能畅通无阻,才能更高效地管理时间。无论做什么样的生意,进行什么样的交易,都必须对时间精打细算,否则就达不到经营的目的。

犹太人时间管理智慧的精髓在于,生意人要想赚钱首先必须要珍惜时间,要充分合理地利用时间,不能让空闲的时间白白浪费,要将每分每秒充分利用起来。

案例三:梁凤仪一支笔打造亿万资产

20世纪80年代末至20世纪90年代中,梁凤仪的小说被称为"财经小说",形成了以自立拼搏的女强人为主人公,以缠绵悱恻的爱情故事为中心情节,以风云变幻的香港商界为背景,将财经与经营管理知识融于悲欢离合之中的结构模式,这种新小说迎合了很多读者的期望。作为一个流行畅销小说作家,梁凤仪仅在1988年至1992年间,就出版了50部作品,在出版界卷起了一股"梁旋风",其多部作品先后被改编成电视剧,进一步推高了这股"旋风"。梁凤仪的"财经小说"系列出版了超过100个作品,在全球的销量逾1 000万册;同时,梁凤仪的小说大约有一半被改编成电视剧,其中不少电视剧的收视率稳居前列。就这样,梁凤仪凭借一支笔打造出了几亿资产,由爬格子变成了上市公司的主席。梁凤仪是一个富有传奇色彩的人物。

梁凤仪的上市公司现在已拥有几亿资产,这些资产最初都来自她的创作积累。一个人的成功,在梁凤仪看来,"一是要勤奋,一是要有缘分。勤奋就是要能吃苦,缘分就是要抓住机会。当然，什么人能抓得住机会，那就要看市场的眼光了。"勤缘公司在三年之中共策划了175小时的电视剧及2个小时的综合节目，纯利润约9 000万港元，每小时的平均利润逾50万港元，勤缘公司与福建电视台已经签订了6 000小时的电视剧（电视节目）独家合约。梁凤仪曾表示，内地共有1 300家电视台，因而对电视节目的需求量极大，勤缘公司还可再扩大合约范围，与小型电视台（如市台或县台）合作。

10. 重视礼仪故事

在对外交往和公关交往中，一定不能忽视礼仪的整体性。礼仪涉及生活的方方面面，是一个完整体系，必须要高度重视，要根据来宾或合作对象的个人信息因人而异。例如，年龄、性别、职业、国籍、民族、信仰、宗教就决定了不同的礼仪接待方式，任何一个环节的错误都可能带来一错皆错的连锁反应。"投桃报李""礼尚往来"的社会交往规则，体现的是每个人都希望得到尊重的人际交往理念，傲慢冷漠或曲意逢迎都是不礼貌的举止，只有不卑不亢、主动友好、公平大方、热情又有所节制才是良好的社交风度的体现。

中华人民共和国成立初期的礼宾素质教育显然还未引起一些高级干部的高度重视。周恩来作为总理兼外交部部长近10年，一直负责外交工作，对礼宾工作倾注了大量心血，是新中国外交礼宾工作的奠基人。当时很多中央机关的干部都没有对外工作经验，不懂涉外宴请的礼貌和规矩，曾因此引起外宾的不满。1951年元旦，外交部办公厅交际处在上呈给部领导的报告中说，匈牙利驻华大使宴请我教育部的一位副部长，该副部长竟迟到两小时，匈牙利大使甚为不满；还有的干部收到请帖后因事不能出席，却事前不通知，事后不道歉；还有的负责干部收到请帖，不问请客原因和谁是主客，随便派人代替自己出席，使宴会主人很不高兴。周恩来总理非常重视这些情况。1951年2月19日，周总理在机场为柬埔寨首相西哈努克送行，西哈努克的专机起飞后还在盘旋，尚未飞去时，周总理和各国驻华外交使节都还站在原地未动，而我方参加送行仪式的很多负责干部则已纷纷离去。周总理严厉地批评了他们无组织、无纪律，是外交上的失礼行为。他对礼宾接待工作进行了认真的整顿和完善。他工作严谨细致，对新中国礼宾风格的形成有着重大影响。他所做的工作为新中国在国际上赢得了友谊和尊重，为新中国的外交礼宾工作做出了重要贡献。

六、学前教育专业*

1. 张宗麟——中国男性大学生当幼稚园老师的第一人

说起学前教育史上的著名人士,我们都知道福禄贝尔是"世界幼儿园之父",陈鹤琴是"中国幼儿园之父"。中国现代学前教育史上还有"南陈北张"(陈鹤琴和张雪门),这些都是了不起的"先生"。从世界范围来看,从事幼儿教育工作的绝大多数是女性。可是,你知道第一个当幼稚园老师的中国男性大学生是谁吗?

他就是张宗麟。

张宗麟(1899—1976),我国著名的幼儿教育家,浙江绍兴人,1922年考入南京高等师范教育系(现东南大学教育系)。当时,陈鹤琴从美国哥伦比亚大学学成归来,在南京高等师范教育系执教,张宗麟成为陈鹤琴的学生。1925年,张宗麟大学毕业,他谢绝了多位教授选他当助手的好意,决定追随陈鹤琴,协助其创办我国第一所幼稚教育实验中心——鼓楼幼稚园,从而成为我国男性大学生当幼稚园老师的第一人。后来,张宗麟又与陈鹤琴等人一起创办了中国最早的乡村幼稚园——燕子矶幼稚园。他还与陶行知、陈鹤琴一同发起了现代中国最早的儿童教育团体——幼稚教育研究会。在鼓楼幼稚园和燕子矶幼稚园的实验研究的基础上,张宗麟撰写了多篇关于幼儿园课程、幼儿园教学用具与设备等方面的论文,其实验研究成果和理论著述在我国学前教育史上留下了浓墨重彩的一笔。

(1)论幼儿教育的地位和作用

首先,幼儿教育关乎人的一生。随着幼儿年龄的增长,他们接触的社会范围不断扩大,接受的外部刺激也逐渐增多,面对刺激,幼儿会做出各种反应。张宗麟认为,这些刺激和反应会对儿童的成长产生直接或者间接的影响。此时接受良好的幼稚园教育,给予幼儿良好的外部刺激,会对其一生产生积极的影响。

其次,幼儿关系国家、社会的兴亡。人从小养成的爱国情感和良好智能,根深蒂固、不易更改。幼儿受到良好的保护和教育,若都能长大成人,都能展现其个性,则国家、社会的发展必然迅速。

再次,幼儿教育是教育学制体系的起点。张宗麟主张将幼稚园纳入学制,认为幼儿教育与其他各阶段的教育同等重要。

最后,幼儿教育有助于家庭教育的开展。父母是幼儿的第一任老师,幼儿在园的时间不如在家的时间多,老师与幼儿的接触时间也不如父母多。因此,幼儿教育不仅要与家庭合

---

* 编者:厉育纲、朱玉华、郝颖、李志强、袁曦、刘娅頔、李哲、赵飞、郭淑芳、范音利、李春光、赵婷、江雪婷、张前程、张璇、申淑玮

作，而且要将教育方法传授给父母。

（2）论我国幼儿教育的发展方向

张宗麟对中国幼儿教育全盘西化的做法提出了强烈的反对，他概括了几种典型的抄袭表现：一是仿造或直接购置外国玩具；二是多教授外国音乐，连自己的国歌都不教；三是节庆活动热衷过洋节，忽视了对孩子的爱国教育；四是在教学设备、环境布置、教学方法等方面，外国气很严重。

他认为，造成全盘西化的原因是由当时国家的半殖民地性质决定的，但直接的原因与当时的幼稚师范教育有关。旧中国的幼稚师范基本上为外国教会所垄断。要改变这种状况，一是必须停办外国人设立的幼稚师范学校，兴办我国自己的幼稚师范学校；二是办中国化的幼稚园。

（3）论幼稚园课程

同陈鹤琴、张雪门一样，张宗麟主张大课程观，认为幼稚园课程是幼儿在园里的一切活动。他指出，幼稚园课程的内容来源应包括四方面的活动：幼儿自发的各种活动；幼儿与自然界接触而产生的活动；幼儿与人事界接触而产生的活动；人类流传下来且满足幼儿需要的经验。他反对使用"科目制"课程，而主张采用"中心制"课程，即幼儿在园的一天的所有活动都要根据幼儿的生活实际来展开，每周或每两周选择几项为中心，如利用节日节气（如中秋、国庆、元旦等）、自然界应时的东西（如红叶、菊花、雨雪等）或社会性事件（如国耻日等）。同时，他强调，这些中心的依据应该是因地制宜、因时而变的，具有较大的灵活性①。

张宗麟不仅为中国学前教育的发展做出了重要的贡献，同时他还是英勇的抗日分子、坚定的共产党人。他在1930年积极参加抗日救亡工作，1940年奔赴延安，任延安大学教育系副主任；直至中华人民共和国成立后，仍一直活跃在教育界。他主张从中国国情出发，吸收和借鉴国外先进的教育思想，反对理论脱离实际，主张学以致用，崇尚亲身感知、亲自实践。他对教育领域的献身和创业精神是值得后人继承和发扬的。

2. "一生只为一事来"的乡村教师支月英

"人生百年，立于幼学"，幼儿教师的工作内容是琐碎的，但这一工作又是光荣而伟大的，需要付出，需要奉献，需要发自内心地表达对孩子们的爱。支月英的故事一定能对立志在学前教育岗位上做出一番事业的幼儿教师有所启发。

支月英是江西省南昌市进贤县人。1980年，江西省奉新县边远山村教师奇缺，当时只有19岁的支月英不顾家人反对，怀着对教育事业的热爱，只身来到离家200多公里，离乡镇45公里，海拔近千米且道路不通的奉新县澡下镇泥洋教学点，成了一名山村女教师。谁也没有料到她这一去就是30多年，从风华正茂的"支姐姐"成了满头银发的"支奶奶"。支月英教了整整两代人，先后培养了1 000多名学生，让他们走出了大山，接受更好的教育，而她依然在大山深处坚守着。

支月英刚到山里的时候，当地老百姓不相信她能受得了深山里艰苦的生活，认为她待不

---

① 陶行知，陈鹤琴，张宗麟. 幼儿教育论文集 [C]. 上海：儿童书局，1932：31.

了多长时间。可是一天又一天，一个学期又一个学期，无论是刮风下雨，还是结冰打霜，她都始终如一地热爱着自己的工作，认真、耐心地给孩子们上课，想方设法地给孩子们创造更好的读书条件，和孩子们聊天，送孩子们回家。山村的家长重男轻女，不让女孩读书，支月英就主动上门劝说家长。支月英的事迹让老乡们纷纷竖起大拇指，"嗯，这姑娘不错，是位好老师！"

学校穷，没有钱建设，支月英就自己买来工具，修墙挡风，让学生有一个温暖的教室；学生穷，没有钱交学费，支月英就拿出二十几块钱的工资帮学生们垫付，有时自己家甚至连买米买菜的钱都不够；村里交通不便，学生们的教材运不进来，支月英硬是靠着自己的双脚，一步一步将七八十斤重的课本从11公里外的地方挑回村。家人不理解，劝她赶紧离开，她总是笑着说："日子会好起来的！"

因为对山里孩子的爱，30多年来，她几次拒绝了可以调往山外教书的机会，扎根深山，把自己的青春献给了山里的孩子们。不论是身患胆管结石，还是血压偏高导致视网膜出血，严重影响视力，只有一只眼睛能够正常使用，支月英总是微笑着说："没关系，我能行！""能坚持一天就挺住一天！"靠着这种锲而不舍的精神，在支月英老师的努力下，学校的教学成绩、综合评估、"普九"指标都达到了国家的规定，并位于全镇的前列。乡亲们亲切地称她为"铁人"。

艰苦的工作、生活条件，以及身体的病痛都没能阻挡支月英对教师工作的热爱，她执着地坚守着自己的工作岗位，夜晚在灯下批改学生作业，钻研教材，备课、写教学论文。山村的青壮年都外出打工去了，夜静人稀，鸟啸兽嗥，使人心惊胆战。有一回，支月英的女儿到山里跟她住了一夜，听见夜间的怪叫声，吓得用被子蒙住头。可对支月英来说，已是司空见惯。

2012年2月，组织考虑到支月英年纪偏大，身体欠佳，决定再次调她下山到中心小学任教。而此时，对她"慕名已久"的距泥洋村还有10多里路的白洋村群众联名写信，要"抢"她到白洋教学点任教。丈夫很心疼她，忍不住抱怨说"越走越远，学校成了家了"。可是她说，白洋的孩子需要知识，白洋的家长需要她去那儿当老师。支月英又一次说服了丈夫，义无反顾地扛着行李再次进山。

白洋村教学点离县城更远，作为教学点的三个年级唯一的老师，支月英即使生病了也抽不出时间去看。下山上山一个来回得一天，怕耽误时间，她干脆连周末也住在学校。她的精神深深地感动和影响着学生和家长。有的家长曾经是她的学生，主动请缨担任代课老师。"从支老师身上，我们看到了什么是一个党员教师的尽心负责。我也想像她那样，为学生们尽些力。"

支月英，一个大山里的教师，用她的坚守告诉了人们什么才是教师。"春蚕到死丝方尽，蜡炬成灰泪始干"，支月英像一支燃烧着的山村红烛，闪耀着灿烂的光辉。

支月英荣获全国教书育人楷模、"感动中国2016年度人物"、全国优秀共产党员、全国模范教师、全国岗位学雷锋标兵、第十三届全国人大代表、"最美奋斗者"等称号，还获得了第六届全国道德模范提名奖。

3. 国画大师齐白石

在中国近代史上，有一位世界文化名人，他是国画大师，且诗文、书法及篆刻造诣极高,他的名字叫齐白石,原名纯芝,后改名璜,湖南湘潭人。1864 年,齐白石出生在中国腹地的一个世代务农、家境贫困的农民家庭。6 岁的时候,齐白石上了还不到一年的私塾,就因家境贫寒而辍学了。后来,在做了 10 多年的木匠之后,齐白石开始逐渐放下斧锯钻凿,慢慢向乡间文人和艺术家方向转变。没想到,从此以后一发而不可收。也因为此,齐白石的坎坷经历给后人留下了许多大器晚成、脍炙人口的励志故事。

齐白石

(1) 化础石为泥

齐白石年轻的时候很喜欢篆刻。有一天,他很真诚地去拜访了一位老篆刻家,希望向其请教。没想到老篆刻家并没有直接教他什么,而是意味深长地对他说:"你去挑一担础石回家吧,什么时候等这一担石头都变成了泥浆,你的印章就能刻好了。"站在一旁的人都以为老篆刻家在戏弄齐白石,劝他不要理会那个老家伙,但齐白石却没有这样想,而是真的挑了满满一担础石回家了。

到家之后,齐白石不知疲倦,夜以继日地刻着,一边刻,还一边拿古代篆刻艺术品反复地对照琢磨。就这样,刻了磨平,磨平了又刻,齐白石的手上起了血泡,他也不在意,就这么专心致志、一丝不苟地刻呀刻呀,日复一日,年复一年,那满满的一担础石越来越少,而地上的淤泥却越积越厚。终于,所有的础石统统都化为了泥,而齐白石也练得了一手出类拔萃的篆刻技艺。他刻的印章雄健有力、独树一帜,达到了炉火纯青的艺术高度,具有极高的艺术价值。

(2) 齐白石学艺

齐白石在学画之初想拜书画家胡沁园先生为师。于是在 1889 年新年的那一天,胡沁园先生给齐白石出了个画题,是让他画一张横披。齐白石画完后拿给胡沁园先生看,胡沁园先生十分惊喜,心中很是赞赏,遂即收齐白石为徒。

胡沁园先生从"用笔""立意"等基本功入手教授齐白石作画技艺,还把自己珍藏的古今名画借给他观摩。齐白石如获至宝、眼界大开,他认真揣摩"八大山人"的绘画作品,临摹、领会古人的用笔之妙。逐渐地,齐白石汲取百家之长,绘画技艺突飞猛进,不足一年时间就掌握了花、鸟、山、水、人、物的基本画法和作画技巧。

胡沁园先生除了教授齐白石作画技艺,还教他读唐宋诗词,并引导他看小说。齐白石非常珍惜学习机会,遵从师傅的教诲,常常读书读到深夜。经过一段时间的苦读,齐白石将

《唐诗三百首》背得滚瓜烂熟，还研读了不少古典名著。慢慢地，齐白石的文化底蕴逐渐丰厚，他作的诗词也别具一格，具有唐风宋骨的审美韵味。他在诗书画方面齐头并进，为之后成为一代书画大师奠定了坚实的文化基础。

齐白石画作《虾》

（3）补昨日闲过

齐白石一生都很勤奋，即便到了耄耋之年，仍然每日都有画作呈现。曾经有一次过生日，由于齐白石是一代宗师，学生、朋友自然来了很多。从早到晚，客人络绎不绝，齐白石始终笑吟吟地迎来送往，等到晚上送走最后一批客人，他再也支撑不住了，躺到床上很快就睡着了。

第二天清晨，齐白石很早就起床了，他顾不上喝水吃饭，一头扎进画室，一声不响地画起画来。家里人都劝他先把早饭吃了，可他却坚决不肯。很快，五幅画画完了，家人都觉得齐白石这下可以吃饭了，谁知他继续摊纸挥毫又作起画来。家里人怕他累坏了，都说："您不是已经都画够五张了吗？怎么还画呀？"齐白石先生抬起头，慢慢说道："昨天生日，客人多，没有作画，今天追画几张，以补昨天的'闲过'。"说完，齐白石低下头继续认真地作起画来。正是凭着这种勤奋、执着、永不懈怠的精神，齐白石的画作越画越精，越来越受到世界人民的喜爱和赞赏。

绘画技能是学前教育专业的一项专业职业技能，在未来的幼儿教师岗位上支撑岗位需求，使幼儿教师能够胜任幼儿美术教育、幼儿园教育环境创设、教玩具制作等教育教学活动的开展。学生学习绘画需要努力加勤奋、信心加恒心。齐白石先生的三个小故事可以很好地为学生树立励志的榜样，鼓励他们勤奋努力、刻苦学习，掌握扎实的专业技能。这种勤奋、刻苦、执着的学习精神也是学生完成学业必不可少的通识素养。

4. 陶行知："喂鸡式"教育

陶行知先生是我国近现代著名的人民教育家、思想家，他将毕生精力都投入了我国的教育事业，积极探索教育思想和理论创新，同时身体力行，勇于教育实践，留下了许多脍炙人口的"教育典故"。

有一次，陶行知先生在武汉大学演讲。演讲开始，他提着个箱子从容不迫地走上讲台，从箱子里拿出一只大公鸡。台下的听众一片愕然，全然不知陶行知先生要干什么。陶行知先生又不慌不忙地掏出一把米放在桌上，然后按住公鸡的头，强迫它吃米。可是大公鸡使劲扑腾，就是不张嘴吃米。陶行知先生看公鸡不吃，就掰开公鸡的嘴，硬把米往鸡的嘴里塞。大公鸡拼命扭动身体，就是不肯吃。台下的听众一片哗然，也好奇陶行知先生怎么做才能让公鸡吃米。只见，陶行知先生轻轻地松开手，把鸡放在桌子上，自己后退了几步，静静地看着大公鸡。大公鸡见身边没有了人，自己就开始吃起米来。这时陶先生开始演讲："我认为，教育就像喂鸡一样。老师强迫学生去学习，把知识硬灌给他，他是不情愿学的。即使学也是食而不化，过不了多久，他还是会把知识还给老师的。但是如果让他自主地学习，充分发挥他的主观能动性，那效果一定会好得多！"台下听众恍然大悟，拼命鼓掌，纷纷为陶行知先生形象生动的开场白叫好。

陶行知先生通过这个生动形象的事例告诉我们，每个孩子都是发展中的人，都有主观能动性和自身独特性，都具有巨大的发展潜能。教育不能把孩子当成纯粹被动的受教育者，不能把知识、成年人的观点和所谓的社会需要生硬地灌输给孩子。我们要提倡素质教育、主体性教育，注重发挥孩子的学习积极性和主观能动性。为了调动孩子的学习积极性，我们应该尊重孩子的个性特点、兴趣爱好、个人需求，相信孩子，给孩子一些自由的空间；善于挖掘孩子的闪光点，多鼓励孩子，多对孩子说"你能行"。这样，孩子才会积极主动地学习，树立自信，迸发进步动力；教育才能走进孩子的内心，真正发挥作用。

5. 张雪门——立足于本土实践和研究的学前教育专家

学前课程与其他课程一样，都是在一定的社会文化背景下发展起来的。我国的学前课程建设和改革不能全然照搬西方的学前课程，立足点应该是我国本土社会的实际情况，必须考虑到我国国情和社会实际情况。要建设和完善具有中国特色的学前教育和学前教育课程，每个幼教人都负有责任，都要付出巨大的努力。这一点，我国的幼教先驱们做出了很好的探索，为我们树立了榜样。下面，我们一起来了解和学习张雪门先生所做的探索和研究。

张雪门（1891—1973），浙江鄞县（今为宁波市鄞州区）人，我国著名的学前教育专家。早在20世纪30年代，他就与我国另一位著名学前教育专家陈鹤琴先生有"南陈北张"之称。

（1）立足本土的学前教育实践和研究，奠定了中国本土幼教发展的根基

张雪门先生有着丰富的学前教育实践和研究经验，他的教育实践和研究奠定了我国本土幼教发展的根基。

1917年，张雪门先生在宁波创办星荫幼稚园；1928年，担任孔德幼稚师范学校校长，成立了"北平幼稚教育研究会"；1930年，在香山慈幼院开办幼稚师范学校（亦称"北平幼师"或"香山幼师"）。在此期间，张雪门先生活跃在华北地区，开展幼儿教育研究。他反对当时存在的模仿日本或直接、间接选取西洋传教士翻译之作的现象，主张发展本民族的幼儿教育，采用中国民间游戏作为幼稚园教材。他还借用北京市几所幼稚园开办平民幼儿园，招收一些贫困幼儿，让他们免费入园，让幼师学生在此实习。他还创办了乡村教育实验区，探寻普及乡村幼儿教育的新路，以及培养幼儿教育师资的新途径和新方法。

"九一八"事变后，张雪门体悟到"中华民族已经到了生死存亡的关头"，认为幼儿教育应当帮助幼儿成长，但不应完全以儿童为本位，应当以民族的存续发展为目标。研究幼儿教材，组织幼稚园课程，应以引起儿童了解中华民族、热爱中华民族的各种行为为目标。

1938年2月，他开办了香山慈幼院桂林分院和幼稚师范部（即香山幼师桂林分校）。1946年他应邀到台湾担任儿童保育院院长，1947年该学校更名为"台湾省育幼院"。同时，张雪门还在台北女子师范学校授课，一直指导台北育幼院"行为课程"实验研究。

（2）创编"行为课程"，发展完善我国幼教课程理论

张雪门先生提出了"行为课程"这一观点。他认为五六岁的孩子在幼稚园生活的实践，就是行为课程。它从生活而来，也从生活而结果。幼稚园行为课程的目标是以社会需要为远景，以儿童个体发展需要为近景的促进儿童身心全面发展的目标。幼稚园行为课程的内容来源于儿童直接的活动，即从儿童的生活环境中搜集、选择和组织材料。幼稚园行为课程的实施包括动机、目的、活动、活动过程、工具及材料。幼稚园行为课程的基本思想是"生活即教育""行为即课程"。

行为课程的提出，不仅反对了当时幼稚教育中普遍存在的教育与儿童实际生活相脱节的现象，而且对当今的幼儿教育课程改革有着重要的借鉴与启发意义。

张雪门先生积极探索中国本土的幼儿教育发展和幼教课程发展，对我国的幼教事业有着深刻影响。我们要学习他一生不为名利，热爱幼教事业，热爱儿童，为祖国幼教事业鞠躬尽瘁的献身精神；也要学习他注重实践，几十年如一日地在幼稚园、幼稚师范最基层的岗位上辛勤工作，孜孜不倦地进行学习和研究的严谨、求实的治学态度和工作作风。

6. "博学慈幼，正蒙笃行"——做有教育信念的幼儿教师

卢乐山先生是我国学前教育事业的奠基人，是我国幼儿园教育的拓荒者，他用一生见证了中国百年幼教的发展。

1934年，卢乐山先生在燕京大学学前教育专业就读期间，关注到贫苦人家的孩子没有接受教育的机会，就与老师、同学一起，创办了成府路贫困儿童幼儿园。大学毕业前夕，立志要去幼稚园工作的卢乐山也遭到身边一些朋友的非议："当幼儿教师？那是保姆干的事。你这大学生岂不是大材小用？"但是卢乐山先生并不这么想，他认为"幼儿教师的工作并不是让儿童吃饱饭、睡好觉、不摔跤就行了"，学前教育是一门专门的学科，它既注重幼儿心理发展知识，也注重教育教学实践方法。对幼儿的教育应该渗透在游戏、生活之中，教师的一言一行都在影响着幼儿。

卢乐山先生从教80载，一直奋斗在幼儿教育实践的第一线，将"博学慈幼，正蒙笃行"的信念践行在教育工作中，重视实践的探索和积累，以既要有理论水平，更要能解决实际中出现的问题来要求自己和培养身边的青年教师。20世纪下半叶，卢乐山先生带领北京师范大学学前教育教研室的教师做了许多课题和实验，同时又不断地把教研室的教师送到专业院系培训和学习理论知识，这种"多下园去"的传统的理论与实践相结合的优良学风传承至今。我们作为学前教育者，更应该学习和铭记卢乐山先生的教诲，坚定教育信念，重视专业实践，用专业知识和技能为祖国的学前教育事业做出贡献。

7. 为梦想不懈努力的"濮瘸子"

濮存昕，是我们非常熟悉的著名表演艺术家，曾任北京人民艺术剧院副院长，现任中国戏剧家协会主席、中国表演家协会副会长、中国电影家协会副会长。无论在荧屏还是舞台

上，他都取得了极高的艺术成就。

濮存昕出生在一个艺术世家，他的父亲是人民艺术剧院著名的演员、导演——苏民。苏民从20世纪40年代就致力于发展戏剧运动，他的名字都是为了革命的需要而改的。作为一名人民艺术剧院导演的儿子，又是在人民艺术剧院的大院里长大的孩子，濮存昕确实很早就在心中立下了一个成为演员的梦想。我们可能认为，濮存昕长大了成为一名演员，这不是顺理成章的事吗？因为在演员的跑道上濮存昕似乎比其他人"抢跑"了很多。但是事实并不是这样。

濮存昕在两岁时患上了小儿麻痹症，虽然救治及时，但是也必须要无奈地吞下成为"残疾人"的苦果，濮存昕一条腿发育不健全，不得不依靠拐杖行走，因此濮存昕得了一个外号——"濮瘸子"。这也成为濮存昕的童年阴影。在濮存昕的自传《我知道光在哪里》中，这样写道：当然你说我完全不在意吗？也不是，比如上体育课，人家就不带你玩儿啊。我生气，也伤心，还经常在意念中报复他们。小学三年级时我做了整形手术，拆完线，脚慢慢能放平了。打那以后我就拼命校正自己，走路时尽量把步子走稳，好让别人看不出来。但一跑还是露馅儿，所以就更刻苦地练那条病腿，让它变得有劲儿。可以说，在相当长的时间里，我的注意力就在那条腿上，骑自行车也好，跳皮筋也好，还有打篮球、跑步……为了练腿，各种运动都参加。你不让我加入，我就在边上等着，总会缺人，逮着机会我就上。

是不是非常意外？那个在舞台上自由挥洒、侃侃而谈的演员，居然是一个腿有残疾的人。在舞台上，身体就是一个演员的乐器、武器，因此有一个健全、自如的肢体对一个演员有多么重要自然不言而喻。普通人受伤后想康复要经历怎样漫长的过程我们都知道，更何况一个残疾人。濮存昕在这个过程中付出了多少努力，可想而知。

后来，在上山下乡的历史洪流中，濮存昕远赴黑龙江。返乡回到北京之后，为了能够登上舞台，他加入了空政文工团，在空政文工团的舞台上蛰伏了10年之后，在35岁之际，才被"借调"回人民艺术剧院演戏，留在了人民艺术剧院的舞台上，塑造了一大批脍炙人口的人物形象，李白、古月宗、李渔、周萍、周朴园、秦二爷等，无不令人津津乐道。

通过濮存昕的亲身经历我们可以看出来，没有人能随随便便成功。就连濮存昕这样的"天选之子"，也在经历着命运和他开的玩笑。濮存昕说进入人民艺术剧院之后，人生的最后一个坎过了，感觉自己迈上了大路。其实我们每个人何尝不是生活在泥泞中，要自己不断地挣扎、扑腾、爬上岸，走上路，才能奔向那个我们心中的高塔呢。事物的发展总是曲折性和发展性相统一，为了实现理想，濮存昕绕了那么大一个圈子来"曲线救国"。有一个网络热词叫"人生回归定律"，我们每个人一定会活成自己想要的样子。前提是我们要看到自己想要的样子，守住心中的梦想，并为之努力。

天涯海角有穷时，再高的山峰，拾级而上总能登顶！

8. 斯霞——教育界的梅兰芳

斯霞（1910—2004），17岁时即已成为一名教师，当时她就下定决心要"做一辈子的小学幼儿教师"。因为这句承诺，她坚持到85岁才从岗位上退休。在斯霞一生的绝大多数时光里，她都冲在教育教学的最前线，深入孩子们中间。而她长达68年的教师生涯，塑造了她光辉的敬业精神和奉献精神。她受到人们的广泛赞誉，有人赞誉她为"教育界的梅兰芳"。

1927年，17岁的斯霞从杭州女子师范学校毕业，分配到绍兴第五中学附属小学。在那个中国人逐步开化，迫切需要科学知识的年代，一个师范学校毕业的学生，很快就被赋予重担——她成为一年级的"大拿"，既要管理班级，又要教授国语、算术、常识。在斯霞尚且稚嫩的脸上，已经写下了壮志豪言。她决定将自己所学毫不保留地哺育那些比她还要年幼的孩童，希望用自己的爱心和耐心，去呵护每个幼儿。

　　在那个时代，教师的地位是很低的，更不要提小学、幼儿教师了。中国民间有句俗语叫"家有二斗粮，莫当孩儿王"。当时有很多教师自己也看轻自己的工作，甚至宁可做苦力都不愿做教师。斯霞的家人想安排她去政府部门做职员，既轻松，又体面。但是斯霞依然坚持要做一名幼儿教师，因为在短暂的与幼儿的相处中，她感到非常快乐，也非常有成就感。正是这份决心，让她坚守了一辈子，无论有多少苦难，无论有多少诱惑，她始终如一，她为做一名小学教师而自豪。

　　斯霞风华正茂的年代，正是国内战乱纷飞的年代。1949年4月，国民党被解放军全面击溃，他们气急败坏地炸毁各种设施、建筑。看到这一幕，斯霞发动几个同事一起守护战火中充满希望、光明的课堂。解放军进城后，斯霞看到他们是真正的爱民、不扰民，她知道学校的希望来了。虽然已经接近不惑之年，但是她看到了孩子们的未来，看到了希望，一下子感觉自己年轻了。中华人民共和国成立后，小学教师的地位提高了，被人们尊称为"人民教师"，斯霞看到"人民"俩字非常骄傲。她知道，自己从此终于有了强大的靠山，她终于可以为人民而教书了。斯霞要把自己的全部都投入"人民"的教育事业中去。

　　她觉得自己有很多的事情要做，有强大的力量要爆发出来。于是她决定和孩子们吃住在一起，一方面可以照顾孩子；另一方面，也避免了其他不必要的家务活动，从而有更多的时间投入教学中来。

　　由于国家的一穷二白，人们对如何教学、教什么都没有太多经验。斯霞决定进行针对性的教学研究，她把精力主要放在低年级的字词教学上，一边实践，一边总结，形成了自己的独特的字、词讲解和巩固的方法。

　　1958年9月，斯霞接到江苏省教育厅的"小学六年改五年"的试点工作，她担任试点班的班主任。面对这个看似简单的任务，斯霞没有任何可以借鉴的经验，所以有点无从下手，不知所措。不过，斯霞是一个善于思考、也不怕困难的人。她从任务本身着手，既然时间缩短了，又不能增加教学实践，那只能从教材和课堂教学入手。当时，她把中华人民共和国成立后的各种教材都搜集来，对这些教材进行了详细的比对和研究，把那些重复出现的内容进行精简，又增加了一些新的知识。她也改进了教学方法，创造出"字不离词，词不离句，结合课文教学"的教学方法。将生字新词自然顺畅地展现在学生面前，让他们先理解，再运用和接受，最终达到掌握的目的。为了将增加的知识教给学生，她没有采取延长教学时间的方式，而是用生动有趣的教学方法和语言，打动学生。她将语文课上成了艺术欣赏一样的课。

　　斯霞将自己的爱都给了学生，让学生感受母亲般的柔情和关爱。她对学生的爱是无私的，是不求回报的。她所有的东西几乎都可以让学生使用。她关心每个学生，知道每个学生的想法和困难。她发现有的学生衣着单薄，就翻箱倒柜，给他们找衣服穿。学生们感受到了母亲般的温暖，哪怕这件衣服没有那么合身。南师大附小的校门口以前坑坑洼洼，天一下雨，地上一个大"湖"。对于年幼的学生来说，这个河从来没有难倒他们，因为他们知道有一位"摆渡人"会背他们过河，那就是斯霞老师。上学的时候，她背孩子们进学校；放学后，又背孩子们离开学校。

斯霞在学生们心中也种下了"善良和爱"的种子，这是作为启蒙教师最大的成就。学生们也非常爱戴她、想念她。斯霞曾经说过，教师不只是一个知识传递者，更是心灵维护者和爱的播种者。

9. 廖昌永——从四川农村走出来的歌唱家

今天，当我们提到著名的男中音歌唱家——廖昌永时，他光脚走进上海音乐学院最终成名于国际的故事，是最为人们津津乐道、难以忘怀的。

歌唱家廖昌永曾经对人说过，自己人好，和家庭幸福、知足常乐有关，和自己的经历也有关。他说："我不是出生在音乐世家，我是农民，这让我很长一段时间内很自卑，到目前为止我身上也有自卑感。一个人身上应该有自卑感，总是很优越的话，容易没耐心。我上上海音乐学院，音乐条件、家庭条件和别人都不能比，什么都要和别人请教，很谦虚，我长期是这样的状态。这样能补我的不足，确实每个人身上都有比我强的东西，包括我现在的学生。"

是的，廖昌永出生在四川郫县（今为成都市郫都区）一个普通的农民家庭，他从农民到世界级的歌唱家，在很多人看来这之间遥远的距离有些不可思议，所以反复惊叹。然而事实证明，天赋与才华和出生环境没有直接关系，某些知识和先天条件的缺乏可以通过个人的努力来改变，难以逾越的是那些自以为条件优越的人的世俗眼光。

农民出身的廖昌永，童年丧父，家境清寒，没受过多少正规音乐教育的他斗胆考了音乐学院，由于音色出众，被上海音乐学院录取。从四川农村迈进大上海，是荣耀，也是考验。进入学校之后，廖昌永在第一年就受到了很多羞辱，因为他穷，他不是音乐世家，他音乐底子不好。

那时候能进音乐学院的学生大多家里比较富裕，好些学生还出身音乐世家。在那个尊卑分明的地方，同学之间总在相互攀比。廖昌永从来不和同学一起玩、一起吃饭，他说："人家请你吃，你就得回请，我自己连饭都吃不饱，怎么请人家吃。这样我和同学玩的话心里会发虚，有压力。"

大学时候的廖昌永每月只有三个姐姐轮流寄来的60元生活费。每次去食堂他几乎都是最后才去，只有到考试的时候才买一次肉吃。因为穷，他被人嘲笑，不敢和同学一起玩；他没有朋友，总是独自一人。大家都说这个人孤僻、不合群，甚至有老师也因为这样而不喜欢他。然而仅仅是这样就罢了，当有人的钱丢了之后，大家都理所当然地认为是廖昌永偷的，因为他最穷。面对这样的侮辱，内向的廖昌永一直闷在心里，闷了很长一段时间之后，他实在闷不住了："你说我什么都可以，就是不能侮辱我的人格！"当时系里未经调查了解，竟然就做出了不当的处理。廖昌永有口难辩，又无人诉说，终于憋得受不了了，他红着眼去找自己的老师罗魏。罗魏老师坚决相信，廖昌永没有偷东西。多年之后，笑谈往事的廖昌永对我说："要不是那人再去偷系里老师的东西，被抓到了，我这个黑锅恐怕要一直背下去。"因此，现在做了学院领导的他，决不轻易对学生之间出现的问题下结论。

对于现在的成就，廖昌永这样告诉大家："这跟我后来的发奋有关，"他说，"不是说我穷吗？穷人的孩子就是要比你有出息，我就是憋着这股劲学出来了。"刚进学校的时候，廖昌永连钢琴都不会弹，音乐基础几乎是全班最差的，但到了毕业的时候，他是以班里第一名的成绩毕业的。他的努力和成绩，让所有人都对他刮目相看。

廖昌永的故事积极、上进，催人奋进，能够很好地给予学生启迪。英雄不问出处，伟大的歌唱家们都是这样努力奋斗的！

10. 冼星海——人民音乐家

冼星海是我国伟大的人民音乐家，也是伟大的无产阶级革命家。

他的祖籍是广东番禺，1905年他出生于澳门一个贫苦的船工家庭，1926年考入北京大学音乐传习所，1928年进上海国立音专学习音乐，1929年在巴黎勤工俭学，1935年回国后积极参加抗日救亡运动，1938年赴延安，后任鲁迅艺术学院音乐系主任。

冼星海的音乐作品不仅在抗战时期被广为传唱，成为唤醒民族觉醒意识的号角，而且在他去世70多年后的今天，他的音乐作品仍然受到大众的喜爱，许多作品仍然耳熟能详。他一生中创作了200多首大众歌曲、4部大合唱、2部歌剧（其中1部未完成）、2部交响乐、4部交响组曲、1部交响诗、1部管弦乐狂想曲，以及许多器乐独奏、重奏曲和大量的艺术歌曲，还写了许多音乐方面的论文。

他在1935年回国后，在上海创作了《救国军歌》《战歌》等大量抗日救亡歌曲，并为进步影片《夜半歌声》《壮志凌云》《青年进行曲》，话剧《太平天国》《日出》《复活》《大雷雨》等谱曲。

1937年年抗战爆发后，他参加上海话剧界战时演剧二队，开展抗日文艺宣传。同年10月到达武汉，参加了周恩来、郭沫若等领导的国民政府军事委员会政治部第三厅，参与主持抗战音乐工作。他深入学校、农村、厂矿，教人们唱抗日歌曲，举办抗战歌咏活动，动员民众、宣传抗日。这一时期，他创作了《保卫卢沟桥》《游击军歌》《在太行山上》《到敌人后方去》等著名抗日歌曲。

1938年年底，冼星海到达延安。由诗人光未然作词的《黄河大合唱》在1939年3月经他谱曲，成了中华民族的千古绝唱。这部作品气势磅礴，将时代精神、民族气魄与大众艺术紧密结合，成为反映中华民族解放运动的音乐史诗，塑造了中华民族的英雄形象，歌颂了中国人民的斗争精神，展现了抗日战争的壮丽画面。1939年4月13日，《黄河大合唱》在延安陕北公学礼堂公演。同年5月11日，在庆祝延安鲁迅艺术学院成立一周年晚会上，毛泽东等中央领导观看了由冼星海指挥演出的《黄河大合唱》后，连声称赞。周恩来从重庆回到延安看过演出后为这一歌曲题词："为抗战发出怒吼，为大众谱出呼声！"这部充满革命英雄主义气概的音乐史诗，激励了无数热血青年投身到民族解放的行列，奔向抗日大前方，对全国军民的抗日斗志起到极大的鼓舞作用。

在延安期间，冼星海还创作了《生产大合唱》《九一八大合唱》等大型作品，以及《三八妇女节歌》《打倒汪精卫》等大量歌曲。此外，他发表了《聂耳——中国新兴音乐的创造者》《论中国音乐的民族形式》《民歌与中国新兴音乐》等音乐论文，论述中国新音乐发展的历史经验及大众化和民族形式等问题。

1940年5月,他受党中央派遣去苏联为大型纪录片《延安与八路军》配乐。不久卫国战争爆发,他因战乱和交通阻隔而难以归国,1945年10月病逝于莫斯科。延安各界为他举行了追悼会,毛泽东亲笔题词:"为人民的音乐家冼星海致哀。"

冼星海生活的年代,是战争、动乱的年代,世道不平、人民生活艰辛;同时,也是中国人民抗击外敌,争取国家独立、人民解放的时代。无论是在海外留学、工作,还是回国后在上海、延安,他都积极投身到国家统一、民族解放的伟大事业中,用他饱蘸激情的笔,用他对国家、对民族、对人民充满热情的爱,创作了振聋发聩、唱响千年而不衰的伟大的音乐作品。

通过了解冼星海的人生经历和优秀作品,在开展学前教育专业素质教育的同时,将传统教育、爱国主义教育融为一体,对当今我们在建设中华民族共有精神家园的过程中弘扬中华民族优秀的文化传统和人文精神,有很好的借鉴意义和帮助。我们在学习伟大爱国音乐家冼星海的事迹、了解他的作品的过程中能够受到教育和启迪。

11. 陈鹤琴——中国幼儿教育的奠基人

陈鹤琴(1892—1982),浙江省上虞县(今为绍兴市上虞市)人。他是20世纪初乃至今天,中国幼教界著名的儿童教育家、儿童心理学家,开辟了中国幼儿教育科学化、民主化的道路,为中国现代幼儿教育事业做出了不可磨灭的贡献,是中国现代幼儿教育的先驱。

陈鹤琴

陈鹤琴先生在中国幼儿教育事业上做出了很多的探索和尝试。他把观察法、记录法运用到研究幼儿教育的问题上,他以自己刚出生的儿子为研究对象,对其进行了808天的系统观察和记录,并以此撰写了中国幼儿教育史上的第一本儿童心理学专著——《儿童心理之研究》。他在1923年创办了中国幼儿教育史上的第一所幼儿教育实验中心——南京鼓楼幼稚园,1940年在江西泰和创办了中国第一所公立幼稚师范学校——江西省立幼师,等等。

陈鹤琴先生提出了"活教育"理论,重视科学实验,主张中国儿童教育的发展要适合国情,符合儿童身心发展规律①。正如1935年他亲口说的一段话:"愿全国儿童从今日起,不论贫富,不论智愚,一律享受相当教育,达到身心两方面最充分的可能发展。"② 这是过去中国许多仁人志士的理想,为了这个理想他奉献了一切,也奋斗了一生。

---

① 林培森. 陈鹤琴的课程实验研究对当前园本课程开发的启示[J]. 民办高等教育研究,2010 (12).
② 黄书光. 回归命脉:重审陈鹤琴的"活教育"目的论[J]. 教育发展研究,2012 (6).

陈鹤琴生活的时代，是中国备受欺凌，内忧外患的年代。他不仅心系祖国幼儿教育事业的发展，也希望通过自己的努力为祖国的建设和发展做出贡献。在"活教育"的目的论上，他强调要培养学生"做人、做中国人、做现代中国人"。由此可以看出，他希望通过教育来培养身体强健、有建设能力、有创造能力、善于合作、乐于服务的现代中国人。

即使在民族存亡、危难来临之际，陈鹤琴先生仍冒着战火、暗杀等危险，为中国的幼儿教育事业东奔西走，在危难中奋力救难童们于水深火热之中，努力为他们提供教育。他在1935年发表了《对于儿童年实施后的宏愿》一文，呼吁全社会、全民族关心和教育儿童，维护和保障儿童权益，在战争来临时，先救儿童[1]。1936年，他响应"国难教育社"号召，发动募捐，推动"生活教育""国难教育"运动。

陈鹤琴先生是一位热爱祖国、热爱民族的幼儿教育家，他为中国幼儿教育做出的巨大贡献可以归纳为两句话，即"为幼儿教育发现中国儿童，为儿童创办中国幼儿教育。[2]"

12. 郎朗——年轻的钢琴大师

在我们生活和学习的过程中，身边总是会出现一些榜样，他们的示范和引领作用也许会给我们无限的动力和支持，指引我们一直向前。

郎朗，国际著名钢琴表演艺术家。他出生于辽宁省沈阳市，从小就喜欢音乐，并且在这方面很有天赋。在郎朗9岁那年，他爸爸为了让他的爱好有所发展，放弃了自己热爱的工作，陪他来到北京，到中央音乐学院学习钢琴。尽管他当时还是一个稚气未脱的孩子，但他非常懂事，当然也非常刻苦。除了学习文化课之外，他每天都坚持练琴8个小时以上。由于他的刻苦努力，他已能熟练地弹奏柴可夫斯基的《第一钢琴协奏曲》和拉赫玛尼诺夫的《第三钢琴协奏曲》了，而这两首曲子的难度都相当高，一般琴童需要练习数年才可以完成。

一天晚上，当他正全身心投入地练琴时，居委会大妈怒气冲冲地敲开了他家的门。大妈毫不客气地对郎朗说："你不要再弹琴了，每天都在叮叮当当的，你的琴声实在吓人，吵得邻居们都没办法休息。你以为你是谁呀！贝多芬？莫扎特？别瞎耽误工夫了，学琴的人多得是，你看有几个能真正出名呀？"

不仅如此，在学校里，很多同学都看不起他，嘲笑他是东北的"土包子"，嘲笑他癞蛤蟆想吃天鹅肉。一天，一位钢琴老师也泼他冷水说："你还是赶紧回沈阳去吧，以你的能力和资质，再过一百年，也不可能成为钢琴家！"郎朗心灰意冷地回到租住的筒子楼里，哭着对他爸爸说："爸爸，我讨厌北京，讨厌学钢琴，讨厌这里的所有，咱们回家去吧，我再也不想弹钢琴了。"

他爸爸听后，没有像往常那样安慰他，而是将他带到附近公园的一片树林前，指着其中的一棵树说："孩子，你知道吗，曾有不少过路人对这棵树指指点点。有人说，这棵树平淡无奇，没有什么观赏的价值；有人说，看这棵树的样子，肯定不久之后就会枯死，根本不会有长大的机会；还有人说，干脆把这棵树挖走，重新再栽一棵吧。对于人们的评头论足，这棵树一直保持着沉默，不辩解也不反抗，它只管努力地生长着，每天照样吸收阳光雨露，照样从土壤里吸收营养，一天一天地慢慢成长着。现在你看，它长得枝繁叶茂、郁郁葱葱，还

---

[1] 吕峰. 陈鹤琴幼儿体育教育思想研究［J］. 当代体育科技，2017（12）.
[2] 王振宇，秦光兰，林炎琴. 为幼儿教育发现中国儿童，为儿童创办中国幼儿教育——纪念陈鹤琴先生诞辰125周年［J］. 学前教育研究，2018（1）.

开出了奇香无比的花。"他爸爸看着他那双明亮的眼睛,摸着他的头接着说:"孩子,做人就应该像这棵树一样,不要特别在意别人说什么,也不要怨天怨地,你只管自己努力生长,当有一天你芬芳馥郁时,别人自然就接纳你、欣赏你了。"听了爸爸的话,郎朗似懂非懂地点了点头。

从那以后,郎朗继续一心一意地练习钢琴,不管别人怎样打击他、讽刺他,他始终保持着自己心中的梦想,数十年如一日。每日练琴依旧努力认真、心无旁骛,就连他的父母和老师有时候都会心疼他的刻苦努力。8年之后,令任何人都没有想到的是,当初这棵东北来的小树苗,长成了一棵参天大树,年仅17岁就享誉全球、万众瞩目。

郎朗被誉为"当今世界最年轻的钢琴大师""一部钢琴的发电机""中国的莫扎特",他创造了无数个世界第一,曾先后参加2006年世界杯足球赛的开幕仪式,2008年诺贝尔颁奖音乐会盛典,2008年北京奥运会开幕式盛典,2010年上海世博会开幕式盛典等活动。郎朗还受邀在美国白宫举办专场钢琴独奏音乐会,被称赞为"世界和平的使者"。如今,郎朗已成为中国的一张名片,也是世界音乐艺术领域的一张新的名片。

任何人都会在学习中遇到挫折和困难,郎朗之所以能取得这样的卓越成就,可以说他爸爸带他到公园看的那棵树给了他很大的启发。是的,做一棵只管成长的树,这既是一种胸怀,也是一种智慧。

不经一番寒彻骨,哪得梅花扑鼻香!

13. 聂耳——中国革命之号角

聂耳,是我国著名的人民音乐家,创作了中华人民共和国国歌《义勇军进行曲》。郭沫若曾赞誉他是"中国革命之号角"。虽然聂耳的生命只有短短的23年,但他却奏响了中华民族解放的最强音,激励着一代代国人奋勇向前。聂耳到上海后,为生活所迫去烟店当店员,直到19岁才正式开始艺术生涯。他耳朵非常敏锐,别人给他起了个绰号叫"耳朵先生"。他索性改名聂耳,可惜的是这位吹响中国革命号角的音乐家不幸死于日本。

他是天才的音乐家,又是革命者。他接触的乐器都能很快学会,马上就能演奏,其中就有钢琴、小提琴、二胡和吉他等,而且都是无师自通。20世纪30年代中期,日寇侵占东北后又把铁蹄伸向华北,国内的反动腐朽势力却仍沉溺于纸醉金迷中。当时聂耳、田汉二人都很欣赏《国际歌》《马赛曲》和《船夫曲》,认为这些音乐有团结人心的力量,可以借鉴。1935年,田汉为《风云儿女》创作了一首主题歌——《义勇军进行曲》。这时,国民党特务正在对田汉展开追捕,在危急时刻他只能用很短的时间在一张香烟包装纸上写下了创作的歌词,就被抓进了监狱。好友夏衍拿到田汉留下的剧本后,在里面发现了那张写着歌词的香烟包装纸。夏衍找到了他们共同的好友聂耳,聂耳看到歌词后深受感动,主动提出:"作曲交给我,让我来!"聂耳根据两人曾经一起探讨的构想,带着满腔激愤,只用两天时间就一气呵成地创作了初稿。聂耳为了躲避追捕,逃到日本,由此更激发了创作灵感,迅速将歌曲认真修改后定稿寄回国,其旋律更加高昂雄壮。

文以载道,诗以言志,乐乃心声。聂耳用他那些激越高昂的不朽旋律奏出中华民族的最强音,鼓舞着我们"前进、前进、前进进!"

14. 张邦鑫——寒门出身的在线教育开创者

信息技术在各行各业迅速渗透,深入应用,学前教育领域以家园共育的教育理念为核心,用信息科学武装学前教育产业成为发展趋势。借助先进的移动互联网技术,可以推动产业技术变革,为学前教育机构提供先进的工具和服务,全面提升幼教质量和管理水平,促进师生全面发展。

提到中国的信息化在线教育行业的先行者大家公认的是俞敏洪,但是很多人或许还不知道,有一位后起之秀叫张邦鑫,他是好未来教育集团的创始人。

张邦鑫是一个"80"后,出身寒门,好在身为普通农民的父母开明,省吃俭用供他读书。即便如此,张邦鑫也经常不能按时交学费。好学上进的张邦鑫希望用知识来改变自己的命运,这成为他不屈的学习动力。他本科考取了四川大学,之后又在北京大学生命科学院硕博连读。面对高昂的读书费用,他不好意思再给家里增加负担,于是他立下决心:靠自己打工赚取上学的费用。

经过各种尝试,他选择了自己擅长的家教工作。在学业繁重的研究生一年级时,他做了7份兼职工作,3份是家教,2份是带辅导班,还有1份是做网站,另1份是在网校答题。他白天学习,晚上做兼职,深夜还要复习功课坚持科研。一年以后,张邦鑫开始规划未来,他发现许多家长都有聘请家教的需求,而自己的专业背景和教学方法很受家长的认可,恰逢当时俞敏洪创办的新东方教育学校正发展得如火如荼。张邦鑫决定学习俞敏洪,创办一个像新东方这样的培训机构。

2003年,张邦鑫和几个同学一起合办了奥数网,同时线下开设学而思课外辅导班。2005年,成立仅仅两年的学而思,就靠着高质量的课程教学和一系列成功的营销举措从众多培训机构中脱颖而出,营收突破了千万。

信息技术的发展突飞猛进,敏锐的张邦鑫认识到信息化在线教育的重要性,学而思网络教学系列课程应运而生。学而思的网络教学并不是简单地将传统课程搬到线上,而是对传统的教学内容的重新整合和提取,利用互联网的优势和便利,充分挖掘互联网教学的丰富互动,锻炼学生的学习和思维能力。

2007年,张邦鑫拿到了第一笔1 000万美元的融资,有了资金的注入,学而思一路狂奔。2009年,张邦鑫再次拿下4 000万美元的融资。2010年,好未来(2013年学而思正式更名为好未来)在纽交所上市,从成立到上市仅用了7年。这一年,张邦鑫仅仅30岁。从一个寒门学子,靠着兼职赚生活费,到现在的亿万富翁,张邦鑫的经历,可谓是一个奇迹。奇迹背后,离不开他的眼光和把握机会的能力。试想一下,如果他只顾着做兼职,为赚到的一点小钱沾沾自喜,那他就不会去创业,就不会有后面的亿万富翁。面对竞争对手,他依然非常大方——"如果家长因为别的机构更好就放弃了我们,那我们应该反思!"正如他曾说过的一番话:"我一直牢记着三句话,第一,教不好学生等于偷钱和抢钱;第二,不是靠口碑招来的学生,我们不受尊敬;第三,跟客户不亲的学校没有好未来!"没有长远的目光,没有广阔的胸襟,这样的人是不可能成功的。

成大事者,就应该像张邦鑫一样,能用自己的勤奋、智慧和胸襟去战胜别人,这也是我们所有人必须学习的!

15. 刘岩——命运夺去了她的双腿,却给了她翅膀

在北京奥运会开幕式上有这样一段故事,可能很多人早已忘记了,可能很多人压根儿就没听说过,但它却彻彻底底地改变了一个女人的一生。她表演的剧目《胭脂扣》拿过"荷花杯"舞蹈比赛的银奖,《水中月》获得CCTV舞蹈大赛的表演银奖,《橘子红了》拿过

"荷花杯"舞蹈大赛的金奖,还曾获得"桃李杯"舞蹈大赛的银奖。国内舞蹈界实打实的奖项,她拿了个遍。看过她舞蹈的人,一定会被她强悍的腰背肌肉和控腿能力震撼。正是因为出众的腿功,她在业界赢得了一个尊称——"刘一腿"!她就是舞蹈家刘岩,事业正在巅峰期的刘岩,被张艺谋导演一眼相中,让她在自己导演的北京奥运会开幕式上唯一的独舞节目《丝路》中,担任 A 角!如果没有发生意外的话,她将迎来另一个人生巅峰,站在舞台的最中央,接受全世界的赞美!

2008 年 7 月 27 日,离北京奥运会开幕仅剩 12 天,参与各个节目的演员都在进行紧张的彩排,其中就包括刘岩。她和往常一样,动作柔美利落而有力量,一气呵成。可是,就在她从当时的舞台上,跳跃到另一个车台上时,意外发生了。车台没有按照原定的安排运动,运动得比平时要快,快到没有接住空中的刘岩。就这样的分秒之差,让刘岩直直地从 3 米高空坠下,身受重伤。重伤后,刘岩虽然得到了全力救助,但因脊髓损伤,双腿瘫痪,再也站不起来了。那年的奥运会开幕式,歌舞精彩,烟火绚烂,将一个腾飞的中国展现在世界的面前,很多人至今都会拿出来反复品味,而且仍会为之热泪盈眶。那一天的刘岩,躺在病床上,已经知道自己这辈子都不能再走路了。她不敢看电视,紧紧地拉着窗帘,害怕看到窗外的烟花,心中五味杂陈,不但梦断奥运,甚至作为舞蹈家的生涯,都被残忍截断了。平常人遇到这种变故,已是难以面对,更何况是这样一个以腿功出名的舞蹈家呢?但也跟常人的想法不同,徘徊在刘岩脑海中的问题,不是如何坐在轮椅上继续生活,而是如何作为一个舞蹈演员,坐在轮椅上继续跳舞。她从中国聋哑人的手语中找到灵感,分析手部动作的表达,结合佛教的手印,以及中国戏曲的手部动作,开辟了一条研究道路,创作了属于自己的"手舞"。她也凭手舞舞剧,回到了心心念念的舞台中央。2014 年,她出版了人生的第一本书《手之舞之:中国古典舞手舞研究》。这本著作填补了我国古典舞手舞研究的空白,它让中国人,也让全世界更加了解中国的舞蹈文化。而"手之舞之"这短短的四个字,恰恰是刘岩倔强的证明——既然不能"足之蹈之",何不"手之舞之"!

16. 为了每个孩子——联合国《儿童权利公约》图文版

孩子是一个国家的未来,更是全世界的未来,保护孩子健康成长,是所有人的义务;但是在世界上不少地方,很多孩子连基本的生存权利都得不到保障,更不要说学习的权利了。1989 年,联合国颁布了《儿童权利公约》来保护全世界的儿童。由卡洛琳·卡斯特编文、曹方翻译的《为了每个孩子——联合国〈儿童权利公约〉图文版》选取了其中的 14 条和儿童生活紧密相关的原则,并邀请来自世界各地的 14 位著名插画师,各以其中一条原则为基础,总共创作了 14 幅作品。这些作品以不同的绘画语言来诠释《儿童权利公约》,帮助孩子更好地理解公约的内容。

这本绘本一共有 14 幅图画,每幅图画都来自不同国家的不同画家的笔下。有来自英国的芭贝·科尔,有来自瑞士的菲利普·杜马斯,还有来自日本的喜多村惠和来自中国的杨翠玉等。这 14 位画家为了保护孩子这同一个愿望,才愿意共同创作这样一本绘本。绘本中的每幅图画的创作方式都不一样,有水彩画,有水粉画,还有油画,这样具有很大包容性的创作方式,让孩子们可以欣赏到不同的图画,对孩子们的艺术鉴赏力也是一个培养的过程,他们可以从中感受不同的创作手法。

第一幅画,灵感来自《儿童权利公约》的第二条,无论我们是谁,无论我们在哪里,住在城市还是小镇、村庄、高山、峡谷、沙漠或者森林,这些权利属于所有身处太阳、月亮和星星照耀的孩子。不管在这个世界的什么地方,每个孩子都拥有这些权利。这幅画是美国的蕾切尔·伊莎多拉的作品,虽然是黑白色的画面,但是画中的孩子看得出来来自不同的国家,他们站在一起都很开心,享受着属于他们的阳光。这幅画预示着希望世界上的每个孩子都能同等拥有享受太阳照耀的权利。无论这个孩子处于什么样的环境中,都不能被剥夺最基本的生存权利。这就是这个公约的精髓所在。

《儿童权利公约》的第七条是这样解读的,不论是叫麦克斯、扎赫拉、贝蒂、胡安、素英,还是叫雷扎、保罗、洋子、亚伊尔、穆罕默德,我们每个人都应该有自己的名字和自己的家园。画中的 3 个孩子明显都很不开心,他们或许真的连自己的家园都没有。在这个世界上的某些地方,还有不少的孩子处于战乱之中,他们吃不饱饭穿不暖衣,甚至连人身安全都得不到保障。这也呼吁我们成年人,要关爱孩子的成长,要为孩子营造良好的成长环境,要让孩子开心快乐地成长,要为世界的未来保驾护航。

在这 14 幅图画中,每幅图画代表的是一条公约,每页的画面都很丰富,可以让孩子认真地看一段时间。在书的最后,还特意介绍了这 14 位了不起的画家,让孩子们知道大人们正在为他们努力。

所有的孩子都有权利降生在这个世界上,并慢慢地成长……
直到我们长大成人,可以为自己做主。

《儿童权利公约》第六条 芭贝·科尔/图

《儿童权利公约》第六条

允许我们说出自己的想法和感受,无论声音响亮还是微弱,不管是低声耳语,还是大声叫喊,或是用文字书写,用图画表达,用手势。

比画,用记号示意 —— 无论用什么方式表达,请倾听我们在说什么。
《儿童权利公约》第十三条 约翰·伯宁罕/图

《儿童权利公约》第十三条

请看护我们，在寒雨交加的时候为我们添衣，在烈日当空的时候为我们遮荫。

请保证我们能够吃饱穿暖，如果我们生病了，请照料安抚我们。
《儿童权利公约》第二十四条 P.J.林奇/图

《儿童权利公约》第二十四条

七、老年服务与管理专业*

1. 孟佩杰——照顾养母12年的孝女

孟佩杰是山西师范大学的一名学生。孟佩杰的童年很不幸,她父亲在她5岁时就去世了,母亲又生了重病,无奈将她送给别人抚养,不久她的生母也去世了。5岁的孟佩杰从此跟着养母刘芳英生活,3年后养母因病瘫痪。不久,养父离家出走,从此杳无音讯。8岁的孟佩杰开始承担起与她年龄不相符的重任,一边照顾瘫痪的养母,一边为生计而操劳。养母微薄的病退工资就是两人全部的生活费。小佩杰每天除了上学,还要买菜做饭,为养母洗漱、换洗尿布、涂抹防褥疮药膏。她就这样一直悉心照料养母,不离不弃。2009年,孟佩杰考上了大学——山西师范大学临汾学院。大学离老家有100多公里,因为不放心养母一个人在家,孟佩杰决定"带着母亲上大学",于是在学校附近租了一个小房子,继续悉心照料养母。

就这样,一照顾就是12年。12年,4 000多个日夜,孟佩杰对养母的悉心照顾和拳拳孝心让养母渐渐找回了生活下去的勇气和信心。

孟佩杰被评为"2011年感动中国年度人物"。感动中国组委会给孟佩杰的颁奖词是:在贫困中,她任劳任怨,乐观开朗,用青春的朝气驱赶种种不幸;在艰难里,她无怨无悔,坚守清贫,让传统的孝道充满每个细节。

2. 陈斌强——孝更绝伦足可矜

陈斌强是浙江磐安县冷水镇中心学校的语文教师。9岁时他父亲因车祸去世,2007年他母亲得了阿尔茨海默病。此后的5年,陈斌强带着母亲上班,风雨无阻。他母亲刚刚得病时,神志还清楚,那时家人问她愿不愿意去敬老院,母亲想了一下,说:"我想跟儿子在一起。"母亲的话让陈斌强忍不住流泪了,当时他就下定决心,一定要满足母亲的心愿,让她跟着自己,不管以后多苦多累都不会丢下她。

带妈妈上班不是一件容易的事。陈斌强并不富裕,甚至买不起一辆汽车,坐公交车又不太方便,所以他用电动车带着母亲去上班。为了防止母亲坐在车上乱动造成危险,陈斌强就找了一根带子将母亲跟自己绑在一起①。

陈斌强知道患阿尔茨海默病康复的可能性是极小的,最后可能不仅记忆会消失,甚至会完全失去生活自理能力。看到母亲的症状慢慢加深,神志一天比一天迷糊,陈斌强还是感到有一些沮丧。他说:"有时候确实感到有点苦、有点累,可是我看到我妈妈笑得那么开心,

---

* 编者:梅丽萍

①杜骏飞.不妨待父母如老师[N].新华日报,2017-09-15.

真的就像很天真无邪的孩子的那种笑,那时我想她应该挺满足的吧。我就觉得我的付出是值得的。"①

陈斌强被评为"2013年感动中国年度人物"。推选委员杜玉波说:"陈斌强自身的朴实行为给他的学生,也给整个社会上了极为生动的一课。他是一个真正有师德的好老师。"

推选委员吴孟超说:"陈斌强付出的孝心,不仅抚慰了他的母亲,也可以抚慰每位中国人,这种中华民族朴素而真挚的人性之美,可以作为社会的良药。"

感动中国组委会给陈斌强的颁奖词是:小时候,这根布带就是母爱,妈妈用它背着你。长大了,这布带是儿子的深情,你用它背着妈妈。有一天,妈妈的记忆走远了,但爱不会,它在儿女的臂膀上一代代传承②。

3. 朱晓晖——瘫痪老爹的孝顺女儿

朱晓晖是黑龙江省绥芬河市人。刚过40岁就头发灰白,整日洗洗涮涮、粗衣淡饭……这样的朱晓晖似乎很难让人将她和诗歌联系在一起。

但她又确实是个诗人,她从16岁开始发表诗歌,大学毕业后在一家报社工作,过着体面的文化人的生活。但2002年,她父亲突患脑梗瘫痪在床,这从此改变了她的生活。

父亲卧床之后,朱晓晖心中只有一个念头,"父亲最疼我,我一定要让父亲活下去"。为了照料父亲,朱晓晖不惜辞职、借债、卖房卖车。她丈夫不能理解她,因此跟她离了婚,带着孩子离开了家。生活的苦难和重担全压在了朱晓晖的肩上。

朱晓晖带着父亲在社区的一个车库里安了家,一住就是13年。她尽全力悉心照料父亲,天天给父亲翻身、擦洗,卧床的父亲从未得过褥疮。辞了职的朱晓晖没有收入,父亲每月1 000多元的退休金就是两人全部的生活来源,除去治病的各种开销所剩无几。为了生活,朱晓晖甚至不顾面子去菜市场捡拾被丢弃的蔬菜来吃。

她说:"刚开始也会觉得有一丝丝委屈,但是只要我爸活着,每天还能跟我爸聊聊天,我就觉得很快乐。"每当夜深人静,父亲睡着了,朱晓晖会在灯下伏案写诗,父亲常常是她诗中的主角。

诗歌给了她力量,让她勇敢面对生活给予他们的全部,包括艰难困苦。她说:"每天看着太阳东升西落,守望着父亲,让我明白这样的日子会久久地存在,不能让坚强的身体倒下,要勇敢地寻找生命的活力。"

在"感动中国"之前,朱晓晖的孝心故事感动了当地一家孔子学堂的师生。朱晓晖每个周末都在这个孔子学堂当志愿者教师。师生们随她来到她和父亲居住的车库,孩子们稚气地背诵《三字经》,还排着队,到病榻前仰着一张张稚嫩的小脸亲一亲爷爷那张沟壑纵横的脸。当一老一少两张脸庞定格时,其带来的心灵冲击胜过任何的教材和语言。

朱晓晖被评为"2015年感动中国年度人物"。感动中国组委会给予朱晓晖的颁奖词是:13年相守,有多少日子就有多少道沟坎。命运百般挤兑,你总咬紧牙关,寒风带着雪花围攻着最北方的一角,这小小的车库是冬天里最温暖的宫殿,你病重的老父亲是那幸福的王。

---

① 李强,徐思源. 情感体验 [J]. 中学生阅读(高中版),2013(6).
② 胡马. "感动中国" 2012年度人物事迹及颁奖词 [J]. 中学生阅读(高中版),2013(4).

4. 曹胤鹏——捐骨髓救父的孝心少年

2016年1月的一天，曹胤鹏的父亲曹磊洗完澡突然脸色惨白、头晕，后被诊断为急性混合型白血病，转入徐州医科大学附属医院血液科治疗。医生说要想救命，唯一的机会就是进行骨髓移植。曹磊的父母是"骨髓移植"手术供体第一来源，不过医生很快就因供体年龄大等原因否定了这个方案。随后，曹磊一边进行化疗，一边等待中华骨髓库和台湾骨髓库的配型结果。

骨髓移植手术费用很高。为了筹集医疗费，妻子张琳卖掉了家里的房子，带着公婆住到了自己娘家。

但是到第4个化疗疗程结束时，等到的结果几乎让张琳绝望了。骨髓库没有合适的配型结果。现在只剩最后一个能救曹磊的机会了，就是让他们的独生子曹胤鹏给他捐献骨髓。

当时才8岁的曹胤鹏得知只有自己能救爸爸时，竟然满心欢喜，并急着要去捐骨髓救爸爸。张琳却很纠结，一边是才8岁的孩子，一边是等着救命的丈夫。她担心孩子太小，捐骨髓太辛苦。曹胤鹏安慰妈妈说，自己一定可以的，并且拿"最美孝心少年"邵帅做榜样，说："邵帅救母，大鹏救父。"邵帅是"2013年度最美孝心少年"，而且也是徐州人。不同的是，邵帅救母时是12岁，曹胤鹏救父时只有8岁。

张琳说，自从丈夫生病以后，尤其是到要捐骨髓的时候，儿子仿佛一夜之间就长大了，特别懂事。为了确保给爸爸提供足够的骨髓，小小年纪的曹胤鹏开始有计划地增肥。先从增大饭量开始，每天三顿饭，都要吃得比平时多。按照平时的饭量，本来已经吃饱了，但一想到再吃一点就能更好地救爸爸，曹胤鹏就又端起了碗。短短一个月的时间，曹胤鹏的体重就从不到70斤增到了将近90斤，到手术前夕，曹胤鹏的体重已经超过90斤。

为了给爸爸捐骨髓，曹胤鹏抽过很多次血，手上脚上都插着管子，他却从来不哭，还乐呵呵的。每次妈妈问他疼不疼，他都说不疼。有一次抽血的时候，给他抽血的护士都被这个小小的坚强又懂事的少年感动哭了。为了安慰忧心忡忡的妈妈，曹胤鹏还会想办法哄妈妈开心。妈妈说，曹胤鹏现在是他们两个大人的精神支柱。

2016年7月6日，曹磊的骨髓移植手术顺利完成，曹胤鹏的骨髓已经进入了爸爸的体内，但正常的排异反应及身体恢复还需要一段时间。术后曹胤鹏每天都会去看爸爸，隔着玻璃窗通过电话给爸爸唱歌、背诗、搞怪。当别人纷纷称赞他时，他说："给爸爸捐骨髓其实并没有什么了不起，我是爸爸妈妈生的，爸爸对我那么好，他病了，我一定要救他，而且，只有我能救他，别人想救还救不了呢！"①

5. 周蕊——照顾患病舅舅的孝心少年

周蕊的家庭比较特殊，正应了那句话，"幸福的家庭是相似的，不幸的家庭却各有各的不幸。"她6岁的时候，父母就因为感情不和离婚了。妈妈不愿意接受离婚的现实，天天愁眉苦脸，始终走不出离婚的阴影。看着母亲颓废痛苦的样子，小小年纪的周蕊含泪扮演起小大人的角色。每天早上轻手轻脚起床，做好早餐，自己吃完收拾干净后再把妈妈那份放在锅

---

① 最美孝心少年曹胤鹏的故事，http://www.ruiwen.com/zuowen/gaokaosucai/656579.html.

里温着，然后自己去学校。下午一放学便飞奔回家。回到家，总是看到妈妈蜷缩在沙发上，周围一片昏暗凌乱。6岁的周蕊就开始默默地收拾整理，然后准备晚饭。吃完晚饭，周蕊总是跟妈妈撒娇，让妈妈跟自己去河边走走，母女俩散步的时候周蕊像小大人一样安慰和鼓励妈妈，希望妈妈坚强起来。她想用自己的懂事和乖巧让妈妈看到她已经长大了，没有爸爸，她也可以跟妈妈好好生活。渐渐地，妈妈也被女儿的乖巧懂事感动了，脸上也有了一丝笑容。

然而，天有不测风云。当周蕊的妈妈的状态刚刚有所好转，周蕊的舅舅又得了运动神经元病，即"渐冻症"。舅舅的病让这个家庭再次被一层愁云笼罩，年轻好强的舅舅根本无法接受这突如其来的打击，意志开始消沉。这个时候，周蕊再次像个小大人一样，悉心陪伴和照顾舅舅，安慰他、鼓励他。在舅舅28岁生日的时候，周蕊和家人一起给舅舅过生日，祝福和鼓励舅舅战胜病魔。周蕊对舅舅说："在我心里，舅舅就像一座大山，是我的依靠。舅舅一定要坚强，我会天天陪在你身边，跟你一起打败病魔。"周蕊的话让舅舅热泪盈眶，舅舅决心积极配合治疗。在家人的支持下，周蕊的妈妈带着她和舅舅到全国各地寻医问药，花了不少医药费，但是并没有太大效果。后来他们在郫县租了一间房安顿了下来，因为经济拮据，周蕊的妈妈留下周蕊和舅舅，自己到外地打工谋生了。

妈妈离开以后，周蕊独自承担起照顾舅舅的重任。她每天一边读书，一边买菜、做饭，还要做各种家务。每天清晨，周蕊都会早早起床，收拾好之后便带着舅舅出门锻炼，舅舅腿脚已渐渐无力，走路总是摔跤。周蕊忍着心中的痛，一次次扶起摔倒的舅舅，悉心照顾，耐心鼓励，希望舅舅不要放弃。陪舅舅锻炼完，周蕊就去菜场买回一天的菜，做好早餐再去上学。下午放学回家，周蕊总是定时给舅舅按摩，自己累得腰酸背痛也从不吭声，一直坚持这样做。然而，生活似乎刻意要考验这个小小的孩子，她的努力和坚持并没能使舅舅的病情有所好转，舅舅的病情却越来越重，甚至已经谈吐不清了。为了舅舅能和他人交流，她担当了翻译，帮助舅舅多跟人交流，多交几个朋友。为此，周蕊用积攒下来的妈妈每月寄来的零花钱给舅舅买了一台电脑，还在网上找到了一个专为"渐冻人"提供帮助的平台。舅舅在那里结识了许多和他一样的身残志坚的朋友。渐渐地，舅舅感到不那么孤单了，而且变得越来越乐观。虽然妈妈常年不在身边，但周蕊却没有埋怨妈妈，她知道妈妈是想多挣点钱，让她和舅舅能更好地生活。小小的女孩，在生活的磨砺下养成了男孩子一样的坚韧性格，从不在外人面前表露她所承受的苦痛。在学校里她总像一个开心果，时常为别人解忧、逗别人开心，却对自己的苦痛只字不提。现在，她尽全力努力学习，很勤奋、很刻苦，但因为巨大的身心压力，她的成绩不是很稳定，但为了看到妈妈和舅舅的笑容，她又不断地给自己加油打气，希望自己取得更好的成绩，让妈妈和舅舅感到欣慰[1]。

6. 张钊——照顾爷爷奶奶的美德少年

张钊的家在陕西省商洛市镇安县米粮镇月明村，他从小就失去了父母，和爷爷奶奶生活在一起。

父亲在他出生前就因为意外去世了，母亲生下他不久后就离家出走，奶奶因为老年丧子

---

[1] 2016年寻找最美孝心少年事迹材料[EB/OL].（2017-11-10）[2020-01-15]. http://www.ruiwen.com/zuowen/cailiao/547868.html.

悲痛过度而精神恍惚。张钊在爷爷的悉心抚养下慢慢长大。艰苦的生活环境磨砺出张钊的坚强个性，爷爷朴素乐观的生活态度培养出张钊阳光开朗的性格和积极上进的心态。张钊家所在的村子地处深山，近年来爷爷年纪大了，家里没有硬劳力，收入也越来越少。一家三口的主要生活来源就是政府发的低保资助，日子过得捉襟见肘。

为了贴补家用，张钊在帮爷爷干完地里的活之后，在农忙的闲暇时间跟村里的人一起去采草药。刚开始他就在家门口采一些便宜的药材，后来为了找到贵一点的药材，他走得越来越远，周围的山他几乎都跑遍了。什么地方有什么药材、什么季节采什么药材他心里都非常清楚，金银花、何首乌、夏枯草、五味子、苍术、半夏等都是他常常能采到的药材，在他看来，这漫山遍野都是宝。为了能采到更多更值钱的药材，有时天刚放亮，他就带着镰刀、镢头之类的工具上山了，到了太阳下山的时候，他才拖着疲惫的身子回到家。

2014年，张钊的爷爷被查出患有冠心病，因为没钱去大医院给爷爷治病，他就想去找能治爷爷病的草药。他请教村里一位从镇医院退休的医生爷爷，当得知漫山遍野的丹参就是预防和治疗冠心病和心血管疾病最好的药材时，张钊高兴极了。他采了很多的丹参，给爷爷煮水喝。后来张钊还陆续跟着那位医生爷爷学会了很多治疗和保健的方法，比如艾灸、拔火罐等日常能用得上的方法等。他觉得这些方法既省钱又能治病，特别好。

张钊经常给爷爷奶奶拔火罐，他听医生爷爷说山里湿气太重，拔火罐能祛除身上的湿气，让经络通畅，这样爷爷奶奶身体哪里疼，一拔就好了。他还要再跟着医生爷爷多学习一些这方面的知识。

张钊是一个聪明好学的孩子，品学兼优，得到了学校师生的一致好评，还荣获了"自强自立"明星学生称号。在2016年陕西省美德少年评选中，张钊荣获全省"美德少年"称号[1]。

7. 迟凯琳——坚强孝顺的花季少女

迟凯琳的家在辽宁省营口盖州市梁屯镇。她身体瘦弱、沉默寡言，却有着坚毅的眼神和善良的心，在人生的花季谱写了一曲动人的道德之歌。

提起凯琳的孝顺、懂事，全村没有人是不知道的。2009年，凯琳的爸爸和妈妈出了车祸，妈妈不幸当场身亡，爸爸昏迷了一星期后终于醒来，却落下了终身残疾——左腿肌肉严重萎缩，比右腿细很多。这巨大的不幸让年仅7岁的小凯琳感觉天都塌了，妈妈火化那天，她拼命地向奶奶要妈妈，令在场所有人伤心落泪。屋漏偏逢连夜雨，接下来的一系列不幸让这个支离破碎的家更加摇摇欲坠。爸爸刚出院不久，小凯琳的爷爷因小脑萎缩加重，瘫痪在床；她那视力一直很差的姐姐完全失明；奶奶又查出膀胱癌前期。这是怎样的一个家啊！小凯琳的爸爸无法接受这残酷的现实，万念俱灰，甚至想一死了之。小凯琳哭着说："爸爸，我已经没有妈妈了，不能再没有爸爸呀，你要是不在了，这个家也就完了。你别害怕，我现在已经长大了，我能做饭，我能洗衣服，我能喂猪，我能给爷爷洗脚，我什么都能干，只要你陪在我身边……"爸爸一把将女儿搂在怀里，泪流满面，女儿的一番话让他既感动又内

---

[1] 2016年最美孝心少年张钊事迹材料［EB/OL］．（2017-11-10）［2020-01-15］．http://www.ruiwen.com/zuowen/cailiao/547879.html．

疼，堂堂七尺之躯还能不如一个7岁的孩子吗？爸爸从此坚强了起来，小凯琳也真的成了这个家庭的"小主妇"。

每天放学回家，她放下书包就帮奶奶做饭、喂猪。那猪食桶对她来说太沉了，她一步一步挪着走，有时桶底撞到地面，猪食就喷溅她一身。吃完饭，她让奶奶歇着，她来收拾碗筷，洗涮收拾好，再去写作业，写完作业，又去给爸爸和爷爷洗脚、按摩。每天清晨，当别人家的孩子还在睡梦中时，她就和奶奶一起起床了，然后帮奶奶做饭，扶爸爸出去锻炼，给爷爷擦脸。亲戚、邻居同情他们一家，经常给他们送些好吃的，但小凯琳从来不吃一口，她说她不吃这些也能长大，爷爷、奶奶、爸爸身体不好，需要补充营养。她的乖巧和懂事，让爷爷、奶奶和爸爸既心疼又心酸。后来爸爸再婚了，小凯琳更加懂事了，勤快地帮继母干农活，洗衣服，照看弟弟，继母也很喜欢她。

她助人为乐。一天，她在自家院子里摘菜，听到邻居顾奶奶喊道："不好了，来雨了，我的苞米还没装到仓子里。"小凯琳赶忙跑了过去，帮忙装苞米。苞米收完了，她全身也淋湿了。

她拾金不昧。一天清晨，她到河边洗拖布，看见河边的石头上放了一部手机和一百多元钱。她猜想一定是谁忘在这儿的，就挨家去问，找到了失主，失主买了一包好吃的感谢她，她一样都没舍得吃，全部拿回家给了弟弟。

她品学兼优。在学校，她如饥似渴地学习知识，分秒必争，成绩一直名列前茅。她有许多优秀的品质：尊敬教师，关爱同学，经常主动帮师生做些事情，艰苦朴素、勤俭节约，从不买零食，从不乱扔垃圾。

这，就是迟凯琳，一个小小年纪就闪烁着道德光环的好孩子。茫茫苍穹多风雨，雏鹰展翅任翱翔①。

8. 余虽——照顾弟弟妹妹的美德少年

2015年12月初，余虽的妈妈病情突然加重，离开了人世。

妈妈在弥留之际握着小余虽的手，指指在她身边的弟弟和妹妹，她竭尽全力地想说些什么，但最终还是什么也说不出来，就这样永别了。小余虽深深懂得妈妈临终前的托付，妈妈是希望她照顾好弟弟和妹妹。妈妈去世时，弟弟才一岁半，妹妹才刚满半岁。现实就是这样残酷。

妈妈走后，爸爸又当爹又当妈，可爸爸要做的事情很多，照顾弟弟妹妹的重任就落在了作为姐姐的余虽肩上。

爸爸要干繁重的农活，余虽就承担起所有的家务：做饭、洗衣、喂猪、喂鸡，照顾弟弟妹妹，喂他们吃饭，哄他们睡觉。

妈妈去世的一年多里，爸爸有时候背着妹妹干活，余虽就带着弟弟去上学，风雨无阻。所有上学的日子里，弟弟和弟弟的用具，一根背带，一瓶凉水，一包尿裤，一筒纸巾，她每天都带在身边。

---

① 2016年寻找最美孝心少年事迹材料［EB/OL］．（2017-11-10）［2020-01-15］．http：//www.ruiwen.com/zuowen/cailiao/547868.html．

上课时，余虽让弟弟待在教室外面，又因为不放心年幼的弟弟，余虽每堂课总是要请假两三次出去看一眼弟弟，然后再回教室上课。老师们看到余虽的难处，同意她弟弟坐到教室里来，从此余虽才少了一份对弟弟的担忧，能够安心上课。

有时弟弟打瞌睡了，余虽就用左手抱着弟弟，一边听课，一边用右手吃力地记笔记或写作业；有时弟弟哭闹或者想要大小便，为了不影响上课，她就只能向老师请假，到教室外哄哄弟弟，给他换尿裤……一年来，余虽就是这样在学校一把屎一把尿地拉扯着弟弟走过来的。

老师们都很心疼余虽，弟弟有时哭闹了，老师就给余虽些零花钱，让她给弟弟买点吃的；或是号召全班同学自带糖果点心主动送给弟弟。老师在班上跟学生们说，余虽的弟弟就是"全班同学的弟弟"，让大家都来帮助余虽。

每到插秧和收割这两个农忙季节，余虽都会请几天假，回家帮爸爸干农活。

由于家庭情况特殊，余虽耽误了很多学习时间，因此她付出了更多的努力，常常是只能利用课余和家务之外的时间来补习功课。即便如此，她还是通过自己的努力取得了优异的成绩，自入学以来在班上一直名列前茅。

2015年，余虽被评为省级"美德少年"。她的事迹在学校广泛传播，周围的同学在不知不觉间受到了她的感染，也开始向她学习。余虽的一名同班同学韦窝，她每天跟余虽一起上下学，看到余虽那么辛苦，不禁问余虽："你平时这么辛苦，又要照顾弟弟、妹妹，又要做家务，怎么还能抽出时间学习、做作业呢？"余虽回答说："即使再忙、再苦、再累，我都要努力学习，因为可能只有好好学习才是我唯一的出路，我出息了，才有能力让我的弟弟妹妹有好的生活。"听了余虽的话，韦窝感动极了，从此也开始认真地学习，回到家里也开始主动帮助父母做一些家务。从前她学习成绩一般，现在她的成绩进步得越来越大了[1]。

9. 杨怀保——自强不息、孝老爱亲的青年楷模

1985年12月的一个寒夜，杨怀保出生于陕西省勉县定军山镇寨子坡村一个贫苦的农民家庭。也就是在这样一个最贫困、最普通的中国家庭，成长起了一个令人感动和敬佩的自强不息、孝老爱亲、关爱他人，对家庭、对社会有高度责任感的当代青年楷模。

寨子坡村是勉县的一个特困村，杨怀保的家庭又是这个特困村里有名的特困户。在杨怀保的记忆里，他的童年只有苦难和艰辛，家徒四壁，经常连粮食和油都没得吃，一家人经常承受着饥饿和病痛的双重折磨。人们常说，苦难是一笔财富。童年的苦难经历练就了杨怀保这个农村孩子朴实、善良的个性，培养出了他吃苦耐劳、自强不息、永不放弃的精神。杨怀保从小就非常懂事、勤奋，读小学时他每天放学一回家就帮父母做家务，照顾弟弟。上初中后，他勤奋刻苦，成绩优秀。但在他读初二那年，他的母亲身患重病，需要到西安做大手术，父亲四处借钱、贷款，才凑够手术费。他母亲的手术花了一万多元，手术过后，母亲的病情虽然有所好转，但由于手术的后遗症，母亲基本丧失了劳动能力，而且仍需继续服药治疗，杨怀保家也从此债台高筑。屋漏偏逢连夜雨，不久之后他父亲也出事了。为了挣钱给他

---

[1] 2016十佳最美孝心少年余虽事迹材料 [EB/OL]．(2017-11-10) [2020-01-15]．http://www.ruiwen.com/zuowen/cailiao/547887.html.

母亲看病和供他们兄弟俩读书,杨怀保的父亲不得不外出干苦力活。他高二那年,父亲在建筑工地打工时受了重伤,摔坏膝盖,从此也失去了劳动能力。

家庭的苦难让杨怀保不得不过早地承担起了养家的重任。他从12岁开始就和父亲一起撑起这个家,父亲出事后他更是扛起了重担。平常去学校,他背着干粮、带着咸菜,周末就回家帮父母干一些重体力活,挑水、担粪、除草……什么都做。有人说,苦难是一所学校,正是在这所学校里,杨怀保磨砺出了孝敬父母、自强不息、坚忍不拔、永不言弃的优秀品质。面对接踵而来的苦难和不幸,杨怀保并没有低头,而是更加坚定了战胜苦难的信心和决心。身材瘦小、涉世未深的他,一边努力学习,一边照顾多病的父母和年幼的弟弟,他在心里无数次告诉自己:一定要坚持下去,一定要让父母感到幸福。他深知,只有好好学习才能改变一切。他曾在自己的"博客"中这样写道:"生活给了我太多的磨难,前面的路还有很多坎坷需要我去跨越,我还将面临更多的挑战与考验,但我相信,只要不轻言放弃,终会看到一片艳阳的天空。"经过他坚持不懈的努力,2003年9月,杨怀保以非常优异的成绩考入了湘潭大学。

现在,杨怀保是中国青年志愿者协会常务理事、中国伦理学会慈孝文化委员会秘书长、中国孝基金理事长(创始人)、北京三一公益基金会监事(创始人)、湖南省青年志愿者协会副会长、湘潭市青年创业协会创会会长、湘潭市青联副主席、汉中市青联委员[①]。

10. 王鹏——尊老敬老,无私奉献

王鹏出生于河北省涿鹿县五堡镇七堡村的一个贫困家庭,是宣化区和氏修脚堂负责人。在几年的修脚工作中,他发现来修脚的老年客户居多,严重的脚病让老人无法正常行走,痛苦不堪。自2013年起,他每年都会带店里员工去敬老院,免费为老人们提供修脚服务[②]。精湛的技术,耐心的服务,暖心的问候,让老人们热泪盈眶。

每次他们到养老院的时候都很低调,不论是由于老人长年劳作导致脚指甲变厚,还是由于老人常年卧床导致脚指甲变形抠到肉里等等情况,王鹏和师傅们都会耐心、细心、专业地处理。老人们也特别欢迎他们的到来,夕阳红老年公寓院长李伟说道:"有时候忙起来,王鹏和师傅们一上午连一口水都喝不上。他们的这种付出让老人们非常感动。"

庙底街的刘大爷是一位五保户,身体不便,王鹏多次到刘大爷家给他免费修脚。"孩子每次来都给我收拾屋子,我脚那么脏,他给我用药水处理后还给我买新袜子,给我带包子和水果。"刘大爷哽咽着说。

王鹏春节回老家涿鹿,隔壁村的李大爷慕名找到他。李大爷脚上有严重的肉刺,王鹏二话不说对老人开始进行治疗。年后回到宣化的他放心不下李大爷,又两次开车回涿鹿免费替李大爷治疗,直到大爷完全康复。

12年的苦心钻研,提升专业技术水平;12年的诚信经营,吸引众多顾客;12年的行善为人,影响着宣化古城!有人问王鹏你这样做到底为什么,他总会这样说:"这样做正好发

[①] 2007年度大学生人物杨怀保[EB/OL]. (2008-03-05) [2020-01-15]. http://edu.sina.com.cn/exam/2008-03-05/1555125931.shtml.

[②] 张家口2018年上半年好人榜[EB/OL]. (2018-07-17) [2020-01-15]. http://www.zjknews.com/news/dujia/201807/17/215161.html.

挥了我的技艺专长，为老人提供一些方便而已！这样做，离不开我家人的支持与鼓励！"他每次给老人们修脚都会把孩子们带来，让他们从小就懂得要尊老敬老。我们要接受爱，心怀爱，传承爱，让爱流动起来！

11. 郭弟喜——心中有大爱让老人老有所依

郭弟喜，广东省肇庆市高要区金利爱心慈善协会会长。她以寸草之心，让一些花甲老人心有所依；她多次组织志愿者到乡村慰问孤寡老人；她陪伴这些老人的时间超过了和家人相处的时间；她的脑海里几乎没有节假日的概念，端午节、中秋节、重阳节都是和孤寡老人一起度过；她把孤寡老人的冷暖牵挂于心，无微不至地照料着一群和自己没有血缘关系的老人。

多年来，郭弟喜积极发动公益项目，引导大家热心参与公益事业。经过多次的公益活动，协会会员都热情高涨，开始积极投身公益。考虑到不少孤寡老人家庭、特困老人家庭的住房都是有几十年房龄的老房子，屋内水管漏水、开裂，水电设施陈旧，具有较大的安全隐患。为改善老人们的居住环境，2017年7月，金利爱心慈善协会启动"2017年敬老安居志愿服务项目"，组织志愿者为金利镇内的110户孤寡老人、特困老人家庭提供敬老安居志愿服务，内容包括检查和维修房屋、水电设备设施，粉刷墙体，平整屋内地台等，使老人有一个安全、宜居的家居环境，乐享晚年。

郭弟喜说："老人的需要就是我们的工作。有老人缺乏物资，我们就会赠送相关物资；有老人缺乏精神关爱，我们就会尽量上门陪老人家多聊天。"渐渐地，老人们喜欢上了这个乖巧又懂事的"丫头"，平日里遇到点新鲜事、烦心事也都爱讲给她听。"有能力，就要力所能及地去帮助别人。"这是郭弟喜常说的一句话。她表示，老人们更缺乏精神层面的关爱，每次看到老人们期盼的眼神，她心里也就多了一份做慈善的动力。

不管工作有多忙，郭弟喜每隔一段时间都会上门探望这些孤寡老人，陪他们聊天，帮助他们解决一些困难。随着金利爱心慈善协会的不断壮大，各项公益事业也开展得越来越顺利。这个群体正在发光发热，鼓励着身边更多的人参与慈善，这让郭弟喜感动不已。金利爱心慈善协会执行会长梁永强说："郭弟喜是一个很热心、很有公益心的人，每次做慈善都尽心尽力，她的爱心感染着身边所有的朋友，影响着大家更好地去做慈善。"①

12. 马素梅——体贴入微的好儿媳

马素梅是广东省肇庆市鼎湖桂城中心小学的一名语文教师。她是一位细心、孝顺的女儿，也是一位体贴入微的儿媳，是邻居学习的榜样。她的敬老事迹在学校传为佳话。2017年，她荣获全国"敬老爱老助老模范人物"的称号，这是对她以实际行动诠释敬老爱老美德的极大认同。

2010年春节，马素梅回娘家探亲，发现母亲的眼睛看东西很模糊，于是立即把双亲接到自己身边同住，便于照顾。经医生诊断，母亲是因糖尿病患上了白内障，需要住院控制血糖后再做白内障手术，在母亲住院期间，她每天一下班就到医院陪伴母亲。当别人问起天天

---

① 郭弟喜：心中有大爱让老人老有所依［EB/OL］．（2018-10-15）［2020-01-15］．http：//www.wenming.gd.cn/zthz/cy2018/xlaqkm/2018-10-15/83034.html．

要上班还要跑几十里远的路到医院累不累时,马素梅总是说:"妈妈需要我,我来了能给妈妈带来安全感,有助于治疗,我累点无所谓。"就这样,她母亲顺利地完成了手术,重见光明。糖尿病需长期打胰岛素和吃药控制,母亲出院回家后,马素梅当起了母亲的护士,每天早晚帮母亲检测血糖,每餐餐前为母亲打胰岛素。为了帮母亲更好地控制血糖,她在饮食方面更是费尽心思。半年下来,母亲的血糖稳定了,马素梅却瘦了一大圈。

2016年正月,马素梅的母亲被确诊为乳腺癌晚期。听到这个消息时,马素梅心痛不已,她为了不让父母担心,瞒着母亲,告诉她只是个普通肿块,只要切除就没事了,同时积极联系医生,制定治疗方案。现在,她母亲已经做完手术在家休养。马素梅四处打听治疗乳腺癌的药方,希望帮母亲赶走病魔。她还在节假日带父母外出游玩,做他们喜欢吃的饭菜,陪他们聊天。看到父母脸上的笑容,听到父母开心的笑声,是马素梅最幸福的时刻。马素梅说,作为儿女就应该趁着双亲还健在,多陪陪他们。

马素梅不仅是孝顺父母的好女儿,也是孝敬公婆的好媳妇,她把公婆当作是自己的亲生父母一样对待,与他们和睦相处。

十几年来,经常为他们添新衣、买好吃的,嘘寒问暖,还经常带老人家去旅游。邻里总是对她婆婆说,娶了个媳妇等于多了个女儿。2012年5月,马素梅的婆婆不小心割断了一根手指,需要住院缝合治疗。这期间,马素梅每天一下班就往医院跑,帮婆婆擦身子、做按摩。邻床的病人都说:"阿姨,您的女儿真孝顺!"婆婆笑着说:"我这'女儿'还真不错!""让老人安享晚年是每个子女义不容辞的责任。"马素梅的丈夫陈志光说。一直以来,他都很支持妻子将岳母带到身边,共同照顾,"做人要懂得饮水思源,这是中华民族的传统美德。"

马素梅用实际行动践行着孝老、爱老的美德,让身边人明白了夕阳的幸福要有朝阳的回报,要用真诚的心做助老之事,使所有老人都老有所养、老有所乐[①]。

13. 马玉珍——远近闻名的孝顺媳妇

马玉珍是广东省肇庆市广宁县赤坑镇合成村的一名普通农村妇女,她用30多个春秋,诠释着何为敬老、爱老、助老。她是远近闻名的孝顺媳妇,也是当地群众有口皆碑的村委会好干部。马玉珍一家曾获得肇庆市"五好家庭"和"十大最美家庭"的荣誉称号。2017年,马玉珍荣获全国"敬老爱老助老模范人物"的荣誉称号。多年来,马玉珍勤俭持家、尊老爱幼、任劳任怨,默默地承担和履行着一个家庭主妇的责任和义务,用自己的爱心感动着整个家庭,为家中老人提供了一个舒适安逸的生活环境,为子女营造了一个宽松和谐的生活氛围。

一直以来,马玉珍一家生活拮据。1993年,马玉珍的婆婆谭水英被诊断为患有心肌梗塞,身体非常虚弱,需在广宁县人民医院住院半个月,其间生活完全不能自理。马玉珍的丈夫为母亲的医药费到处奔波,照顾老人的重担则全部落在了马玉珍肩上。那时,她时刻守在婆婆的病榻前,喂饭、端大便、擦身、按摩、守夜,成了婆婆的陪护。婆婆出院后,马玉珍

---

① 马素梅:体贴入微好儿媳敬老事迹传为佳话[EB/OL].(2018-10-15)[2020-01-15]. http://www.wenming.gd.cn/zthz/cy2018/xlaqkm/2018-10-15/83043.html.

顾不上休息，千方百计地帮婆婆调理身体。在有限的家庭条件下，马玉珍每天向猪肉档档主赊来少量猪肉，精心煮给婆婆吃，自己却一点也舍不得吃。"每次看到婆婆吃肉时满足的样子，自己也跟着高兴。"马玉珍说道。1996年，婆婆不慎摔了一跤，导致右腿骨折，马玉珍每天给老人擦洗、敷药，耐心侍奉老人，从没叫过一声苦，也没喊过一声累。

对马玉珍的事迹，合成村村委会副主任胡元锋深有感触。胡元锋说，自己的母亲多年前患上中风。10多年来，自己以马玉珍为榜样，坚持精心照顾母亲。"每当劳累时，想起马玉珍的事迹与精神，自己又充满了力量。"如今，尽管婆婆去世了，马玉珍对家里的老人依然保持着一颗赤子之心。2014年7月，公公不慎跌倒，导致股骨骨折，老人恢复后，行动却大不如前了。几年来，马玉珍依旧无怨无悔地照顾着他。多年如一日，从来没有给两位老人脸色看，一直都在悉心照料他们，马玉珍用实际行动践行着孝道，展现了一个农村妇女淳朴真诚的坦荡情怀，树立起了一个农村媳妇慈孝、善良的美丽形象①。

14. 朱树海——立足基层，老有所为

朱树海是广东省肇庆市怀集县怀城镇育秀社区主任、党支部书记。作为一名共产党员、社区干部，20年多来，他一直把敬老、爱老工作摆在突出位置，时时处处以身作则，树立榜样，教育引导广大居民增强尊老敬老意识，使每位老人都老有所养、老有所乐、老有所医，安享晚年，他尊老爱老的美德在社区有口皆碑。2017年，他荣获全国"敬老爱老助老模范人物"的荣誉称号。

榜样精神引领爱心之花生根发芽。"尊敬老人不仅是中华民族的传统美德，也是先辈们传承下来的宝贵精神财富。"朱树海常常教育党员群众，今天我们的幸福生活离不开上一辈人的努力拼搏，是他们当年的辛勤劳动打下了基础，我们才能有今天的幸福生活，他们为社会所做出的贡献我们永远不能忘记。朱树海以实际行动做好爱老、敬老的表率，他连续多届当选为社区主任、党支部书记，他不仅积极带领社区居民投身社会建设，取得突出的成绩，而且更为社区老年人着想，脚踏实地地为老人服务。目前，育秀社区管辖1.5万余人，其中60岁以上的老人就有2000多名。为更好地服务老人，朱树海创新建立了老龄工作小组，他担任组长，事必躬亲，深得社区老人赞赏。

立足基层社区，爱心在社区涌动。每逢中秋节、重阳节、春节等重大节日来临前，朱树海总是惦记着社区的老人，他带领居委会其他成员深入辖区内的企业，积极宣传惠老政策，并常带着慰问品和慰问金逐家逐户上门慰问，嘘寒问暖，帮他们解决生活中的困难，并在每年重阳节时请他们到社区医疗站接受免费体检等服务，让他们感受到党和集体的关怀和温暖。有时遇到特困老人家庭和五保老人家庭发生重大困难时，朱树海还经常自费帮助他们。同时，为了满足老年人文化生活的需要，社区成立了广场舞队、老年门球队，配齐了服装、器材。设立了老年人活动室，定期组织老人参加各种文体比赛，使其个个精神矍铄。朱树海全心全意地关心帮助老人，社区里的老人都铭记在心，老人们说起他时都会激动地竖起大拇指称赞："朱书记把我们的晚年生活照顾得很好，他是我们的贴身小棉袄。"

---

① 马玉珍：弘扬敬老美德远近闻名的孝顺媳妇［EB/OL］．（2018-10-15）［2020-01-15］．http：//www.wenming.gd.cn/zthz/cy2018/xlaqkm/2018-10-15/83037.html．

老有所为，余热生辉，奉献的人生最美丽。在育秀社区，有这样一群可爱的老人，他们热衷公益，互帮互助，老有所为，把不老的爱心和热忱向外播撒。朱树海告诉记者，从2013年开始，该社区就成立了老干部治安巡逻队和医疗卫生志愿队，不仅能让社区老人们发挥余热，还能提升社区的治安效果，让老人们老有所为。平时朱树海都会定期带领他们巡逻小区，以及免费上门为独居、孤寡老人服务，力所能及地照顾这些特殊老人。20多年来，朱树海践行群众路线，把老年工作作为社区的一项长期性工作来抓，以和风细雨的方式，把温暖送到老人们的心坎上，让每位老人都心情舒畅，使其感受到来自社会主义大家庭的温暖。今后，他将一如既往地推进尊老爱老工作，树立敬老之风，促进社会文明进步，为构建和谐、幸福社区做出更大的贡献①。

15. 闫帅——爱老敬老助老的养老院院长

闫帅，见过他的人都会被他灿烂的笑容所打动。30岁的闫帅看起来像个阳光帅气的大男孩，其实他是两处养老院的负责人：位于北京房山区的长阳普乐园爱心养老院和丰台区的普乐园六圈养老中心。

闫帅接管养老院可以说是逼上梁山。2006年的一天，19岁的"北京顽主"闫帅忽然被患有脑梗的父亲叫回。父亲告诉他母亲得了癌症，问他能不能接管刚创办不久的养老院。这晴天霹雳使闫帅一下子成熟了，男子汉的担当使他向父亲保证："爸您别管了，这养老院我扛着。"

刚接管养老院时，对闫帅来说太难了。原本生活无忧无虑的他，生活技能几乎等于零，但他很快变成了"生活全能手"。当他把饭菜送到老人们手中，看到老人们满意的笑容时，他在心里对自己说："我能！"

从接管养老院开始，闫帅每天从早到晚待在养老院里，跟老人们一起吃、一起睡、一起生活。10多年的养老院工作，让闫帅掌握了大量的养老护理知识。

在养老院，闫帅是院长、护理员、司机、采购员、外联人员……养老院在他手里办得风生水起，入住的老人们从当初的4位发展到目前的200位，还有200多位社区老人在排队等待入院。养老院与多家医院建立了日常联系。

养老院建立了全天候的值班站，保证老人们的日常护理问题可以在第一时间得到解决。闫帅建立了一套现代化的养老院管理制度，养老院的设施也日益完善。

父亲52岁生日时，闫帅为他准备了温馨的家庭生日庆典，看到闫帅经过10余年的磨炼，不仅可以独当一面，而且还青出于蓝胜于蓝，父母发自内心地喜悦。

闫帅总说："人生是一面镜子，当你冲它愤怒，它也冲你发怒，而当你冲它微笑，它就会冲你微笑。"②

16. 高静宜——首都"最美家庭"的孝顺儿媳

高静宜有一个幸福美满的家庭，夫妻恩爱、孝敬老人、关怀女儿、热心助人。她十几年

---

① 朱树海：老有所为 夕阳余晖暖人心 [EB/OL]．(2018-10-15) [2020-01-15]．http：//www.wenming.gd.cn/zthz/cy2018/xlaqkm/2018-10-15/83036.html．

② 从北京顽主到养老院院长——全国"敬老爱老助老模范"候选人物闫帅的故事 [EB/OL]．(2017-04-16) [2020-01-15]．https：//www.meipian.cn/heuxt9y．

来细心照料婆婆，是一位孝老爱亲的好儿媳。

高静宜的婆婆张月琴今年 93 岁，街坊邻居都很羡慕她还能每天在小区的院里遛弯。可在十几年前高静宜的婆婆却身患气管炎、胆结石、痔疮、皮肤瘙痒等多种慢性疾病，曾做过胆摘除手术，2000 年又不幸患上了脑瘤。那时，高静宜每天不仅要照顾自己的母亲，还要经常到医院照顾住院的婆婆。因为过度奔波，她的腿肿胀得无法走路，不得已住院做了手术。这期间她母亲离开了人世。随后，她把婆婆接回家中，悉心照顾婆婆的衣食起居，吃饭、按摩、烫脚、通便……不断重复这些烦琐却又非常重要的护理步骤，直到老人恢复健康。

为了让婆婆住得舒适，她把向阳的房间腾出来给婆婆住，每天都把房间打扫得干干净净。为了给婆婆增加营养，她变换着花样给婆婆做菜。她常常陪婆婆外出散心，过年过节，就会给婆婆里里外外换个新，婆婆在邻居面前常说："有这样的好媳妇，是我修来的福分。"她的艰辛付出得到了回报，婆婆现在脸色红润，身体状况良好，还被太平桥街道评选为"十大长寿之星"。2013 年，高静宜被评为"北京市万名孝星"。

高静宜家各家庭成员间互相理解尊重、平等关爱，他们夫妻二人努力提高自身素质，率先垂范，勤俭节约。在他们的教育下，女儿朴实大方，学业有成，北大研究生毕业后，公派出国攻读博士学位，成为国家的有用之才。如今，每到节假日，全家 20 多口人欢聚一堂，其乐融融①。

17. 张博研——将爱的传递进行到底

张博研是北京市密云区融媒体中心的主持人。在很多人眼中，他是一个阳光开朗的小伙子，但其实十几年来，他一直在与病魔争夺着妈妈的生命。他说："就算是把房子卖了，我也要给我妈治病！"就像小时候父母对他说的那样，"就算砸锅卖铁，爸妈也要供你上学！"

张博研的母亲在 2004 年患上了卵巢癌，手术后不久又检查出患上了肝硬化。这对张博研来说就是晴天霹雳，那个时候他才 16 岁，他不知道能为母亲做些什么。有一次，他到医院为母亲拿药，鼓足勇气问了医生一句："大夫，我妈她还能活多久？我上网查过，肝是可以移植的，如果需要移植的话，您就割我的肝来救她吧。"医生听了他的话愣了好几秒钟，真诚地看着他，说："你的母亲能有你这么孝顺的孩子真是她的福气，她的病我们一定想办法治疗，现在还没到需要肝脏移植的程度，你好好照顾她吧！"从那时起，张博研就担起了照顾妈妈的责任。

2012 年，张博研大学毕业，又有一个不幸降临到了这个家庭。他的母亲又被查出患有乳腺癌，而且是中晚期，必须进行手术治疗。可做完手术后，因为她的肝脏功能不好，根本无法进行化疗。医生推荐注射一种抗癌的进口药，每隔 20 天注射一次，而一次的费用就是 24 500 元。这个药不能走医保报销，光靠他和父亲两个人的工资根本不能支付这昂贵的医药费。怎么做才能救母亲呢？张博研想到可以卖掉家里唯一的住房。等他把这个决定告诉父亲时，父亲坚决不同意。"房子是爸妈攒了一辈子钱买的，是留给你娶媳妇成家用的，要是房子卖了，咱家可什么都没有了！"

---

① "有好儿不如有个好儿媳"——全国"敬老爱老助老模范人物"高静宜的故事 [EB/OL]．[2020-01-15]．https://www.meipian.cn/jwxnfwv.

"我不要房子,我要我妈!"长这么大,张博研第一次顶撞父亲。"您和我妈就是我的天,天要是塌了,我要这房子还有什么用?"卖房的那天,他爸妈都哭了。他安慰他们:"没事儿,只要我妈能好,儿子将来一定会让你们住上大房子!"卖完房后,一家三口搬到了仅30平方米的平房"蜗居",可共同战胜病魔的决心却越来越坚定。

　　在母亲住院的日子里,张博研每天下班往返100多公里去医院照顾她。母亲刚刚做完手术不能自理,他就整天在床前端屎、端尿,有时候她大便排不出来,他就用手去抠。每到这个时候,母亲总是会抹眼泪。他也曾经很多次在没人的时候大哭,心想,如果可以拿我10年的寿命换妈妈能够活下去的话,我愿意!他坚强地安慰母亲:"您放心,什么事都不会有的,我爸不是说了嘛,我就是咱家的主心骨,从现在起,我就是您的一片天!"

　　让他们彻底走出困境的是一次爱心活动。2017年5月,北京市委宣传部、首都文明办举行了"为榜样圆梦"的公益活动。北京榜样组委会邀请北京抗癌乐园的秘书长来到现场,他亲身传授抗癌健身的方法并请张博研母亲加入抗癌乐园,鼓励她乐观勇敢地与病魔做斗争。同年7月,又一个振奋人心的好消息,使很多像他们这样的家庭在绝望中重生,他母亲一直在用的抗癌药正式纳入了国家医保目录。正是有来自党和政府、社会各界人士的关心,原本被医生下了几次病危通知书的母亲,身体竟奇迹般地好转了。2018年8月,医生告诉张博研,他的母亲已经挺过了5年危险期。那一刻,他的泪水汹涌而出,内心百感交集:感恩我们这个伟大的新时代,感恩我国医疗水平的不断提升和医保制度的不断完善,感恩社会上无数的好心人,使我母亲活了下来!

　　滴水之恩,涌泉相报。经过不断的努力,2017年,张博研成为国家一级播音员,由他主创的《孝老爱亲 弘扬中华民族传统美德》等4部公益广告在北京市多家媒体播出。他用声音讲述孝老爱亲的故事,讲述北京故事。同时,在重阳节之际,他组织年轻人走进幸福晚年驿站,为老人们送去慰问品和精彩的演出,让他们感受到社会的温暖[①]。

　　在家尽孝、为国尽忠是中华民族的优良传统。"老吾老以及人之老,幼吾幼以及人之幼",是中华民族传统的价值观念。正如《爱的奉献》中所唱的:只要人人都献出一点爱,世界将变成美好的人间。百善孝为先,让我们将爱的传递进行到底!

18. 北青孝老志愿服务队——始于心,施于行

　　早在2010年,北京青年政治学院招收第一届老年服务与管理专业学生时,就着手建立了志愿服务队伍,搭建了志愿服务和专业实践平台。

　　专业教师带领学生对当时北京市多家养老机构进行了实地考察。在众多养老机构中,北京红十字会旗下的颐年护老院以"人道、博爱、奉献"的理念深深感染着老年服务与管理专业的师生。颐年护老院的环境虽显简陋,但布置温馨;入住老人虽衣着朴素,但干净整洁。他们情绪祥和,乐观向上,总是情不自禁地表达着对国家、对党、对政府的感恩之情。这些流露的真情不仅激发了老年服务与管理专业为老服务的责任感与自豪感,而且对师生思想境界的提升也产生着潜移默化的深远影响。

[①] 张博研:孝心救母退癌魔[EB/OL].(2018-11-18)[2020-01-16] http://www.bbtnews.com.cn/2018/1118/274509.shtml.

在学院领导的大力支持下，北京青年政治学院决定成立"北青孝老志愿服务队"，服务队成立后，得到了学院退休老党员、老干部、各系部、各职能部门和师生员工的积极配合与大力支持。此后，服务队不断丰富服务内容、提升服务品质，让志愿服务惠及更多的老人。现在，"北青孝老志愿服务队"的队伍不断发展壮大，团队成员主要由北京青年政治学院老年服务与管理专业的师生、退休干部、家属构成，有上到70多岁的老教师，小到五六岁的小学生。退休老干部、其他系部师生及家属也纷纷加入，人数由最初的十几人发展到了今天的七八十人。

"北青孝老志愿服务队"成立以来，以"为老服务，始于心，施于行"为专业理念，以"关爱长者精神健康"为宗旨。10年来，服务队深入北京市红十字会颐年护老院、恭和苑养老院、恒春老年公寓、乐居老年公寓、朝阳区长友养老院、颐养天合老年公寓和香山长者公馆等20多家养老机构，累计服务时长达数千小时。服务队成员在实际行动中践行"人道、博爱、奉献"的红十字精神，在为老人们带去快乐的同时，也实现了自我境界的提升。10年间有两位志愿者被评为"北京市孝星"，数十名同学通过志愿服务提升了思想道德水平，坚定了理想信念，加入了中国共产党。北京青年政治学院红十字会也获得了"首都高等学校红十字会系统先进集体"的荣誉称号，"北青孝老志愿服务队"的事迹先后被人民网、中国老年报、北京青年报、中国国际广播电台、通州电视台等多家媒体报道。

八、证券与期货专业*

1. 德国巴比纳信托行案例[①]回放

"二战"前夕,德国有一家很不起眼的信托公司叫巴比纳信托行,专为顾客保管贵重财物。战争爆发后,人们纷纷把财物取走,四散逃难去了。老板也打点细软逃之夭夭,只有雇员西亚还在那里清点账目。一颗颗炸弹在信托行附近炸响,西亚好像没有听见一样,她清理完账目,发现一个叫莱格的顾客还没有把东西取走。那是一颗价值50亿马克的红宝石,西亚把宝石和所有托管文件放到了一个小盒子里,然后带上所有账目离开了信托行。几天之后,战火将巴比纳信托行所在的一带夷为平地,西亚也为逃避战乱而四处奔走。但无论走到哪里,西亚都随身带着信托行的账目和那颗宝石。她觉得,她还是巴比纳信托行的雇员,她要等战争结束后,把账目和宝石送回信托行。战争终于结束了,西亚带着三个孩子回到柏林,可是,巴比纳信托行的老板已经在战乱中死去,信托行已不复存在了。西亚仍然保管着账目和宝石。因为宝石是顾客委托保管的,顾客没有把宝石取走,她就得一直为顾客保管,守住信托行的信誉。

多少年过去了,西亚一直没有找到工作,她带着三个孩子一直过着极其贫苦的生活。其实,当初委托信托行保管宝石的莱格也在战乱中死去了,那颗价值连城的红宝石早已无人认领,西亚完全可以悄悄地把它卖掉,过上锦衣玉食的生活。可是她没有,她觉得那是顾客的财物,她只是保管,不能有任何非分之想。1978年,当地政府成立战争博物馆,面向社会搜集"二战"遗物,西亚便把她保管的信托行账目和那颗红宝石拿了出来。政府经过多方努力,帮助西亚找到了莱格的孙子道尔。道尔拿到那颗宝石后,承诺将宝石卖掉后把一半的钱给西亚,西亚婉言谢绝,说只收取这些年的保管费用。西亚的事上了报纸,人们被她的诚信所感动,有人提议她出任商会总顾问,她以年纪大为由推掉了。后来,又有几家大型信托公司找到她,要求她出任荣誉总裁,她也谢绝了。

不久,西亚去世了。几家公司找到她的儿子克里斯,要求买断西亚的名字来命名信托公司。克里斯难以抉择,就让几家公司竞标,最后,柏拉图信托公司以80亿马克的天价获取了西亚的冠名权。许多人不解,说一个名字能值那么多钱吗?柏拉图公司总裁说:"'西亚'已经不仅仅是一个人的名字,它代表的是一种企业精神,一种价比宝石的诚信,花80亿买到这个荣誉,值!"不久,柏拉图信托公司便更名为西亚信托公司,交易量果然一路攀升。

---

* 编者:生蕾

① 一颗价值8亿马克的红宝石:巴比纳信托行在战火中的信誉 [EB/OL]. (2020-08-04) [2020-09-15]. http://www.360doc.com/content/20/0804/19/30574419_928520970.shtml.

这个故事给我们的启示：诚信之所以能够创造价值，就是因为诚信本身就是无价的。当你把诚信当成信仰和责任时，你就赢得了人们的支持和信赖，无穷无尽的财富也会因此而产生。尤其是对金融业，更是如此。

2. 培养金融人才诚信的途径

对金融人才诚信的培养是金融业健康发展的根本所在。它是一个逐步积累、循序渐进、日臻完善的缓慢过程，需要个人、家庭、学校和社会各方面的默契配合和有效互动。在此过程中，必须深刻理解在现代社会尤其是新媒体被广泛应用的状况下，诚信对人们思维观念、价值态度的冲击，寻求有针对性的解决方案。

（1）加强自身修养

伟大的思想家孔子的"民无信不立"、鲁迅的"诚信为人之本"都说明了个人诚信修养的重要性。加强金融人才诚信教育，首先要从加强金融人才自身的修养做起，从实现个人的自律开始，培养自身的诚信修养，塑造崇高的诚信人格，只有这样才能成为合格的现代金融人才。

（2）加强诚信教育

诚信教育是个人诚信建设的前提。因此，在金融人才的培养过程中，应将诚信理念细化于教育教学、教书育人的全过程，并升华为制度规范。一方面，要在校园文化建设中突出弘扬诚信品质；另一方面，要在成绩考核和奖学金评定等活动中，将诚信品德列为重要的考核条件。同时，对请假开假证明、考试作弊、开具假的贫困证明等不诚信的行为严厉惩罚。只有将诚信教育的内容具体化、精细化，内化为持续不断的教育教学活动，才能使学生在日常生活中耳濡目染，自觉遵守，进而转化为内心的信念，升华自身人格，提高自身素质。

（3）加强职业道德教育

高校和金融机构应共同加强对金融人才的职业道德教育，帮助金融人才树立以诚信为本的职业道德观念，树立正确的世界观、人生观和价值观，明确权利和责任，明辨是非，不失职渎职。在职业道德教育中，既要学习正面典范案例，也要吸取反面案例的教训，增强诚信意识，树立诚信榜样，强化职业操守。

3. 提升金融师资队伍的诚信素养

言传身教，身教胜于言传。教师自身的修养和职业道德品质对学生的影响至关重要。因此，高校应将提升金融专业师资队伍的诚信素养放在首要位置。

高校应始终把加强师德建设放在首位，定期开展政治理论学习，使其牢固树立正确的道德意识和诚信观念；金融专业教师自身应充分认识到诚信在金融行业的重要性，并将诚信教育融入日常的课堂教学、顶岗实习和其他活动当中；鼓励学生发扬诚信待人的优良品质，将诚信品质培养贯穿教学过程的始终。

良好的诚信环境是培育和优化金融人才诚信理念和行为的关键因素。构建金融诚信体系是一项长期而系统的工程，必须在个人、家庭、高校和社会之间形成覆盖面广、运转良好、持续有效的金融诚信协作体系，才能为金融人才诚信建设营造良好的环境。

良好品质的形成不仅需要理念的引导和树立，更需要制度的规范和约束。因此，在培养金融人才诚信品质的过程中，建立并完善诚信档案和失信惩戒机制就显得尤为重要。高校、实习单位应建立学生诚信档案，包括课堂学习、考试、顶岗实习等方面的记录，对失信行为应采取相应的惩戒措施。强制矫正迫使失信人员修正不当的行为，让他们自觉向诚信发展，逐步使诚信成为一种习惯。

只有多管齐下、共同努力，才能为我国金融业培养和输送合格的金融人才；只有诚信走天下，才能为我国金融行业的发展及社会进步贡献智慧和力量。

九、会计专业*

1. 潘序伦与立信事业

（1）潘序伦和"三位一体"的立信会计事业

潘序伦（1893—1985），被誉为中国现代会计之父。在获得哈佛大学企业管理硕士学位和哥伦比亚大学经济学博士学位后，潘序伦于1924年秋回到中国，致力于引进并传授西方先进的会计知识与技术。由此开始，潘序伦从事会计事业有60多个春秋，成为中国现代会计学界的泰斗。

潘序伦在1927年创办了"潘序伦会计师事务所"，后借用《论语》中"民无信不立"之意，将其更名为"立信会计师事务所"[1]。自1939年始，事务所先后在桂林、重庆、南京、广州、天津等地设立分所。1928年，潘序伦在事务所内开办簿记训练班，后来训练班正式改为立信会计补习学校。为满足外埠青年学习会计知识的强烈愿望，又创办了立信会计函授学校。1937年，潘序伦创建立信会计专科学校，培养既精通业务又具有管理能力的高级会计审计人才，形成了包括立信会计补习学校、立信会计函授学校、立信会计专科学校以及后来成立的立信会计高级职业学校在内的兼备大专、中专、职业补习教育的完整体系。在会计补习学校成立之初，为了适应教学需要，潘序伦及同人编写了《立信会计丛书》，并于1941年6月成立了"立信会计图书用品社"，潘序伦任社长。至此，正式形成了立信会计师事务所、立信会计各级各类学校、立信会计图书用品社"三位一体"的立信会计事业格局。

（2）潘序伦以"立信"为核心的会计教育思想

潘序伦创办的"三位一体"会计事业，均以"立信"命名。1937年7月，他又将"立信"作为校训，并引申为"信以立志，信以守身，信以处事，信以待人，毋忘立信，当必有成"[2]。这24字的题词是潘序伦"立信"思想的高度概括，成为中国会计职业群体的希波克拉底誓言的蓝本。

潘序伦为我国会计事业和会计教育事业做出的最大贡献是他极力倡导和身体力行的会计职业群体的职业道德和执业操守。他是倡导以"立信"思想作为会计职业群体道德规范的核心的第一人，24字的题词精辟阐述了他的"立信"思想。

潘序伦倡导的"立信"是做人的重要准则，也是会计职业群体的道德规范，忠于会计事业务必"立信"。潘序伦在回忆录中写道："我认为会计师的信誉很要紧，可以说是会计

---

*编者：王京
[1] 王海民. 潘序伦立信会计思想研究[J]. 会计之友，2011（1）.
[2] 王海民. 潘序伦立信会计思想研究[J]. 会计之友，2011（1）.

师业务的生命力,所以我把我的事务所改名为'立信',就是要取得社会的信誉。"他进而提出,"从事会计工作的人,必须在立志、守身、处世、待人等方面,建立信用,无论对人对事,都要坚定不移地信守重诺,严禁弄虚作假。①"

潘序伦将会计职业群体的道德规范归纳为公、信、廉、密、勤、敏6个字。公,以"公"为第一义,大公无私,公正严明;信,以保持信誉,建立信用;廉,应操守严谨,廉洁自重;密,会计师对于查核账目事项,非经委托者之许可,不得宣布;勤,会计师办理案件,必须勤奋;敏,承办业务,必须按程序,限期完成②。

潘序伦认为会计人员职业道德水平的高低,直接关系到会计工作能不能做好。关于"信"在会计事业中的重要性,他曾于1940年有过如此论述:"信为吾人立身之要件,尤为吾会计从业人员之要件,设稍于信字有亏,则不仅本人名裂,亦将贻害社会。故凡会计人员必先养成其会计的人格,所谓会计的人格,即可以信之一字概括之。"

"立信"不仅是潘序伦会计事业的"字号",也是他终生坚守的教育理念。潘序伦利用一切机会,对学生进行职业道德教育。他曾给立信学校毕业生的纪念册题词道:"若孔圣有言:去食去衣,无信不立,则因以立信为建国之首务矣。若退而言会计,则立信为尤要。信苟不立,虽良法美意,必基石稳固而后可以尽其功能;此虽常言,实为先圣之所昭示,昭并日月,愿与请同学拳拳服膺而信守也。③"

立信,乃会计之本。没有信用,也就没有会计。

2. 朱镕基"不做假账"题词

2001年4月16日,时任国务院总理的朱镕基到上海国家会计学院视察,题词校训"不做假账",并提出要求,将来学院在办培训班的时候,每任院长都要到教室里来给学员讲授"不做假账"。

2001年10月29日,朱镕基视察北京国家会计学院后,题词"诚信为本,操守为重,坚持准则,不做假账",第二天的新闻稿中写为"诚信为本,操守为重,遵循准则,不做假账"④。后此题词成为北京、上海、厦门三家国家会计学院校训,并成为会计领域职业规范的高度概括。

2002年11月19日,朱镕基在香港举行的第六届世界会计师大会上演讲时透露,由于字写得不好,他很少题词,但很乐意为国家会计学院题写"不做假账",而且这四个字他写了三次,他说:"我希望每一个中国国家会计学院毕业的学生,永远都要牢记这四个大字!"⑤

"不做假账"三次出现在朱镕基的笔下,可见他对做假账的憎恨。在当时的经济背景下,朱镕基把不少会计师事务所和会计人员做假账,出具虚假财务报告称为严重危害市场经济秩序的一个"毒瘤"!他指出许多贪污受贿、偷税漏税、挪用公款等经济违法犯罪活动,

---

① 章红清. 会计专业教学中的诚信教育 [J]. 郧阳师范高等专科学校学报, 2010 (12).
② 章红清. 会计专业教学中的诚信教育 [J]. 郧阳师范高等专科学校学报, 2010 (12).
③ 许格."我国会计原则定位探析 [J]. 青春岁月, 2010 (12).
④ 柳守忠. 朱镕基因何四次破了"不题词"的戒 [J]. 共产党员, 2012 (9).
⑤ 柳守忠. 朱镕基因何四次破了"不题词"的戒 [J]. 共产党员, 2012 (9).

以及大量腐败现象,几乎都与财会人员做假账分不开①。"市场经济的基础是信用文化,一个没有信用文化的国家怎么能建立市场经济呢?"他指出,真实而可靠的会计信息是企业科学管理和政府宏观经济决策的依据。虚假的会计信息必然会造成决策失误,经济秩序混乱②。国有企业改革要想获得成功,必须加强经营管理特别是财务管理。从根本上解决这个问题,必须在强化法制、严格管理的同时,加强会计从业人员特别是注册会计师队伍的建设。朱镕基明确要求所有国有大中型企业、金融机构的财务主管,都必须到国家会计学院接受培训,达到合格要求才能上岗。

朱镕基强调,"不做假账"是会计从业人员的基本职业道德和行为准则,所有会计人员必须以诚信为本,操守为重,遵循准则,不做假账,保证会计信息的真实、可靠。他要求,国家会计学院要把诚信教育放在首位,培养出来的人才不仅要有一流的专业知识水平,更要有一流的职业道德水平,绝对不做假账③。

3. 践行"不做假账"从每个会计人做起

在会计专业的基础会计、财务会计等专业课程中均有对会计信息质量要求的讲授,其内容在修订后于2007年1月1日起施行的《企业会计准则——基本准则》的第二章。会计信息质量要求中的第一条规定:企业应当以实际发生的交易或者事项为依据进行会计确认、计量和报告,如实反映符合确认和计量要求的各项会计要素及其他相关信息,保证会计信息真实、可靠,内容完整。这条要求的核心即不做假账。

近年来,披露上市公司虚假财务信息的案例屡见不鲜,极大地损害了投资者的利益。假账的大量存在,会造成国家很多统计信息及经济指标不准确,严重影响政府宏观经济决策,动摇"诚信"这块市场经济的基石,是对实事求是工作作风和原则的严重挑战,会使整个社会的公信力大大降低。

从全社会范围来说,对披露的虚假财务信息,单位负责人、会计人员、单位内部审计部门、外部监管机构都应明确各自要承担的法律责任。对每位会计人来说,都要坚守"不做假账"这个职业操守"底线",不能让专业技能失去根本。距朱镕基"不做假账"题词已经过去了18年,但"不做假账"这四个字,一直要大写特写,让诚信成为会计事业稳定发展的根基。

4. 诚实守信是遵守会计职业道德的基本要求④

某公司因产品销售不畅,导致新产品研发受阻。公司财会部预测公司本年度将产生800万元的亏损。刚刚上任的公司总经理责成总会计师王某要千方百计实现当年盈利目标,并说:"实在不行,可以对会计报表做一些会计技术处理。"总会计师很清楚公司本年度亏损已成定局,要落实总经理的盈利目标,只能在财务会计报表上做手脚。总会计师感到左右为难:如果不按总经理的意见去办,自己以后在公司不好待下去;如按照总经理意见办,对

---

① 耿艳彩. 浅谈中职会计专业学生职业道德的培养 [J]. 商,2012(8)
② 詹珍萍. 论会计信息失真的成因及对策 [J]. 会计师,2012(3).
③ 臧建玲等. 会计实践教学中加强学生职业判断能力培养应用型人才的研究 [J]. 商场现代化,2011(1).
④ 会计职业道德典型案例分析 [EB/OL]. [2020-01-13]. https://wenku.baidu.com/view/dfod40d580ebb294dd886c20.html.

自己也有风险。为此，总会计师的思想负担很重，不知如何是好。

分析：总会计师王某应当拒绝总经理的要求。因为总经理的要求不仅违反了《中华人民共和国会计法》第四条"单位负责人对本单位的会计工作和会计资料的真实性、完整性负责"，第五条"任何单位或者个人不得以任何方式授意、指使、强令会计机构、会计人员伪造、变造会计凭证、会计账簿和其他会计资料，提供虚假财务会计报告"，也违背了会计职业道德中的会计人员应当诚实守信、客观公正、遵守准则的要求。

5. 廉洁自律是会计职业道德的更高目标[①]

王某是山东省某投资公司的一名会计，其丈夫是一家国有企业的技术工人，二人有一个活泼可爱的儿子。王某一家像城市中的许多人一样，过着平淡而充实的生活。当汽车、洋房成为都市人追逐的目标的时候，王某他们对此没有太多的兴趣。安贫乐道，平安是福，在简单而又枯燥的生活中她有着自己的追求——梦想自己的孩子也像有钱人的孩子一样上名校、考大学、出国留学。在一次同学聚会时，王某看到自己的同学，发财的发财、升官的升官，想到自己学习不比他们差，水平不比他们低，结果工作单位平平，要地位没地位，要钱财没钱财，心里很不平衡。

闲谈中她听到同学李小虎"炒股"发了大财，一年赚了100多万元，心里羡慕极了，也想炒点股票试一试，可是资金从哪里来呢？同学们你一言，我一语，出谋划策。其中有个同学说："王某，你真是一个死心眼，你不是管着单位的钱吗？先拿来用一用，等赚了钱再还回去不就行了，这有什么难的，公款炒股，公款私存，不是很正常吗？"听了同学的话，王某动摇了。第二天就挪用了50万元资金投进了股市。贪婪一旦战胜理智，就如同洪水猛兽一般，一发不可收拾。在事情败露前的5年间，王某利用提取现金不记账等手段累计挪用公司资金249.7万元，非法获利87.6万元。

分析：一失足成千古恨。这位已为人母的王某，今后将有6年时间在铁窗中度过。漫长的牢狱生活分明在告诫人们：会计人员应该自尊、自爱，自觉遵守国家的财经法规，廉洁自律，切记：手莫伸，伸手必被捉！

6. 客观公正，保持会计人员从业的独立性[②]

中国证监会对麦科特利润虚假问题立案调查发现，麦科特光电股份有限公司的会计师通过伪造进口设备融资租赁合同，虚构固定资产9 074万港元；采用伪造材料和产品的购销合同、虚开进出口发票、伪造海关印章等手段，虚构收入30 118万港元，虚构成本20 798万港元，虚构利润9 320万港元。在麦科特造假案中，深圳华鹏会计师事务所为其出具了严重失实的审计报告，对其进行了同步审计和资产评估，编造了有关合同、协议、法律文件和政府批文，并倒签日期，欺骗有关部门，骗取股票发行资格，导致所内4人被刑事拘留，2人取保候审，此案还另外涉及资产评估师、麦科特公司员工等共24人。其总会计师练国富等人均被司法检察机关逮捕归案。

[①] 会计职业道德典型案例分析［EB/OL］．［2020 - 01 - 08］．https://wenku.baidu.com/view/dfod40d580ebb294dd886c20.html.

[②] 会计职业道德典型案例分析［EB/OL］［2020 - 01 - 08］．https://wenku.baidu.com/view/dfod40d580ebb294dd886c20.html.

分析：在这一案件中，麦科特会计师及对其进行审计的注册会计师均严重违背了客观公正的职业道德操守，公然造假以欺骗投资者，给广大投资者带来巨大损失。可见，在会计从业中坚持客观公正的职业道德原则非常重要。

7. 坚持准则，提高会计人员依法理财的能力①

某公司是一家大型国有企业。公司总经理针对公司效益下滑、面临亏损的情况，电话请示正在外地出差的董事长。董事长指示要把财务会计报告做得漂亮一些，总经理把这项工作交给了公司总会计师，要求按董事长的意思办。总会计师按公司领导意思，对当年度的财务会计报告进行了技术处理，虚拟了若干笔无实际交易的销售收入，从而使公司报表由亏变盈。经诚信会计师事务所审计后，公司财务会计报告对外报出。在《中华人民共和国会计法》执行情况检查中，当地财政部门发现该公司存在重大会计作假行为，依据《中华人民共和国会计法》及相关法律、法规、制度，拟对该公司董事长、总经理、总会计师等相关人员进行行政处罚，并分别下达了行政处罚告知书。公司相关人员接到行政处罚告知书后，均要求举行听证会。在听证会上，相关当事人做了如下陈述：

公司董事长称："我前一段时间出差在外，对公司情况不太了解，虽然在财务会计报告上签了名并盖章，但只是履行会计手续，我不应负任何责任。具体情况可由公司总经理予以说明。"

公司总经理称："我是搞技术出身的，主要抓公司的生产经营，对会计我是门外汉，我虽在财务会计报告上签名并盖章，那也只是履行程序而已。以前也是这样做的，我不应承担责任。有关财务会计报告情况应由公司总会计师解释。"

公司总会计师称："公司对外报出的财务会计报告是经过诚信会计师事务所审计的，他们出具了无保留意见的审计报告。诚信会计师事务所应对本公司财务会计报告的真实性、完整性负责，承担由此带来的一切责任。"

分析：此案中，总会计师面对董事长等人的授意，并没有坚持原则，而是听从安排，从事会计造假，事后推卸责任。按照《中华人民共和国会计法》的规定，单位负责人应对本单位财务会计报告的真实性、完整性负责，该公司董事长、总经理及总会计师都应为编造假账承担相应的法律责任。

8. 企业发展需要强化服务②

秦池酒厂是山东省临朐县的一家生产"秦池"牌白酒的企业。在1990年3月注册成立，当时秦池酒厂的全部家当也不过是几间低矮的平房、一地的大瓦缸、500多个职工，全年的销售额不足2 000万元。可在1995年11月，秦池酒厂赴京参加"标王"竞标，以6 666万元的价格取得了中央电视台黄金时段广告"标王"后，秦池一夜成名，身价倍增，一个多月就签订了4亿元的销售合同，头两个月实现销售收入2.18亿元，实现利税6 800万元，相当于秦池建厂以来前5年的收入总和。人还是那群人，厂还是那个厂，秦池本身的素质并没

---

① 会计职业道德典型案例分析［EB/OL］．［2020-01-15］．https://wenku.baidu.com/view/dfod40d580ebb294dd886c20.html.

② 会计职业道德典型案例分析［EB/OL］．［2020-01-08］．https://wenku.baidu.com/view/dfod40d580ebb294dd886c20.html.

有得到很快的提升，但是，通过魔力般的广告效应，成为行业的佼佼者，令人羡慕不已。1996年11月8日，早已名满天下的秦池酒厂又来到了梅地亚，中央电视台1997年度的"标王大会"准时召开。在中央电视台广告中心负责人热情洋溢地发言后，竞标开始了：广东爱多VCD一口气喊出了8 200万元，超出上一年秦池1 000多万元，显出势在必得的霸气。随后，江苏的春兰报出了1.688 8亿元，全场顿时欢呼雷动。然而，仅仅几分钟，广东乐百氏以1.997 8亿元一冲而出。全场震惊了，都认为今年的标王非广东莫属了。可是，接下来姗姗来迟的山东好汉们却让所有的人大跌眼镜——从极度的兴奋转入极大的愕然，名不见经传的山东金贵酒厂一声喊出了2.009 9亿元的天价，山东齐民思酒厂则开出了2.199 999 999 9亿元的"天王级"的报价。这时，终于轮到秦池了。当主持人喊道"秦池酒，投标金额为3.212 118亿元"时，全场愕然了、沸腾了。记者们都搞不清秦池缘何报出如此高的投标。秦池报出的3.2亿元相当于1996年全年利润的6.4倍，比竞标的第二位整整高出1亿元。1996年秦池对外通报的数据显示，当年实现销售收入9.8亿元，利税2.2亿元，增长5~6倍。1997年初的一则关于"秦池白酒是用川酒勾兑"的系列新闻报道，把秦池推进了无法自辩的泥潭，到1998年6月25日，新华社报道："秦池目前的生产、经营陷入困境，今年亏损已成定局……"2000年7月，据《法制日报》报道，一家金属酒瓶帽的供应商指控秦池酒厂拖欠300万元货款，地区中级人民法院判决秦池败诉，并裁定拍卖"秦池"注册商标。

分析：强化服务是要求会计人员具有文明的服务态度、强烈的服务意识和优良的服务质量。服务态度是服务者的行为表现，要求服务者礼貌服务，以礼待人。社会中各行各业的就业者都处于服务他人和接受他人服务的地位。在服务他人的过程中，人们在承担对他人的责任和义务的同时，也接受着他人的服务。因此，文明服务是现代经济社会对劳动者所从事职业的更高层次的要求。它表现为人们在参与对外交往工作和组织内部协调运作过程中，人与人之间关系的融洽程度和与之相对应的工作态度。本案中秦池的落败，说明企业发展不能仅仅依靠广告，而是需要优秀的服务质量、品牌形象和过硬的产品质量。

9. 管仲治税：以"轻重之术"屈人之兵

管仲向齐桓公解释，"轻重之术"就是国家利用市场供求和价格规律，对内调控经济运行，对外开展商业竞争。举例来说，当齐国市面上的布匹供不应求、价格飞涨时，国家就抛售储备，平抑物价；相反，当布匹供大于求、大幅贬值时，就动用国家财政大量购买，以"轻重之术"保证齐国经济的平稳运行。这是对内调控经济运行。而在对外贸易中，就是通过操控国际市场价格，控制主要商品的流通，运用"轻重之术"低买高卖，通过贸易战的方式打击敌国经济，攫取敌国物资，取得不战而屈人之兵的效果。但是要想真正操控市场上主要流通的商品的价格并非易事。

齐国产盐、产铁，对盐铁搞价格垄断自然容易，但有些物资，并非齐国特有，这又该怎么垄断这些东西的价格呢？说到这里，咱们不得不提到一个"轻重之术"的经典案例——"鲁绨之谋"。

当时，齐国和鲁、梁两国毗邻，军事冲突不断，齐桓公视其为心腹大患，"欲下鲁梁"。管仲适时地献上了"鲁绨之谋"。

鲁国和梁国的老百姓平常织绨,绨是一种丝线做"经",棉线做"纬"的纺织品。管仲先是劝齐桓公穿绨料衣服,并下令大臣都穿绨料衣服。一时上行下效,身着绨衣在齐国蔚然成风。这样一来,齐国的绨价大涨。

这时管仲特意对盛产绨的鲁、梁两国商人说:"你们给我贩来一千匹绨,我给你们三百斤金;贩来一万匹,给金三千斤。"这在当时可是天价啊。消息一出,两国的老百姓都把绨贩到了齐国卖高价,获得了巨大的利润。在巨大利润的引诱下,两国国君就要求百姓全民织绨。

一年后,鲁、梁的老百姓几乎全部出动,忙着织绨、运绨,几乎无人耕田种地。管仲见时机成熟,便让齐桓公改穿帛料衣服。于是,绨衣便成了"过时"的服装,无人购买。与此同时,管仲禁止了和鲁、梁两国的贸易往来。

这一下,鲁、梁两国的绨布卖不出去,大量积压。两国国君赶忙命令百姓停止织绨改去种田。但此时,两国农业荒废已久,粮食储备本就不足,而粮食又不能在短时间内生产出来,两国很快就闹起了饥荒,不得已都只能从齐国购买粮食。

齐国抓住时机,以百倍于国内价格——每石一千钱,向鲁、梁两国售粮,不仅收回了前期高价进口绨布的投入,还大赚了一笔。而鲁、梁的百姓买不起粮,大部分都投奔了齐国。三年后,鲁、梁两国国君不得不请服于齐。

此后,在管仲的主导下,齐国还利用类似的战略,运用"粮食+丝绸"的办法,降服了赵国;运用"粮食+生鹿"的办法,打击了楚国;运用"粮食+武器"的办法,干掉了衡山国。

今天,我们用现代经济税收的眼光,来重新审视管仲治税理财的这套"组合拳"。首先,管仲寓税于价,通过征收"间接税",化解社会矛盾,滋养民生,并保护了国家经济。后来,管仲运用"官山海"和"轻重之术",垄断市场,使齐国在春秋时期这一没有反垄断法的"国际市场"无往而不利。这套"组合拳"暗含了现代经济税收的先进理论,多管齐下,齐国哪有不富强的道理!

管仲的治税理财,使齐国积累了富甲天下的财富。齐桓公依靠雄厚的财力,即位7年就开始称雄。即位35年,齐桓公会盟天下诸侯,实现大业,齐国成为春秋第一强国。

回顾齐国的称雄之路,几乎很少使用当时流行的兵车战、步兵战、骑兵战等战争方式,而是更多地运用设计巧妙的财税手段,走出了一条"九合诸侯,不以兵车"的大国崛起之路,这不仅为后世王朝的强盛和复兴提供了经验,而且对现今我国和平发展,实现国家富强、民族振兴、人民幸福的中国梦也提供了有益的参考。

10. 英国的窗税[①]

英国的窗税是在1697年威廉三世在位期间,政府通过制定《解决削边钱币不足法案》(Act of Making Good the Deficiency of the Clipped Money)而开征的税项,当时用意是希望通过税收来铸造充足的钱币。至于选择开征窗税的另一原因,是因为当时舆论反对开征入息税,结果政府以窗税代替。而英国的入息税则迟至18世纪晚期才开征,但在19世纪初就因舆论

---

① 久离. 房产税的前身:窗税 [J]. 中国建筑金属结构,2014 (3).

压力而一度废除。此外，引入窗税以前，英国亦曾经开征过壁炉税（Hearth Tax），按房屋的壁炉多寡收税。不过，由于壁炉在屋内往往难以观察，评税人员要入屋后才能确知楼宇的壁炉数目，由此此税被指侵犯隐私，于 1689 年废除。

窗税最初设立时，共分两部分，第一部分是对每座楼宇划一收取固定的 2 先令税款；第二部分的税款则按楼宇窗户数目的多寡厘定。按当初规定，一座楼宇凡拥有 10 个或以上窗户的，都要缴纳第二部分的税款，拥有 10 至 20 个窗户的楼宇业主要交 4 先令，多于 20 个窗户的要交 8 先令。在 1766 年，政府修例，拥有 7 个或以上窗户的楼宇业主都要缴纳第二部分的税款，这个下限后来又于 1825 年上调为 8 个窗户；而原本第一部分的楼宇固定税率后来亦于 1778 年改为浮动税率，并按物业的价值征税。任何人士，凡因贫困原因而获豁免缴纳教会税（Church Rate）或济贫税（Poor Rate）的，都可免缴窗税。

一般而言，窗税的评税工作相对于其他税项来说比较简易，房屋愈大，窗户愈多，业主就要相对缴纳更多的税。然而，窗税尤其对当时的中产阶级构成了很大负担，使之相当不受欢迎，有舆论更认为此举无异于向"光和空气"征税。不少人为了减轻负担，索性将一些窗户封起，因此时至今日，英国到处仍可见到一些被封起窗户的历史建筑。相反，对富有人家而言，房产拥有大量窗户却变相成了标榜身份及地位的手段，所以不少富家大族都爱在他们的房子上多辟窗户。

11. 避税必须合理

据国外媒体报道，微软公司已经向中国方面支付了一笔 1.4 亿美元的欠税。这也是中国对跨境避税行为实施打击的第一起重大案件。

中国新华社刊发了一篇文章，称美国一跨国公司必须向中国政府缴纳 8.4 亿元人民币的欠税与利息，而且以后每年还要缴纳超过 1 亿元人民币的税款。这篇文章在提到该公司的名字时，仅以字母"M"代称，并表示其是全球 500 强公司，而且 1995 年在北京建立了全资子公司。微软是唯一一家符合这个描述的公司[①]。

根据 2014 年的财务报告，微软整体的实际税率是 21%，远低于 35% 的美国企业税标准税率。主要原因就是公司通过这种转移定价的方式将收入输送到了在爱尔兰、新加坡以及波多黎各的"海外大区运营中心"。

新华社的报道称，这家以字母"M"开头的公司过去 6 年在中国一直报告亏损，亏损额超过 20 亿元人民币。然而，同类公司基本都处于盈利状态。因此，税务部门认为，该公司的情况是不合理的。报道称，这家美国公司已经承认了避税行为，其位于中国大陆的子公司也已经同意向中国中央税务部门补缴 1.4 亿美元的税款[②]。

12. 王莽：创立所得税却国破身亡

西汉末期，西汉哀帝死后，年龄幼小的汉平帝继位，小帝王整日玩耍，根本不懂得如何

---

① Uber 完成新一轮 10 亿美元融资估值最高达 400 亿美元［EB/OL］.（2014-11-27）［2020-01-08］.http：//www.huxiu.com/article/102477.html? f = member_ article.

② 微软中国被指存避税行为：需补缴 1.4 亿美元税款［EB/OL］.（2014-11-20）［2020-01-08］.news.mydrivers.com/1/340/340834.htm.

打理国事。于是，当时的大司马王莽，便借机掌握了国家大权。公元 8 年，王莽自己登上皇帝宝座，把国号改为"新"。次年，改元为"始建国"。

王莽上位以后，公元 9 年，开始推行经济改革措施。他在百姓本来就不堪重负的情况下，还要挖空心思横征暴敛，又亲自创造了对工、商、农业经营者的纯利润额征收的税种——"贡"。《汉书·食货志下》中记载说，凡是从事采集、狩猎、捕捞、畜牧、养蚕、纺织、缝纫、织补、医疗、卜卦算命之人及其他艺人，还有商贾经营者，都要从其经营收入中扣除成本，算出纯利，按纯利额的十分之一纳税，自由申报，官吏核实，如有不报或所报不实者，没收全部收入，并拘捕违犯之人，罚服劳役一年。

可王莽的"贡"征收范围太广了，几乎涵盖了当时百姓所有的盈利行为，并且征收方法烦琐，很快便引起了全国上下百姓，包括富人、官吏的群起反抗。公元 22 年，王莽看到国家动荡，局面已经不可收拾了，赶紧下旨免税，但为时晚矣！两年后，王莽便国破身亡了。

一般认为所得税创立于 18 世纪末的英国，其实王莽首创的"无所得税之名，而有所得税之实"的"贡"，比英国 1799 年开征的所得税足足早了 1 700 多年。

13. 通过实际案例让学生了解道德缺失的严重性

例如，著名的"安然事件"。2001 年 12 月，世界上最大的天然气和能源批发交易商美国安然公司突然向美国纽约破产法院申请破产保护。安然公司 2000 年的总收入高达 1 008 亿美元，名列《财富》杂志"美国 500 强"第七位。这样一个能源巨人竟然在一夜之间轰然倒塌，这在美国朝野引起极大震动，其原因及影响令人深思。安然公司采取的造假方式是：利用资本重组，形成庞大而复杂的企业组织，通过错综复杂的关联交易虚构利润，利用财务制度上的漏洞隐藏债务。而安达信事务所明知安然公司存在财务作假的情况而没有予以披露，安然公司财务主管人员与安达信事务所存在利害关系，安达信事务所销毁文件，更妨碍了司法调查[①]。

这个案例给我们的启示是：法律制度不是一蹴而就的，也不是一劳永逸的，需要在实践中不断发展和完善。诚信是确保市场经济健康发展的重要保证，独立性是注册会计师的安身立命之本。

14. 在角色扮演中让学生体会内部控制对防范道德缺失的作用

内部控制，在某种程度上，是企业为了防止人为的道德缺失而设置的经营管理措施。审计人员要做好自己，遵守审计职业道德；更要做好经济警察，为企业管理做好监督。熟悉内部控制的设计、执行与监督，是审计人员的基本素质。

教师可以设计存在矛盾的角色扮演活动。例如，监考场景。由两名同学扮演教师，负责监考，其他同学需要在 10 分钟内完成一定量的作业，此次作业成绩将纳入平时成绩的考核中。让学生在监考与被监考、考核与被考核的矛盾关系中感受内部控制的重要性。同时，要求学生思考在监考和判分的过程中设计、执行、监督内部控制活动的有效措施，并进行讨论。

---

① 苗梅. 注册会计师专业胜任能力的评价体系构建研究 [J]. 大学生论文联合比对库，2017（3）.

在课堂上，很难让学生直接参与审计工作，那么教师需要想办法利用生活中的资源旁征博引，让审计思维进入生活，也让学生在生活经历中提高审计觉知。

15. 通过完成任务让学生理解审计人员的"独立性"

价值观之于学生成长，如同独立性之于审计工作。审计审账就是要将重要的大错找出来，提醒被审单位更正。那什么是"错"，什么又是"大错"，这需要审计人员专业的职业判断，更需要坚守内心的独立性。不同行业的在不同发展阶段的企业，同样的错误，可能对经营者的影响程度不同，当然也许有的错不能称之为"大错"。这跟人的成长是一样的。人生的每个阶段都有处于当时情况的红线，这个红线会随着年龄或者工作生活环境的变化而变化。这个变化规律也许无法明确显示在某个条文中，但我们要对这个红线保持觉知，并遵守它。

教师在设计教学活动时，可以通过布置审计任务，并让学生完成任务使其理解审计独立性。学生完成任务后，发现内心实质上的"独立性"是一条看不到、摸不着的审计工作规范，当在审计工作中处于两难境地的时候，内心的独立性会告诉你答案。

在教学中，教师有意识地将思政元素融入教学活动内容，是课程思政的起点。学生能够将获得的审计思维运用到工作与生活中，才是课程思政的终点。课程思政的前提，是需要教师提高自己的思辨能力和教学水平。专业教师之间要多进行教研活动，在观点碰撞中产生好的课程思政内容。

十、电子商务专业*

1. 领会"双创精神",赛学结合,提升学生创新能力

自2001年首次组织2000级电子商务专业学生参加"挑战杯"中国大学生创业计划竞赛开始,北京青年政治学院电子商务教研室积极贯彻落实培养创新型电子商务应用型人才的目标,将培养学生创新创业能力作为人才培养的重要任务,探索以赛促学、以赛促训的实践教学模式。该学院学生2007年参加了首届互联网协会主办的"全国大学生网络商务创新应用大赛"(易路通杯、邮储银行杯),2009年参加了首届教育部电子商务教学指导委员会主办的全国大学生电子商务"创新创意创业"挑战赛,逐渐形成了以"三创赛"为主线,以其他相关竞赛为辅助的赛学融合专业创新创业教育模式。

电子商务专业学生在"三创赛"总决赛颁奖现场

每届学生以二年级第二学期开设的电子商务解决方案课程为指导,组织电子商务专业二、三年级全体学生参加"三创赛"(鼓励其他专业学生参加),将专业理论知识与应用技能有机地运用于竞赛实践中。将教学活动和竞赛活动同步进行,二者互相促进,并将参加竞赛的作品作为课程的考核内容,使学生有效掌握电子商务项目策划、网络营销、网络交易、

---

* 编者:高嵩、宁萍

网络财务和电子商务业务运营管理等专业知识,熟练掌握电子商务项目计划书、商业广告策划等商业文书写作方法,以及基本电子商务业务模式的应用等技能。这一做法有效地激发了学生的学习积极性和竞赛热情,取得了辉煌的竞赛成绩,同时取得了良好的教学效果。

学生通过竞赛巩固了专业知识和应用技能,提高了实战能力,涌现出了一批优秀毕业生。如今他们奋战在明星企业的工作岗位上,充分展现了良好的人生价值。自 2009 年参加第一届"三创赛"开始,该学院学生连续参加了 9 届竞赛,取得了多项北京赛区的特等奖、一等奖,全国总决赛一、二等奖,以及 2015 年现场总决赛二等奖。为此,北京青年政治学院入选 2007 年中国电子商务协会中国电子商务名校、中国电子商务优秀实验室;2012 年教育部电子商务教学指导委员会中国电子商务优秀学校。多名教师入选中国电子商务名师。北京青年政治学院的专家还入选教育部首届高职院校电子商务专业行业指导委员会,成为北京青年政治学院全国高校电子商务与电子政务联合实验室成员单位,在北京市乃至全国赢得了良好声誉。

2. "琪"牌鸡蛋——记重庆忠县电子商务形象代言人李琪教授

重庆市忠县是国家级贫困县,位于重庆市中部、三峡库区腹心地带,辖区面积 2 187 平方公里,辖 29 个乡镇,总人口 102 万。忠县依山傍水,独具岛城风貌,是三峡库区唯一留存的"半淹县城"。忠县历史悠久,资源丰富,山川秀美。由于忠县地处山区,山高水深,交通不便,经济发展长期受到制约。

2015 年 5 月 22 日,由教育部电子商务教学指导委员会主办的全国高校电子商务高峰论坛在重庆市忠县召开。同时忠县电子商务交易中心挂牌揭幕,教育部电子商务教学指导委员——西安交通大学教授李琪,担任忠县电子商务形象大使①。"互联网+"推进县域经济转型升级,标志着忠县步入了"电商时代"。

忠县与国内多家高校及知名电商企业签订了战略合作协议,通过建立忠县农村电子商务物流配送体系,培育特色农产品品牌,培养电子商务人才,创建国家电子商务发展示范县,推进忠县电子商务发展。从此,通过京东忠县馆、1 号店忠县馆等网上商城就可以直接买到正宗的忠县特产。如今,忠县电子商务蓬勃发展,销售总额由零到亿,"互联网+"助忠县特产走向全国,并被农业部(今为农业农村部)和商务部命名为电子商务示范县。

忠县的电子商务发展战略给忠县经济的起飞带来了机遇。这要得益于西安交通大学教授、忠县电商代言人李琪教授。

李琪,经济学博士,西安交通大学二级教授、博士生导师,西安交通大学电子商务研究所所长,我国第一位电子商务教授。20 世纪 70 年代,李琪教授作为重庆知识青年在重庆市忠县黄金镇凉泉村插队落户。通过深入生活和劳动,李琪深刻体会到了当时农村的落后和贫困,同时也感受到农民对改变家乡面貌的迫切期望。因此,李琪决心为当地村民做一些事情,积极参与村里的各项劳动,与村民同吃同住同劳动。他还凭借自己懂得一些中医知识做

---

① 忠县电子商务进农村新闻发布会 [EB/OL]. (2015-10-21) [2020-02-05]. http://cq.cqnews.net/cqqx/html/node_ 327149. htm.

赤脚医生，为村民服务，赢得了村民的爱戴。1977年，全国恢复高考，李琪在备考期间，得到了房东如亲人一般的照顾，房东大妈用家里为数不多的鸡蛋给他补充营养，使他更加感受到了乡亲们的温暖。1978年，李琪如愿考上了大学，凭借自己的勤奋和报国之情，积极学习和钻研专业知识，成为我国第一位电子商务教授。他在信息技术的经济领域应用、电子商务理论、电子商务对策等多方面的教学、科研和实践工作中取得了巨大成就。

李琪教授为忠县"琪"牌鸡蛋代言

李琪并没有忘记凉泉村的乡亲们，经常会回去看望他们，长期资助房东一家。为改变凉泉村经济落后的面貌，促进忠县经济的发展，2015年，他带领全国高校电子商务与电子政务联合实验室10名专家组成的智囊团队，与忠县人民政府签订战略合作协议，研究忠县柑橘、笋竹、草食牲畜、粮油等特色农产品的品牌打造推广、产业适度规模、行业引领融合等，形成忠县电子商务产业规划及阶段性实施方案。他作为忠县电子商务形象代言人，用自己的名字注册"琪牌"土鸡蛋，帮助凉泉村推广特色农产品。

李琪还组织西安交通大学、重庆师范大学等院校与忠县政府合作，开展电子商务人才"百千万"培训计划，每年培训100名骨干型电商人才，培育1 000名电子商务实用人才，带动10 000名电商从业者创新实践。他协助规划第三方电商平台的建设力度，在京东、1号店、一亩田等电商平台开辟忠县特色农产品专区，开拓国内外市场。使忠县特色农产品作为一个整体进入全国性电商平台系统，让越来越多的产品走出去。李琪团队协助规划电子商务产业园区建设，为电商企业提供便捷的物流和仓储服务，降低了企业物流成本。据忠县县委书记刘贵忠介绍，截至2019年，忠县建库建档的电商主体数量有2 600多户，涉及工业、批发零售业、住宿餐饮业等多个行业，电子商务交易额达11.38亿元，同比增长48.75%。其中农产品电商销售额为3.12亿元，同比增长58%。

3. 农村青年办电商——江苏睢宁沙集镇从"破烂镇"点燃燎原的电商之火的故事[①]

11月11日是全民电商"网购狂欢节"，在这个"全民剁手"的日子，江苏省徐州市睢

---

① 江苏睢宁：走向国际化的家具制造产业［EB/OL］. (2019-07-18) [2020-02-08]. https://www.sohu.com/a/327632749_531786.

宁县，一个曾经名不见经传的小镇也被卷入这场网购盛宴。凌晨，行走在睢宁县沙集镇东风村网商一条街上，象征着网购的"叮咚"声不绝于耳。"仅10分钟，我们的销售额达到了22万元，每分钟还会有两三万的增长额。"沙集镇一家电商企业负责人杨阳告诉我们，结合以往经验，今年他们把售前服务外包出去，又请了专门的客服处理售后问题。同时，该公司在"双十一"之前就已经备了一千多套产品，协商好快递公司，当天就能把货物发出去。

睢宁农村电商从无到有、由小变大，形成了以"网络＋公司＋农户"为核心，具有可复制草根性特征的"沙集模式"，成为全国农村电子商务发展的典型代表、农村互联网普及应用的时代缩影①。

在沙集，像杨阳经营的这种网店有1万多个，从事网络商品生产的实体企业有近2 000家。而让我们想象不到的是，这样一个实至名归的"电商小镇"，十几年前却是有名的"破烂镇"。

"路北漏粉丝，路南磨粉面，沿河烧砖瓦，全村收破烂"，曾经是江苏睢宁县东风村传统产业的真实写照。2005年，沙集镇有废塑回收加工企业1 200多家，从业人口近2万人。

2006年，沙集镇东风村有3个青年农民在淘宝网上注册网店，从经营小电子产品开始，逐渐发展到销售、生产家具，带动了附近农民开办网店的热潮。到了2018年，沙集镇电商交易额突破100亿元，物流快递营业额突破10亿元，电商相关从业人员有3.79万人。沙集不仅摘掉了穷帽子，还成为闻名全国的农村电商试点，这一模式被称为农村电商的"沙集模式"。

孙寒就是那3个创业青年之一，2006年由于收入不好，他从打工的城市返回了自己的家乡江苏睢宁沙集镇东风村。为了谋生，他决定利用在城里学到的计算机知识和木工手艺，注册了一家板式家具网店。参考在城里家具店看到的板式家具，在村里招聘了一批从事传统农具加工的木工，开始设计、生产和销售板式家具。凭借经营头脑和市场机遇，孙寒的生意越做越大，从一位农民工变成了一位电商创业致富的带头人。

孙寒创业初期的家庭式家具加工作坊

---

① 沙集模式 [EB/OL]．[2020-02-08]．https：//baike.baidu.com/item/沙集模式/640386？fr=aladdin．

孙寒的成功创业,得益于孙寒善于学习,有经营意识,在经营上注重品牌效应和规模优势。同时他也带动了周围村民创业,孙寒认为,"得把盘子做大,形成品牌效应。以后网上的人就认我们这个地方的家具网店,也有利于自己发展。"于是孙寒积极帮助大家学习知识和商务技术,向村民普及电子商务知识,教大家怎样注册和经营网店。至此,沙集镇的家具网店如雨后春笋般地开办起来。据央视报道,江苏睢宁县沙集镇,在20世纪90年代还是个以收废塑料闻名的"垃圾之乡"。而今,当地农民拿起鼠标,通过一根网线,做起了电商,仅用10多年的时间,就拥有网店1.5万个,实现年销售额达70多亿元的奇迹。沙集镇不仅摘掉了穷帽子,还成为闻名全国的特色电商名镇。从一个默默无闻的小镇,到获得"最佳网商沃土奖""中国电子商务农村创业优秀奖""中国淘宝镇"等诸多奖项,并承办了2018年淘宝村高峰论坛,沙集镇实现了"惊人一跃",走上了"电商产业+人才培育"的特色发展快车道。2006年,自睢宁县第一家淘宝网店在沙集镇东风村上线运营以来,睢宁农民因网而变、由网而聚,实现了由传统农民向现代市场主体的历史性转变。

沙集镇现代化的家具生产线

截至2017年年底,睢宁共有51个淘宝村,是江苏省最大的淘宝村集群,并成功入围了"2017年十大淘宝村集群",位居2017年全国十大淘宝村集群第六位,也是唯一一个以家具为特色的淘宝村集群。睢宁全县网商共有3.2万人,网店共有4.3万个,电子商务交易额达到了216亿元,带动21万余人就业,电商增收占全县农民人均纯收入增量超50%。在联合国第三届电子商务周上,睢宁作为农村电商发展的中国案例获得推介。

经过近年来的发展,"沙集模式"不断丰富拓展,睢宁县认真总结、积极探索,着力推动"沙集模式"向"睢宁经验"转变,走出了一条信息化带动新型工业化、城镇化、农业现代化"四化同步"的电商发展之路。这一成功案例成为我国乡村振兴战略的典型案例。

4. 采购员的故事——采购人员的职业道德

采购人员在采购活动中起着至关重要的作用,那么对于采购人员的筛选也是采购人员管理中比较重要的环节。采购人员的选择标准有很多,例如,经验、专业知识、专业技能等等。但是在上述诸多标准中，最重要的应是职业道德[①]。通过下面这个案例，我们就能明白采购人员职业道德的重要性。

某县城内有两家生产毛巾的厂家，一家是蓝海毛巾厂，另一家是红都毛巾厂。两家毛巾厂之间的竞争非常激烈。2018年1月，该县城即将开一家星级酒店——天星酒店。得知这个消息后，蓝海毛巾厂和红都毛巾厂都认为这将是他们的一个潜在大客户，因此双方都绞尽脑汁，使出浑身解数想把这个大客户拿下。

有一天，天星酒店的李经理的好朋友老刘上门拜访。在俩人的聊天中，李经理得知老刘现正在一家中介公司工作，对酒店用品非常熟悉，于是就请老刘为其酒店提供购买哪家产品的建议。老刘和蓝海毛巾厂的赵厂长有过业务来往，对蓝海毛巾厂的产品很熟悉，也很满意，故而推荐了蓝海毛巾厂的产品，并愿意为他们牵桥搭线。当天晚上，老刘就联系了蓝海毛巾厂的赵厂长。得知此事，赵厂长欣喜若狂，并承诺事成之后定付给老刘中介费。没几天，蓝海毛巾厂和天星酒店就达成了协议并签了合同：每条毛巾价格为6.28元，共需2万条。天星酒店如在3天内付款可享受2%的折扣。蓝海毛巾厂如约交货后，第三天就收到了天星酒店的货款，于是按约将货款的2%返还给天星酒店。赵厂长也兑现承诺付给了老刘2 000元中介费，厂里会计如实将这笔钱记入账簿。老刘将2 000元的中介费交给公司的财务入账，并按公司的规定提取了其中的30%作为奖金。一个月后，天星酒店觉得蓝海毛巾厂的毛巾图案漂亮、质量也很好，因此又向其购买了2万条毛巾。蓝海毛巾厂在上次价格的基础上又打了9.5折，双方对这笔账在其财务上均如实做了反映。

而红都毛巾厂一直想把天星酒店这个客户拉过来，却苦于没有机会。没想到，2019年1月，李经理就辞职了，接替他职位的是周经理。红都毛巾厂得知此消息后，立马派出业务员小王去拜访周经理。接下来的一段时间，小王经常请周经理吃饭消遣。不久之后，双方就达成约定。由红都毛巾厂暗地里——不入账，将每次货款的5%作为回扣付给周经理，并允诺为其一家三口提供欧洲游。于是周经理以蓝海毛巾厂的产品有质量问题为借口，不再购买其产品，而以每条毛巾6.38元的价格与红都毛巾厂签下长达5年的合同。

案例中的李经理和周经理都是负责采购业务的人员，但他们对天星酒店的作用却是截然相反的。李经理不仅采购的毛巾物美价廉，而且还尽可能地为自己的酒店争取到更多的折扣，尽可能地为酒店降低采购成本；并且这些手段都是合法合规的。相反，周经理却损公肥私，违反了最基本的职业道德。

绝大多数企业的物资采购是由采购经理负责，并且由其来做决策。从以上这个案例中可见，当今社会，出于各种利益关系，存在非常多的诱惑。采购人员能不能守住自己的职业道德，经不经得起各种诱惑，不仅仅是对其自身的考验和挑战，而且对企业来讲，这或是风险或是收益。

当然，除了采购人员要遵守职业道德，我们不管从事什么职业，都应该遵守职业道德。案例中的赵厂长和老刘，都守住了自己的职业道德。

[①] 采购员的职业道德 [EB/OL]. (2012 - 05 - 10) [2020 - 02 - 08]. https://wenku.baidu.com/view/1229e41c650e52ea5518986e.html.

5. 大学生电商创业,帮助家乡销售苹果30万斤[①]

2015年,刘鹏还是西安交通大学的一名研究生。这一年秋天,刘鹏的家乡陕西省延安市富士苹果大丰收。当地农民看着满树火红的苹果,本以为可以有一个好收成,但现实是由于产地位于黄土高原,交通不便,仓储条件不佳,再加上收购商压价,造成了苹果大面积滞销,愁坏了果农。

此时,作为果农的父亲想到了儿子,于是给刘鹏打电话,让他帮忙想办法把苹果销售出去。刘鹏在大学的时候读的是电子商务专业。在读大学期间一直有着自己创业的梦想,想创立自己的企业。在校期间通过打工,一边赚取生活费,一边积累创业经验。在大三时,刘鹏在网上开了个小电器店,生意很好,而且开网店还不需要太多资金。刘鹏立刻萌发了自己开网店销售苹果的想法。

接到父亲的电话以后,刘鹏马上想到利用电子商务解决问题,有了想法就马上去实践。刘鹏首先考虑到学校的优势,请导师团队出谋划策。随后,他与所在的陕西省电子商务与电子政务重点实验室的同学组成了14人的项目团队。将同学按企业建制,分成了市场、行政、物流、营销、财务、技术岗位,各司其职。首先,进行项目论证,分析西北水果市场,找出目标市场,确定销售策略,重点分析当年全国苹果电商市场的走势、销售热点;其次,制定网络销售方案,联系销售渠道和物流供应商;最后,制定合理的价格策略。经过一系列的前期准备,没多久网上水果店就开张了。

刘鹏和同学用自己的电子商务专业知识,搞了个"晋南苹果校园行"活动,一个月就卖出了2.2万公斤苹果。通过短信和网站接受订单,将苹果直接由果园冷库配送至校园。配送现场可以免费品尝,吸引非网上顾客驻足"体验"。这项名为"晋南苹果校园行"的校园公益活动,通过新媒体传播,很快在校园里广为人知。第一轮销售活动于2015年3月7日开始实施。第一期的销售情况并不理想,共售出3 000公斤苹果。起初的订单都是手工统计,工作量之大难以想象。团队的技术人员马上寻求解决办法,改进了网站后台,实现了订单自动统计,大大提高了销售效率。在后续的销售中,团队不断改进服务方式,还在网站和新媒体上发起了趣味抽奖活动。

"晋南苹果校园行"很快就成为西安高校的校园生活热点话题,但问题也接踵而来。由于冷库故障和筛选不慎,部分售出的苹果出现了干裂、破损等问题,买到问题苹果的同学纷纷在网上发帖吐槽,甚至将帖子顶上了交大论坛的十大话题,刘鹏陷入了"信任危机"。面对质疑和责问,刘鹏在网上发布了针对问题苹果的致歉函,并组织了一场集中售后服务。买到破损苹果的同学不用持交易证明,就可以到现场以一换二,或者全额退款,这场危机才得以及时化解。一个月卖掉了2.2万公斤苹果,这让刘鹏也没想到,这是任何一个零售商都无法做到的。线上订单强力拉动了现场订单的形成,师生们在配送现场的购买量是线上销售的两倍还多。

总结这次活动,导师李琪教授肯定了学生们的实践。在线接受订单,果园直送校园,这种营销手段充分迎合了大学生的消费方式。这是一般零售商不具备的优势,也是本次项目成

[①] 守在校园破解家乡"苹果困局"[N]. 中国青年报, 2013-05-20 (09).

功的关键。在刘鹏的努力下,"晋南苹果"又走出西安交通大学校园,带动西安的另外9所高校的学生参与到了行动中。刘鹏累计为家乡销售苹果近15万公斤。

6. 电子商务诚信的案例①

案例一:小电商诚信经营做足特产大文章

多年前失业下岗,人生路彷徨徘徊之后,鼓足勇气,走上电商路,凭着多年的努力,为满足客户需求上下求索,诚信经营,山东省枣庄市薛城区沙沟镇的农民张磊走出了自己的电商致富路。

"微山岛陈大姐土特产"淘宝网店是张磊和孙静夫妇在2014年创建的,主要销售枣庄地区的特色农产品。目前,该网店主要经营几个系列的产品,分别是面食系列:菜煎饼专用饼、手工煎饼、馒头、杂粮;特色系列:微山湖湖产品、鱼酱、酱菜;保健食疗系列:葱根、绿豆皮等。

在张磊心中,做电商想要销路好,最关键的是"诚信"。生在农村,长在农村,张磊对农村市场、农产品最熟悉不过。在经营过程中,张磊立足于做"绿色产品""手工制作"。对客户提出的问题和要求,他做到有问必答;对电商上做得不好的细节,他有错必改,直到客户满意。

2015年夏天,张磊发给广东客户的菜煎饼专用饼,客户在收到货后,发现饼已经变质。客户把这一问题反映回来后,张磊立即查阅物流信息,发现是发货后货物在途中多耽误了两天造成的。但是,不管责任在谁,绝不能让客户受到损失,张磊毫不犹豫地给客户补发了货物。客户知道原因后要求和张磊共同承担责任,但被他坚决拒绝了。从此,客户对他的产品更加青睐了。从一穷二白做起,张磊的"微山岛陈大姐土特产"网店的经营范围逐步扩大,产品的销量越来越多,收到的好评也越来越多,新客户、回头客络绎不绝。

案例二:阿里巴巴持续反腐,清退36家违规店铺

2017年4月7日,阿里巴巴集团廉正合规部发布处罚公告,宣布永久关闭平台上36家以不正当手段谋取利益的商家店铺。这是该部门连续第三年发布此类封杀令,通过定期清退违规店铺,重申持续透明反腐的决心。

"正如阿里巴巴集团CEO张勇所说,阿里巴巴经济体是透明的、实打实的经济实体。透明是一种能力,更是一种承诺。今后我们将一如既往坚决对腐败说不,让灰色在阳光下无处藏身,推动生态体系健康发展。"公告强调。

据披露,2016年2月至今,阿里巴巴集团旗下各平台共有36家店铺因采取不正当手段谋求小二"照顾"而被永久关店。这些店铺试图通过"潜规则"甚至违法犯罪手段谋求不正当利益,违背了诚信经营原则,依规被永久关闭店铺,情节严重的还被追究了法律责任。

据介绍,阿里巴巴集团在诚信制度建设上坚持"内外兼修"。对外,通过制定平台规则,鼓励商家诚信经营,为千万中小商家的创业、发展提供公正透明的商业环境。对内,倡导诚信文化以及开展反舞弊调查,在查处内部腐败的同时推进业务机制完善。据廉正合规部

---

① 2017年度电子商务领域十个守信典型案例 [EB/OL]. (2017-11-02) [2020-02-08]. https://www.sohu.com/a/2019563 15_100010411.

有关负责人介绍，目前阿里巴巴集团有近 5 万名员工，分布国内及海外多地，廉正诚信文化和商业行为准则是每个人入职阿里巴巴集团后的"必修课"，也是每年必经的评估考核项目。该负责人强调，商家一旦发现阿里巴巴集团的员工存在任何违规行为，可随时通过廉正举报平台（jubao.alibaba.com）举报。

案例三：车易拍等 12 家二手车电商联名签署诚信经营倡议书

为促进二手车行业健康向上发展，树立消费者信心，中国汽车流通协会在 2017 年 9 月 21 日召开了二手车电商规范宣传座谈会，共同商讨了应该如何提高和规范行业品牌传播事宜，同时联合 12 家二手车电商共同签署了以"弘扬正能量　树消费信心"为主题的倡议书。

中国汽车流通协会倡议：二手车企业应该坚守诚信原则、强化诚信意识，坚持服务第一、用户至上的宗旨；严格遵守国家法律法规和行业自律公约，提倡公平守信，反对恶性竞争，营造健康文明的行业环境；切实保护消费者的权益，履行车况信息、服务信息的公开、透明、公平合理的经营服务承诺，杜绝违法、违规、事故等问题车辆经营行为；切实履行售后保障服务；增强行业透明度，正确面对舆论监督。此外，倡议书还写明，将建立行业健康发展联盟，引入诚信评级机制，对于存在恶性竞争、欺诈消费者行为的企业，一经查实，将向全社会进行公示。

作为二手车电商的"老兵"，车易拍也参加了此次座谈会并签署了倡议书。目前，大量电商平台的涌入也让行业发展趋于完善。网上竞价交易、寄售、第三方评估、二手车金融、跨区域流通等服务，为用户在交易方式上提供了更多的选择，在车况、车价方面提供了更多的了解渠道，而在金融、流通方面，则让二手车交易有了更多的可能。

案例四：河北清河羊绒小镇百家网店签约抵制假冒伪劣

2017 年 3 月 14 日，"国际消费者权益日"到来之际，在河北清河羊绒小镇，百家网店公开宣言，开诚信网店，做诚信网商，确保产品质量，抵制假冒伪劣。

近年来，河北清河电子商务发展迅猛，全县拥有电商从业人员 7 万人，各类网店 2.3 万家，淘宝村 16 个，清河位列"中国电子商务百佳县"第八位，位列河北省第一位。当日，百家网店公开承诺"开诚信网店，做诚信网商"，并在承诺书上签字。当地市场监管局等人员现场解读《新消费者权益法》《侵害消费者权益行为处罚办法》《网络购买商品七日无理由退货暂行办法》等，并现场教消费者识别真假产品，为消费者答疑释惑。

清河县羊绒制品市场管委会副主任郑春雨表示，为营造诚信经营的网络环境，此次组织上百家网店及生产企业开展诚信经营承诺活动，并制定严格的章程，规定了"三不准"原则，即无注册商标的产品不准网上销售，没有标示原料含量的产品不准网上交易，质量不合格的产品不准网上交易。

"我做网店 5 年了，深知经营者一旦失信，市场就会被扰乱，当你的客户不再相信你时，网店也到了尽头。所以我们必须守信，抵制假冒伪劣，这样市场才会越做越活，路子越走越远。"清河店商李秀珍说。

案例五：杭州市跨境电子商务企业发起保护消费者权益倡议书

2017 年 3 月 13 日，在浙江省杭州市消费者权益保护委员会、杭州市市场监督管理局共

同举办的"纪念315国际消费者权益保护日"活动中,杭州市10家跨境电子商务企业联合向全市跨境电子商务企业发起倡议:

倡导跨境电子商务企业遵守法律法规,依法规范经营。强化守法意识,公平参与竞争,加强法律法规、纠纷调解、消费维权的学习和培训,把依法规范经营理念贯穿经营全过程;自觉接受政府部门、社会组织、新闻媒介和消费者的监督,不断提高规范经营水平。

发展行业自律,倡导诚信经营。参与跨境电商行业自治组织建设,构建行业自治体系,完善诚信协议、交易制度、消保维权、售后服务等行业规则,共同营造跨境电商诚信经营的氛围。包括严格资质审查,加强商家管理,依法履行第三方跨境电商服务企业主体责任,加强对平台网店等服务对象的主体身份及资质审查,通过全国企业信息公示等方式,确保经营主体及资质合法,并依法亮证亮照;加强平台网店等服务对象的经营行为管理,及时向监管部门报告,必要时停止提供服务等。

同时,10家倡议发起企业郑重承诺:从自身做起,抵制假货,完善跨境网络交易规则,提供优质售后服务,维护跨境消费者的合法权益,努力成为跨境电子商务企业的行业表率,通过实际行动,实现跨境电商行业健康持续发展。

案例六:汇集全球买手电商平台HIGO承诺"100%正品"

近一段时期以来,众多世界知名的奢侈品品牌大鳄纷纷把目光从建设实体店转投电商,在相对复杂多变,消费者群体正发生激变的国内市场,奢侈品电商的崛起迹象则更为显著。其中,由美丽说创始人团队蜕变而来的HIGO被业界看好,"线上购买+线下买手店"的模式正在使HIGO行走在浪尖,引领了一轮以快速上新、正品保障为驱动的奢侈品电商潮流。

"海淘"对奢侈品行业来说治标不治本,甚至风险更大,而HIGO在这一形势下抓住了契机,把渠道正品保障的重责扛到肩上,提出"100%正品,假一赔三"的承诺,一举深入国内奢侈品消费圈层,成为年轻的时尚参与者不可或缺的掌上平台。而在这背后,正是HIGO为把控正品渠道的纯净度,在买手筛选规则和过程中付出的巨大努力。

在HIGO官方介绍和对其创始人徐易容的采访中,对假货和售假商家的痛斥不绝于耳,其实任何一个真正有时尚情怀、尊重品牌、尊重行业的企业和个人都会对假货横行的奢侈品行业扼腕叹息、捶胸顿足,然而HIGO除了斥责以外,更提出了"七道严选"的标准,将正品化商家认证摆在首位,"一件售假,彻底清退,罚没保证金,向全体商家公示,永远不再合作",这甚至比一些电商对第三方快消品商家的"容错度"更低,处罚更为严苛,这一标准对目前的国内奢侈品行业带来的冲击可想而知。

案例七:京东联合沃尔玛等企业成立"阳光诚信联盟"

2017年2月24日,由京东集团倡议,联合腾讯、百度、沃尔玛中国、宝洁、联想、美的、小米、美团点评、唯品会、李宁、永辉超市、佳沃鑫荣懋等知名企业以及中国人民大学刑事法律科学研究中心共同发起的"阳光诚信联盟"正式成立。该联盟旨在通过互联网手段共同构筑反腐败、反欺诈、反假冒伪劣、打击信息安全犯罪的安全长城,共同提升联盟成员内控部门的履职能力和员工的职业道德建设,共同打造诚信经营、放心消费、阳光、透明的商业环境,引领中国商业文明的发展。

根据约定,"阳光诚信联盟"以"诚信经营"为使命,以开放的心态吸纳各行业成员共同推广廉洁自律、奉公守法的经营理念。联盟将建立信息共享机制，设立专属网站，实现联盟成员之间在反腐败等方面的信息互通，并向公众公开联盟的工作成果。京东集团副总裁江卫华称，京东将建立失信员工查询通道，其他联盟成员在招录员工时可重点关注，并在法律法规允许的范围内对涉案人员可采取拒不招录。联盟将以坚定的决心、坚决的举措打击腐败行为，这既是对失信员工的约束和惩戒，也是让员工在职场发展中获得阳光透明、公平竞争的机会。

联盟还将建立反腐败、反欺诈、打击假冒伪劣产品的交流平台，集联盟力量打击各种欺诈行为及黑色产业链，建立品牌保护合作机制，维护正常商业秩序。

案例八：顺丰"丰密运单"让个人信息不再随包裹"裸奔"

目前顺丰"丰密运单"已在全国各地实现全覆盖，可以实现快递收寄件人姓名、手机、地址等信息的隐藏或加密，让个人信息不再随着快递包裹"裸奔"，防止快递单成为"泄密单"。

2017年10月21日，新华社记者在深圳的一家顺丰营业网点看到，"丰密运单"上的寄件人信息已全部隐藏，收件人只有地址和姓名信息，电话信息已隐藏；"丰密运单"上有条形码和二维码，用于分拣操作及必要时的信息查询需要。

据顺丰速运有限公司（深圳）相关负责人文丽介绍，贴有"丰密运单"的快递，在派件时只有当班次出仓当票快件的收派员可以通过手持智能终端扫描看到收件人的电话信息；而在快件运输环节中，包括顺丰公司员工在内，没有人能看到隐藏的信息，保证了收寄件人的信息安全。

2017年10月中旬，顺丰宣布"丰密运单"正式上线，目前已在全国各地实现全覆盖。现今所有通过顺丰快递员便携式打印机打印的寄付快件均为"丰密运单"，到付快递则依旧使用原有的未隐藏信息的运单。文丽告诉记者，顺丰公司不会因为使用"丰密运单"而提高运费。

记者了解到，除了"丰密运单"，目前有些快递公司针对大客户、电商客户或批量发件客户的电子运单也能够实现类似服务，但零散件的保密运单运用还需时日才能实现。

十一、工商管理专业*

1. 一次没有成功的挑战

1952年7月4日清晨,加利福尼亚海岸起了浓雾。在海岸以西21英里[①]的卡塔林纳岛上,34岁的费罗伦丝·查德威克正准备从太平洋游向加州海岸[②]。

那天早晨,雾很大,海水冻得她身体发麻,她几乎看不到护送她的船。时间一个小时一个小时地过去,千千万万人在电视机前看着她的挑战直播。有几次,鲨鱼靠近她了,都被人开枪吓跑了。

15个小时之后,她又累,又被冻得发麻。她知道自己不能再游了,就让人拉她上船。她母亲和教练在另一条船上。他们都告诉她海岸很近了,让她不要放弃。但她朝加州海岸望去,除了浓雾,什么也没看不到……

人们拉她上船的地点,离加州海岸只有半英里!很遗憾,她没有坚持到最后,原因不是疲劳,也不是寒冷,而是在浓雾中看不到马上就要达到的目标。

不管做什么事情,都要有目标。对大学生来说,不仅在学习上要有目标,而且对大学生活以及未来的职业和发展都要有目标。同时,既要有短期目标,又要有长期目标。教师要引导学生树立职业理想,学会制定目标,并学会将大目标分解成一个一个的小目标,然后通过不懈的努力和坚定的毅力,去实现自己的目标。

2. 小陈在公司做私活,对吗?

某公司正在开发一个游戏软件,李浩是该项目的经理,李浩的领导能力比较强,对下属也比较关心。游戏软件再有半个月的时间就要发布了,所以项目组成员经常会加班,小陈也不例外,而且在组里的加班时间最长。

小陈向来工作很认真,技术能力也很强,李浩非常欣赏他,并让他带着一个由5人组成的项目小组,进行技术攻坚。

一个周末,因为有资料要整理,李浩来到公司加班。他看见小陈也在公司加班,于是走过去和他打招呼,却发现小陈正在开发一个与公司无关的游戏。小陈很坦诚,解释说正在帮朋友的公司开发点东西,主要是不好意思拒绝才答应了朋友的请求,另外,对方给的报酬也很有吸引力。

李浩很生气,但他还是耐着性子提醒小陈,希望他在游戏软件发布的最后几天中,能够集中

---

* 编者:王丽静、马智萍

[①] 1英里≈1.609 344千米。

[②] MBO目标管理[EB/OL].(2014-10-07)[2020-01-20].http://www.doc88.com/p-7716229919545.html.

精力把攻坚工作做好。李浩爱惜人才，他不想说话伤害小陈，尤其是不希望他离开团队。

没想到小陈依旧不高兴了，对李浩说："我对工作的投入不比任何人少，也没有影响任何工作，而且这个兼职，对我的工作启发很大，产生了很好的促进作用。我们都是成年人，只要我做好自己的本职工作，业余时间干什么谁也管不着。"李浩被小陈的话惊呆了。

在本案例中，小陈的做法有些欠缺。李浩看到小陈在做私活，并没有责备小陈，而小陈没有很好地控制自己的情绪，运用了不恰当的沟通方式，不仅表现出对领导的不尊重，同时也能看出小陈非常的自我，缺乏友善的团队意识，不能换位思考和以积极的方式去解决问题。另外，小陈利用公司的资源做私活是欠妥的。

作为当代的大学生，第一，一定要学会与人沟通，能够换位思考，不能只站在自己的角度考虑问题；第二，要学会控制情绪，做好情绪管理；第三，要学会尊重他人，尊重别人就是尊重自己，要以积极的心态去解决问题；第四，不要利用公司的资源做私活。

3. 地板该由谁来打扫

机床操作工小王由于自己的疏忽把很多液体洒在了机床周围的地板上，车间主任让他打扫干净，没想到小王拒绝了。他拒绝的理由是：自己的岗位说明书中没有打扫地面的职责。无奈，车间主任找服务工小吕打扫，小吕也拒绝打扫。

最后，生气的车间主任命令勤杂工小张将地面清扫干净，如果不打扫，就解雇他，小张打扫完之后气愤地向公司投诉。

之后，人力资源部的主管查看了机床操作工、服务工和勤杂工的岗位说明书，分别是这样描述的：操作工要保持机床的清洁，使之处于可操作的状态；服务工要以各种方式协助操作工完成相关工作，如领取原料和工具，随叫随到，即时服务；勤杂工的岗位职责中包含了各种形式的清扫，但具体的工作时间是从工人下班后开始。

该案例中明显地体现了一种不合作的企业文化。不管公司的基础性管理工作是否存在漏洞，但从员工的角度来讲，要发扬勇于担当、团队协作、乐于奉献、具有集体意识的工作作风。机床操作工小王不小心将大量液体洒在了机床周围的地板上，如果勤杂工在工作现场，可以由勤杂工来清扫。但是当勤杂工不在现场时，他就应该自己负责清扫，不管其岗位职责中是否有清扫的职责，自己做的事情就要自己负责。另外，公司员工在工作中也要相互配合，服从领导的临时性安排，体现团队合作意识和集体主义精神，不斤斤计较，具有大局意识。

4. 吴士宏的奋斗故事

吴士宏在 1985 年 7 月经过层层选拔有幸进入美国 IBM 公司工作。她从文员工作开始干起，然后转入了销售部门。由于她业绩突出，由大客户销售代表升为销售经理，再升为 IBM 华南地区市场经理。1995 年，她开始担任 IBM 华南分公司的总经理。1998 年 2 月，吴士宏离开 IBM 公司，被聘为微软大中华区 CEO，开始了职业经理人的职业生涯。1999 年 12 月，吴士宏离开微软，后加入了 TCL，担任 TCL 信息产业集团总裁。

吴士宏取得了这么大的成功，但谁都不会想到她曾经是北京某医院的一名急诊科护士。吴士宏想改变自己的现状，于是在 1983 年底开始自学英语，1985 年通过了高等教育自学英语考试。她一直等候着机遇的到来。

吴士宏

她鼓足勇气，去 IBM 公司的北京办事处应聘。面试很严格，经过两轮的笔试和一次口试，她顺利地通过了面试。就这样她成了这家世界著名企业的一个最普通的员工，通过自己的努力和付出，完成了职业经理人的梦想。

吴士宏在事业上取得了成功，这是她不懈努力的结果。从案例中可以看出，吴士宏不满足于护士职业的现状，她想有更大的发展。真是应了那句：心有多大，舞台就有多大。吴士宏为了改变自己的命运，成为外企的一员，凭着一台收音机，花了一年半时间学完了许国璋英语三年的课程。这是何等的坚持和毅力。

机会总是垂青于有准备的人。正因为吴士宏做好了准备，才迎来了外企工作的机遇。吴士宏是一个敢于尝试、有魄力的人。所以，作为一名大学生，要为自己树立一个远大的职业目标和理想，不甘于平庸，有较高的职业追求；同时也要善于学习，通过学习武装自己的头脑；而且要敢于尝试，挑战自己，有坚强的毅力，肯付出。只有这样，才有可能取得成功。

5. 老板与员工的关系是对立的吗

老板与员工的关系是对立的吗？从现实来看，他们想要的东西不一样。老板想要的是企业的利润能够持续增长，员工想要的是工资能够不断地增加；老板希望的是员工认真工作，做出业绩来，员工希望的是工作清闲、少担责任多奖励；老板希望员工能够认识到企业经营的艰难，员工希望老板能够体谅自己生活的不易；老板寄希望于员工把工作当事业来干，员工只是想尽快做完自己的本职工作，不喜欢加班。

那么，老板和员工之间的关系真的是对立的吗？

之所以老板和员工之间会出现以上的这些矛盾，主要原因有以下几点：一是思维上的差异，老板是在做事业、员工是在做事情；二是利益分配上的分歧，老板获得的是未来的剩余价值和回报，而员工获得的是当下的价值和回报。所以，老板和员工想问题的角度不同，这是一种很正常的现象。

但需要说明的是，老板和员工不是对立的关系，而是可以统一思想，求同存异，互利共赢的关系。这需要老板和员工都要学会换位思考，而且要意识到企业和员工是鱼离不开水的关系，是可以彼此成就的。

那么，老板和员工如何达成共识？

从老板的角度来看：第一，老板要让员工了解企业的使命和目标，激发员工的责任感和工作的动力;第二,老板要让员工看到自己的发展前景,努力工作会有什么好处,尤其是有利于员工的职业发展;第三,老板要满足员工的现实需要,员工可以敬业,但在实现企业目标的同时,也要实现员工个人的目标,使员工获得相应的回报或者利益。

从员工的角度来看:第一,员工首先要做好自己的本职工作,要有敬业精神,先付出,再求回报;第二,员工要有大局意识和集体意识,以及团队合作精神,要懂得配合,提高工作效率和质量;第三,员工要有适当的奉献精神,树立正确的公平观。

6. 课程思政在管理学课程中的体现

管理学这门课程对塑造学生自我管理能力和团队沟通能力都非常有帮助。同时也是课程思政融入感非常强的一门课程,在讲到目标管理的时候,每位学生都针对自己的现状并联系所处的环境设立了自己的发展目标。通过目标的引导,可以让学生找到前行的方向并获得前行的力量。学生在设定目标的时候其实也是价值观的一种形成过程。

(1) 课程思政与课程具体内容相结合

在讲到"激励"这部分的时候,有一种激励方式是榜样激励,每位学生至少要找到三位自己喜欢的人或者偶像、榜样,写下他们都有什么特质,值得自己去学习和跟随。每位学生都很认真地写出了至少三个人,并且总结了他们身上的特质,比如说目标明确、有梦想、坚持不懈、顽强、为自己热爱的事情坚持、勇于创新。有的学生写的是一些喜欢的名人,有的写的是自己的父母,还有的学生写的是未来的自己。

(2) 课程思政在管理学课程中的具体体现

在这里,可以摘取每位学生在作业当中体现出的榜样特质:努力踏实、对自己的理想充满热情、足够的自信、激情、坚持、制定目标、自我批评、埋头苦干、锲而不舍、信念、爱国、不怕牺牲、不放弃、无私奉献、创新、学习能力、成功就是正确的方法+努力的工作+少说多做、爱国情怀、坚强、敢于立志、读书刻苦、严于律己、善良、爱心、以国家大利为重、积极进取、理性、坚持不懈、努力证明自己、慈善、勇敢、坚持、刻苦、有追求、有目标、脚踏实地、超脱功利、爱国主义、保持好奇心和创造力、不抱怨、靠自己、制订计划的艺术、从失败中吸取教训的能力、大胆实践、对自己充满信心、勇于担当责任、永远跟党走、智慧、敬业、孝顺、正能量、执着的追求、开创新纪元。

(3) 课程思政应该是一颗种子

通过总结学生的作业,可以感受到这和我们国家倡导的社会主义核心价值观是完全吻合的,和校训"勤学、善思、立德、践行"也是一致的,学生在总结这些特质的时候,会把这种榜样作为自己的行为导向,作为自己的发展方向,这就相当于在学生心中种下了一颗上进的种子,在适当的时候势必会生根发芽。

(4) 启示

教师的天职是教书育人,教书是手段,育人才是目的。十年树木,百年树人。教师的责任重大,课程思政融入教学日常是育人的重要方式。课程思政不应该是灌输,而应该是潜移默化的熏陶;不应该是刻意的强调,而应该是润物无声的引导。

十二、新闻采编与制作专业[*]

1. 《中国青年报》如何打造有思想的融媒体视频节目

2018年,《中国青年报》的几位"90后"青年记者在思考一个重要问题:"当明星、专家、草根青年坐在同一舆论场发声,会不会抓人眼球?"《中国青年报》这家以全国青年为主要受众群体的报纸在融媒体时代如何更好地传播思想与服务青年?经过几位年轻人的深入探讨与果断行动,一档新闻性和思想性兼具的融媒体视频谈话节目落地生根。

这群"90后"组成的融媒体团队——《中国青年说》工作室,在团中央宣传部的指导下,不断碰撞,产生了一个又一个的金点子。半年多的时间,他们先后制播了13期节目。他们在"五四"百年、香港局势、中美经贸摩擦、新中国成立70周年等重大节点,发出青年之声,亮出青年态度。2019年全国两会期间,由中国青年报社策划的11期《两会青年说》收获了8亿全网曝光量。不少前辈感叹,时政话题也能成为一种"时尚"!

互联网海量信息与当今时代节奏加快的背景下,短视频愈发面临读者耐心减少的困境。《中国青年说·我和我的祖国》系列视频节目将探访和访谈合二为一,勾起了网友的好奇心。6位青年明星在团干部的带领下,"打卡"国产大飞机、复兴号列车、港珠澳大桥等大国重器,视频的全网浏览量接近4 000万次。

以前,这些青年记者更多思考的是如何搭建报道结构、如何制作吸引人的标题、如何撰写引人入胜的导语。而现在的融媒体时代,他们需要思考如何制作有趣又有深度的节目,力争做到不仅发挥思想引领作用,还要吸引网友关注,促使他们主动点赞。报社正在快步融合发展,稍不留神一落后,节目就可能"死掉"。要想保持核心竞争力,这个年轻的团队既要在重大时政、青年问题中敢于发声,做大做强主流宣传;也要持续创新,用TED演讲、微型真人秀等形式,呈现中国青年奋发向上的昂扬姿态,让这档节目成为叫好又叫座的融媒体文化产品。

2. 谷武科技如何引领全国广电经营者,建设县级融媒体中心

2018年8月22日,全国宣传思想工作会议召开,习近平总书记在会上强调:"要扎实抓好县级融媒体中心建设,更好引导群众、服务群众。"2019年9月20日至21日,中宣部对在全国范围推进县级融媒体中心建设做出部署,要求2020年底基本实现在全国的全覆盖,2018年先行启动600个县级融媒体中心建设。借着国家提出建设"县级融媒体中心"的东风,由121融媒体所规划的与县级融媒体共同转型、运营的实践进程,无疑前进了一步。

121融媒体是谷武(北京)科技有限公司推出的融媒体业务品牌,旗下包含了融媒体运

---

[*] 编者:师静

营、融媒体系统和融媒体广告等全流程业务。121 融媒体对县级融媒体中心的理解，可以阐述为"六大融合"——借助人才融合、内容融合、平台融合、技术融合、数据融合和渠道融合，最终协助县级媒体实现互联网转型，真正实现自我"造血"。

基于上述的"六大融合"，考虑到县级媒体在媒体融合方面的实际需要，121 融媒体建设了融媒体业务管理平台、内容管理平台、人才培养平台和商业化管理平台。例如，121 融媒体为四川安岳电视台开通了全媒体账号，使内容能够一键分发到全网，包括人民号、头条号、新浪微博、微信公众号、企鹅号、百家号、一点资讯等 17 家互联网资讯平台。在县级媒体与 121 融媒体的合作下，安岳电视台的新媒体账号在两个月的时间内便积累了 32 万粉丝，充分壮大了主流舆论的影响力。

20 年的行业积累、技术开发和商业化服务能力，使 121 融媒体的差异化优势十分突出；同时，在媒体、客户和平台间构建的闭环能够同时满足三方的需求。在未来，121 融媒体将联合更多的县级媒体，引领广电经营者一步步走向变革、走进变革、实现变革，打造真正符合时代变化的县级融媒体中心，更好地引导群众、服务群众。

3. 赵新星——不忘立足家乡初心，不断创新服务社会

2008 年是中国不同寻常的一年，中国互联网市场亦是如此。这一年正值中国互联网迅猛发展时期，从校内网等国内网站崛起，到新浪、盛大等企业高层频繁变动……中国互联网市场经历了乐观、变革与激战三个阶段。

2008 年 6 月，赵新星从北京青年政治学院毕业了。出于自己所学习的网络编辑专业的影响与对家乡北京市密云县（现为北京市密云区）的热爱，他决定自主创业。毕业之后他成立了密云生活服务网，注册域名 miyun360，寓意 360 度全方位为密云服务。从最初只有 3 个人的小团队，发展为现今拥有 120 余人的企业，密云 360 已成为家喻户晓的本地首屈一指的新媒体重要品牌。10 年的创业历程艰辛而快乐，赵新星带领他的北京通成网联科技有限公司的同事们抓住机遇，立足密云当地，创新服务社会，闯出了属于他们和他们家乡的一片互联网新天地！

赵新星如今还记得 2008 年到 2010 年自己一边在密云做大学生村官一边创业的经历。当时温家宝总理说的一番话，如今他仍然记忆犹新，"政府要为所有人创造一个学习、就业和创业的均等条件"。2010 年村官到任期满的他毅然放弃了县交通局的铁饭碗，不顾亲戚朋友的反对，决心继续创业，服务家乡。启动资金不足、人手不够、密云对互联网的接受程度尚低……，他与团队排除万难，进行公司化运作，相继开展建站服务、信息发布等基础业务。2013 年，公司规模突破 20 人，并扩展宣传推广、广告制作、活动策划等多方面的业务。2015 年，公司规模突破 50 人，注册资金达 500 万元，同时大力开展各类公益活动，承担起更多社会责任，并成立党支部。

2017 年，公司得到上市公司注资，迎来了更大的发展机遇，公司组建核心团队，拥有独立开发能力。他们更加多元化地开展工作，为社区、政府及企业提供全方位立体化服务。他们陆续取得了全国五四优秀团支部、全国基层团建创新典型案例、北京市五四团支部和北京市非公有制企业履行社会责任百家上榜单位、首都劳动奖章、首都精神文明单位等荣誉。2019 年，公司办公面积达到 6 000 余平方米，规模突破 120 余人，并与国企合资成立了静态交通密云公司，为密云发展做出更大的贡献，深化密云本地服务。他不忘初心，继续在创业

及服务密云的道路上砥砺前行。

4. 央视"开学第一课"跨屏传播主旋律

"开学第一课"是教育部会同中央电视台联合打造,每年9月1日全国中小学生同上的"第一课"。"开学第一课"对大学生群体来说,也是每年一次的成长仪式。它立足现实,面向未来,紧扣时代潮流和教育发展需要,用榜样人物的故事弘扬正能量。

2019年,在中华人民共和国成立70周年之际,"开学第一课"节目以"五星红旗,我为你自豪"为主题,讲述了一个个与五星红旗紧密相连的难忘时刻与动人故事。

《红岩》狱中绣红旗的原型故事:95岁高龄的郭德贤奶奶是当年的白公馆脱险志士,在节目中她回忆与讲述的内容,再次让人们感受到革命先烈坚定的理想信念;第一代中国登山运动员的攀登故事:攀登者团结拼搏的精神让人肃然起敬,飘扬在珠峰之巅的五星红旗,也象征着中国人民砥砺前行的精神;"中华神盾"打海盗的故事:海口舰"身披"五星红旗多次击退武装海盗,海口舰官兵用热血忠诚与担当,为祖国的和平美好护航,捍卫祖国的荣光;"嫦娥人"上百次试验的故事:2019年,我国"嫦娥四号"探测器成功着陆月球背面,"嫦娥"和"玉兔"在月球背面完成互拍,中国国旗在地外天体上的第一次"留影"背后,是航天人发展航天事业、建设航天强国的创新精神与不懈努力;老校长升起澳门第一面五星红旗的故事:在中华人民共和国成立的那天,澳门濠江中学附属英才学校的老校长杜岚,带领全校师生在濠江中学升起了五星红旗,爱国主义精神在这堂关于五星红旗的"爱国课"上传承延续。

伴随着媒介的融合与发展,央视也在节目中积极探索媒体社交属性的展现。在节目播出过程中,观众可以扫描屏幕中的二维码,获取节目中的亮点,并在新媒体端进行传播,吸引更多观众的注意。线上线下的互动,也进一步提升了优质节目的影响力。

5. 人民日报数字传播《你好祖国》系列活动,为中华人民共和国成立70周年点赞!

为庆祝中华人民共和国成立70周年,人民日报数字传播联合量子云科技、蜂群文化、腾讯视频、腾讯新闻、腾讯微视推出了《你好祖国》系列活动,畅聊时代变迁,为中华人民共和国成立70周年点赞!

《你好祖国》系列活动大致分为短视频、互动条漫H5和图文助推等内容。

(1)短视频

明星效应制造话题。短视频创作邀请明星、各领域意见领袖及普通人进行快问快答,引起美好回忆;邀请受访者用自己的方式演绎《我和我的祖国》,为祖国点赞。

(2)互动条漫H5

UGC(用户原创内容)互动传播。"你好祖国"共定制了"我的家我的国"和"我和祖国共成长"两个H5。"我的家我的国"以爷爷在国庆前"离家"作为故事背景,以互动的形式引导用户解密,还原爷爷的成长故事。"我和祖国共成长"的互动是由用户输入生日,获知自己成长过程中的祖国大事件,形成个人成长与祖国发展相结合的美好回忆。借助H5作品的社交属性与UGC用户的亲身参与,进一步提升传播效果。

（3）图文助推

公众号矩阵助推。活动中后期，量子云旗下公众号"卡娃微卡"、人民日报数字传播旗下公众号"人民数字"和"人民智播报"先后发文，助力活动的持续发酵。

6. 我要笑出"国粹范"，网络短视频助力传统文化传播

"我要笑出'国粹范'"是由共青团中央宣传部联合抖音，在其平台发起的主打在京剧不同行当中的独特笑声的主题挑战。共青团中央宣传部@青微工作室作为挑战发起者，邀请专业京剧演员展示不同行当的独特笑声，普通用户则可拍摄模仿视频参与其中。对普通用户来说，虽然模仿水平与专业京剧演员有所差距，但通过网络短视频的传播助力，国粹的魅力已经深入用户内心。

7. 穆青与范长江——中国记者的典范

（1）穆青

穆青（1921—2003），是我国当代著名的新闻记者，曾任新华社社长，他的新闻主张、新闻作品、新闻实践活动，成为20世纪中国新闻事业中一笔重要的宝贵财富。

穆青最有名的新闻作品是长篇人物通讯《县委书记的榜样——焦裕禄》，写成于1965年12月17日。这篇通讯深深地影响了几代人的心灵世界。多年之后，开封的一名科技干部来北京开会，遇到穆青，给他鞠了一个躬，说："为了焦裕禄，为了表达家乡人对您的尊重……"此外，穆青还写了《一厘钱精神》《管得宽》《驯水记》《九龙江上抗天歌》等作品。

1986年，中国新闻学院成立，穆青在工作之余兼任新闻学院院长，但同时也一直坚持写作。穆青的每篇报道几乎都成为新闻界的范文，受到了大家的喜爱，成为人们学习的榜样。他的新闻作品记录了时代精神，成为鼓舞人们前行的动力，是中国新闻事业中的典范文章。

（2）范长江

范长江（1909—1970），四川内江人，是我国杰出的新闻记者、社会活动家。他做过新闻机构的领导工作，写过大量的新闻报道，非常出色，为我国的新闻事业做出了杰出的贡献。

1991年，中国记协与范长江新闻奖基金会联合设立了"范长江新闻奖"。2005年，该奖项与"韬奋新闻奖"合并成为"长江韬奋奖"，属于致力于表彰我国新闻工作者的全国高级别新闻奖。

范长江在青年时期曾以《大公报》特约通讯员的身份，走遍了大半个中国，途经川西、陇东、祁连山、河西走廊、贺兰山、内蒙古……这期间他采写了大量的新闻通讯报道，真实地记录了当时西北人民的苦难生活。

1936年12月，西安事变爆发，他不顾个人安危，跑到西安采访周恩来。

1937年，抗战爆发，范长江深入前线采写，不畏生死，写下了大量战地通讯文章。周恩来曾写信给他说："听到你报道的前线上英勇的战讯，并带着光荣的伤痕归来，不仅使人兴奋，而且使人感念。"范长江的事迹让我们心生感动和敬仰。

8. 第28届中国好新闻获奖作品诞生记

（1）好新闻特等奖获得作品（深度报道）《中国反贫困斗争的伟大决战》

记者：集体（陈二厚、王宇、何雨欣、林晖、姜伟超、郭强、范世辉、杨洪涛、庞明广、潘林青、邹欣媛），首发日期2017年8月13日。

2016年8月，主创人员提出要围绕脱贫攻坚写一篇通讯，生动描绘伟大时代下中国反贫困的历史画卷。他们进行了长达1年、范围涵盖14个特困连片区绝大多数的跨年度、跨省份调研。初稿形成后，又进行了长达3个月的修改和完善。稿件全景式描述了以习近平同志为核心的党中央带领全国各族人民进行反贫困斗争的伟大决战，主题重大、立意高远，形成了强大舆论声势。稿件获2017年新华社精品报道、2017年新华社创新奖、2017年新华社社级优秀新闻作品等荣誉。

《中国反贫困斗争的伟大决战》一稿，展现出以习近平同志为核心的党中央领导反贫困斗争取得的巨大成就和伟大意义，经新华社各终端推广后取得镇版和刷屏之效。稿件被《人民日报》头版头条刊载，超过500家媒体采用，新华社客户端浏览量超过280万次、评论1300多条，新华社微信公众号阅读量超10万次，引发舆论强烈关注。

（2）好新闻一等奖获奖作品（消息）《习近平首次沙场阅兵 号令解放军向世界一流军队进发》

记者：李宣良、王玉山，首发日期2017年7月30日。

朱日和沙场阅兵，是人民解放军首次以庆祝建军节为主题举行的，也是习近平主席首次在野战化条件下沙场阅兵，意义重大、影响深远。如何在这场举世关注的阅兵报道中，推出能够打通对内与对外、融通历史与现实的消息精品，是新华社采编人员深入思考、孜孜以求的目标。为此，新华社采访小分队提前一个多月赴朱日和训练基地展开了"嵌入式"采访。前方报道团队克服重重困难，深入采访、深入挖掘、精心提炼、精心写作。前后方群策群力，确保了稿件在阅兵结束后可以第一时间播发。

这篇消息是建军90周年沙场阅兵报道中具有代表性、时代性的稿件，一经播发，迅速占据了各类媒体的重要位置和版面。在阅兵报道竞争异常激烈的背景下，这篇稿件独树一帜，向全世界吹响了中国人民军队向世界一流军队进发的战斗号角，在国内外引起强烈反响。稿件持续多日被人民日报、新华社、凤凰网、新浪网等客户端置顶展示，受众纷纷留言点赞，彰显了主流媒体在重大报道中的主导地位和影响力。

9. 摄影师背后的故事——图片摄影案例赏析

随着21世纪科学技术的迅猛发展，以及互联网技术的广泛应用，摄影术自诞生以来就与科技有着不可分割的亲密联系，此刻也迎来了全新的发展。不同于胶片摄影时代，数码相机普及程度甚广，尤其是智能手机背后的摄像头技术的提升，让摄影在互联网中尤其是移动互联网中扮演着重要的角色，如今，"互联网+摄影"时代已经到来，随着科技的迅速发展，互联网技术的不断成熟，"融媒体"应势而生。习近平主席于2019年1月在中央政治局的集体学习中针对全媒体时代和媒体融合发展提出了"因势而谋、应势而动、顺势而为"的12字要求。

作为主流的图片摄影，其传播的重要性不言而喻。人们在各种信息获取中对图片的需求越来越高，图片能够传递的信息越多，其传播的意义则越为深远。图片摄影作为传播过程中必不可少的内容制作手段，图文并茂，相辅相成，对大众阅读效果而言，意义重大。

"国无德不兴，人无德不立。"习近平主席在培养社会主义建设者和接班人的重大问题上始终高度关注，并且多次提出，要求基层贯彻执行立德树人的基础教育理念。那么讲授图片摄影技术的重要性不言而喻。作为教师，不仅要重视内容制作方向的把握，更要注重学生品格的培养。所以，教师在课程讲授中，应重点讲解优秀的经典摄影案例，让学生了解摄影师的亲身经历，学习每张图片背后的励志精神。这种锲而不舍的坚韧精神、高尚的道德品格，方为教书育人的重中之重。

案例一：凭意志抓住大自然的精彩瞬间

下图为2019年英国国际野生动物摄影大师赛的获奖作品《生死对决》，该幅作品由中国青海摄影师鲍永清拍摄。这是中国摄影师首次在该比赛中获得年度总冠军，意义非凡。自1964年来，仅3名中国摄影师获此殊荣。鲍永清在接受访谈时谈到自己的拍摄经历，我们能够感受到他对自然的敬畏与热爱。他为了获得一张精彩的野生动物的画面，经常要在零下几十度的风雪环境中潜伏拍摄，有时甚至需要徒步几十公里走出草原戈壁。在这样艰苦的野外环境中生存，需要有极其坚韧的意志，克服巨大的生存压力，才能拍摄一个常人难以见到的精彩瞬间。

生死对决

案例二：记录家乡变化的农民摄影家——卢白子

一位70岁的老者，被中国摄影家协会称为"农民摄影家"，他就是与新中国同龄的西柏坡摄影家协会主席——卢白子。他的28幅作品获得国际大奖，210幅作品获得国家级奖励，每幅作品都传递了历史的温度，彰显了祖国的蓬勃发展。通过新闻采访的内容，我们得以了解他的态度。他认为自己是一个非常平凡的人，甚至常说自己就是一个大山里的放羊人，之所以用相机不断进行摄影创作，最终是希望通过一张张精彩的图片，表达对家乡的真情实感，而摄影则是穷尽一生的理想追求。这份坚定的信念，同样值得我们思考与学习。

作为记录者，他所拍摄的照片见证了平山县的成长。在他的照片中，我们能够切实感受到祖国的繁荣昌盛，平山县的绿水青山也成了老百姓的宝藏，而这离不开每位平山人的努力。正是这些图片所传递的坚持与美好，让自然的和谐美延续流传，也让我们感受到了习近平总书记对祖国的每一寸土地都充满热爱与关怀。

作为摄影师，他为了记录家乡的变化，在46年间几乎走遍了每个山头角落。也正是这样的一种坚持，让我们看到了革命老区的可喜变化。他的坚持，使他成为家乡变迁的历史见证者；他的坚持，为家乡带来了中国第一所摄影希望小学；他的坚持，为祖国 70 周年带来了最好的献礼。下图为卢白子的摄影作品《乡情》。

乡情

案例三：捕捉古建筑之美韵的民警摄影师——苏唐诗

2019 年为筹备中华人民共和国成立 70 周年阅兵庆典活动，故宫等周边景点相继关闭，很多游客无法亲临其境感受中国建筑的精美绝伦。就在此时，一位来自河南的摄影师进入了大家的视野，这位摄影师名叫苏唐诗。他是一名基层的人民警察，长时间繁忙、辛劳的工作，导致他右耳失聪，并患上了严重的腰椎疾病。

从 2006 年开始，他重拾少时的摄影爱好，经常为拍摄一张美景苦守几日。于是，身边的山川河流、人文建筑都在他的苦守下有了更精彩的画面。他拍摄的画面中越来越多地传达了人文之美、祖国之美。为了拍摄故宫，他在河南和北京间往返数次，时间跨度长达 6 年之久。最终，我们才得以看到一幅幅精彩的照片。这些照片传递了千年的历史文化，无论是"天人合一"的境界，还是"建筑内在的气质与秩序"，都让我们看到了摄影师自身的坚韧与坚持。不畏天寒地冻，不惧岁月蹉跎，只为呈现最美的瞬间。下图为苏唐诗的摄影作品《夕阳》。

夕阳

综上所述，能够看到每一个获得世人认可的摄影师都有着天生的对自然、对生活、对国家的热爱，而正是这种发自内心的热情支持他们坚守摄影的本真品质，这样高尚的道德品格，也是学生在学习创作中要具备的基本态度，不忘初心，方得始终。

10. 王乐文——攻坚克难，以声音还原主旋律影片的著名录音师

原八一电影制片厂录音车间主任，国家一级录音师，著名电影录音师王乐文曾制作过多部主旋律影片。《大进军·大战宁沪杭》获第20届中国电影金鸡奖最佳录音奖提名、获1999年度第7届"五个一工程"奖、获1999年度第6届"华表奖"优秀故事片奖、获2000年度第9届"解放军文艺大奖"、获第20届中国电影金鸡奖最佳故事片奖提名；《八月一日》为中国首部采用双制式6.1声道数字立体声的影片，填补了国内的空白，荣获第27届"中国电影金鸡奖"最佳录音奖、2009年度第13届中国电影华表奖优秀故事片奖、2009年度"五个一工程"奖、2010年首届北京电影春燕奖"最佳录音奖"、2008年度第9届长春国际电影节评委会特别奖；《歼十出击》荣获第28届"中国电影金鸡奖"最佳录音奖提名。此外，他还制作了《东方神舟（神舟五号）》《共和国卫士》《盛世大阅兵》（2009年国庆60周年纪录影片）等一系列作品。

在拍摄影片《歼十出击》的时候，在8月份的湛江，拍摄地机场跑道的地面温度能达到60摄氏度以上，而王乐文老师一待就是两个多月，录制了大量歼十战机的素材，让当时的观众第一次在大荧幕上身临其境地感受到了歼十战机的冲击力。王乐文老师在距离战机仅7米的距离录制战机起飞瞬间的声音，声压级达到120分贝。在这样的情况下他仍旧举着话筒和录音机坚持采集声音。最终，影片《歼十出击》获第28届中国电影金鸡奖最佳录音奖提名。

11. 王丹戎——用心实录声音，多角度拾音的著名录音师

中影集团数字基地声音指导王丹戎也做过很多著名的主旋律影片，如《风声》、《建国大业》（第28届中国电影金鸡奖最佳录音奖）、《梅兰芳》（第27届中国电影金鸡奖最佳录音奖提名）、《集结号》（第27届中国电影金鸡奖最佳录音奖提名）等。

在制作像《集结号》一样的现代战争题材的影片时，王乐文老师说："我们可能会有很多枪声的素材，各国的都不同的，我们会去引进一些素材，那真必须实录。你看我们《集结号》的时候去八一厂借一些不同的枪录，当时录那个枪声的时候，我们是两台录音机，每台录音机都是6个话筒，共12个话筒。由于话筒的位置不一样，远近的距离不同，左右、拾音的角度不一样，反正那支枪上下左右前后布了很多个话筒，开一枪我们能录到12个素材。有直达声，有反射声，远处的回声，然后枪口前，枪口后，左右这种，立体声的，都有可能录到。这样开一枪可以得到很多素材。你可以去挑。这样录，未来的使用会很方便。"对一部影片中声音素材的录制考虑得如此细致认真是非常难得的。

12. 北京奥运会开幕式太极表演如何制造震撼人心的音响效果？

担任《荆轲刺秦王》（第19届中国电影金鸡奖最佳录音奖）、《英雄》（第22届香港电影金像奖最佳录音奖、第23届中国电影金鸡奖最佳录音奖）、《十面埋伏》（第24届中国电影金鸡奖最佳录音奖提名）、《归来》（第30届中国电影金鸡奖最佳录音奖）等影片声音指导的著名录音师陶经在2008年担任北京奥运会开幕式的音响总监，其中太极表演《天人合一》的声音段落是整个开幕式中最为精彩的一段。

陶经在制作这段声音的时候加入了包括海浪在内的各种水声,想要营造一种水喷溅出来的感觉。同时运用很多超低频声营造轰鸣的气氛。在《天人合一》这段太极表演中,陶经基本上都是用自然界中原有的声音来合成制作的,既有大声级的感染力,同时又有细节。就是这种对声音细枝末节的繁复要求才在奥运会开幕式的舞台上给人带来了一种心灵上的震撼。

13. 国庆70周年阅兵式上震撼的脚步声是从哪儿来的?

中央广播电视总台音响保障团队的声音工作者们在阅兵道路的地面上架设了12个话筒进行拾音,同时受阅士兵的身上和靴子上也安放了12个麦克风。每个方阵指挥官也都配备了头戴话筒,以便传递响亮的口号和命令声;现场的军乐团、合唱团周围也架设了很多话筒进行拾音。

大量的声音汇聚在一起,为中央广播电视总台音响保障团队的声音工作者们在无形中增加了许多声音制作和转播的工作量。因为各个话筒距离远,收音范围广,以及声音传播速度的影响,不同位置的话筒传回来的声音信号有先有后,为了正常转播声音,中央广播电视总台音响保障团队的声音工作者们还需要对这些信号逐一进行调试,计算距离,为不同位置的话筒增加声音信号的延时量,以保证现场音效的最佳效果。这些为70周年阅兵式默默提供各种保障的工作人员都是真正的幕后英雄!

14. 香港导演与"主旋律"的完美融合:国家利益与商业模式结合的主旋律电影

近年来,我们发现很多香港电影人开始拍摄和参与主旋律电影。在这些影片里有很多票房极佳的优秀作品,像林超贤导演的《湄公河行动》《红海行动》和徐克导演的《智取威虎山》、陈国辉导演的《烈火英雄》等,都是主旋律影片里的票房领先者,可以说是近几年主旋律影片的代表。2019年国庆期间影院推出了3部纪念中华人民共和国成立70周年的献礼影片,其中包括刘伟强导演的《中国机长》以及李仁港导演的《攀登者》,再一次让我们注意到了香港导演在主旋律影片中起到的作用和具有的特殊地位。

电影《中国机长》

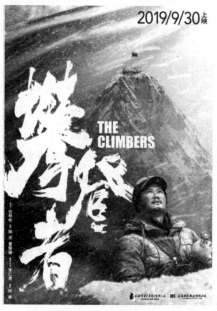

电影《攀登者》

现在这些在主旋律电影背后付出的香港导演们，随着中国电影市场不断地系统化和专业化、规模化，正处在一个中国电影史上的新的坐标点。他们将香港电影的商业化理念以一种全新的视角和思路融汇于主旋律电影的创作中，充分表明了香港电影人对祖国文化事业的关心和付出，并且通过主旋律影片的表现形式展现了香港电影人对祖国的热爱和香港电影应有的底蕴。本文主要梳理了香港电影人是如何融入中国的电影市场，如何为祖国的文化事业发展添砖加瓦的。

香港导演诠释的"主旋律"影片"异"是什么？

可以说主旋律电影的发展经历了几代中国电影人的努力，从中华人民共和国成立初期所有事业的百废待兴到20世纪50年代红色旋律电影开始进入人们的眼帘。1989年，电影《开国大典》应该是第一部被官方定义为"主旋律电影"的影片，到现在已经经历了30多年的发展与变化。特别是对"80后"一代，传统的主旋律影片给予他们的印象更多的是以弘扬爱国主义精神，与纪实历史上的事件分不开，电影的情节主要以强调大无畏的爱国主义和个人集体英雄主义为主，如《邱少云》和《狼牙山五壮士》等影片。

可以说在那个时代这些脍炙人口的影片影响了一代人，并且起到了它应该起到的作用，给予了人们不可磨灭的积极影响。但是时代在改变，中国的每一代本土电影人都为主旋律影片的创作付出了辛苦的努力，这种努力带有传承性风格也有一些局限性。对于现在的商业化市场，观众们开始慢慢接受世界各国的优秀电影的表达形式，特别是好莱坞大片对中国电影市场的冲击和商业化的表达形式已经慢慢根植于观众的心里。国内电影与世界各国的优秀电影相比，内容会显得太"正"且过于"单一"，主旋律电影渐渐不再是观众在影院必选的内容，由于更多的主旋律电影主要以教育和宣传为主，导致了渐渐与市场脱离。

近几年国家开始大力提倡电影的市场化，特别是主旋律影片更是要提上变革的日程。主旋律电影开始慢慢地往商业化市场上转变，在这个过程中我们做过很多尝试。这几年观众们发现香港的演员们越来越多地参与到了内地影视剧的创作中，然后是香港导演开始指导参与很多内地影视剧，近而慢慢地参与到主旋律影片的创作中。这种现象既反映了本土电影市场的繁荣，也促使很多港台影视人才参与到内地电影市场的发展中，同时也加速了"主旋律电影商业化"的进程。

在这个过程中有几个标志性的影片和电影人，从《智取威虎山》（徐克导演）、《红海行动》（刘伟强导演）到《中国女排》（陈可辛导演）。这几部电影区间当然还有很多电影，但是总的来说这几部影响力很大的电影代表着几个标志性时刻，香港导演的特点是将商业化电影与主旋律影片有效结合。《十月围城》的票房成功预示了香港导演在主旋律电影中的地位。香港导演拍摄的影片里除了保留商业化的元素以外，电影里还主要衬托了民族主义的精神；通过某些特定的真实历史人物或事件戏剧化地与主旋律影片衔接，融合进特定的故事架构里，像刘伟强的《建军大业》等都是如此；并且将以前比较经典的红色经典影片进行再次的创作和发挥，比较有代表性的是徐克导演的《智取威虎山》。最主要的是，他们能根据时下人们的话题和思维趋势，将中国人一个时代的精神面貌融入创作中让现代人接受，电影的表现手法也为当下的人们所接受。

香港电影以功夫片和警匪片为特色，这些影片里更多地诠释出人与人之间的复杂的感情变化。这一批香港电影人在进入内地开始参与主旋律影片的创作以后，将之前的传统表达方

电影《十月围城》

刘伟强在《建军大业》里给了观众一个超出人们印象的叶挺,获得好评

式带入创作中,更多地使人性的变化与宣扬的爱国精神很好融合,让大众更能接受非脸谱化的角色和故事。所以我们能从这些影片里看到一个更加有血肉和性格的角色,更容易产生共鸣。

因此香港电影人拍摄的主旋律影片的特点是故事基本都以三幕式的商业电影叙事方式展开,直接明了。

十三、计算机应用技术专业*

1. 张效祥——中国 IT 见证人

张效祥，中国计算机专家，中国计算机事业的拓荒人，中国科学院院士。他 1918 年出生于浙江海宁，1943 年毕业于武汉大学电机系，1956—1958 年在苏联科学院精密机械及计算技术研究所进修。他曾任中国人民解放军原总参谋部第 56 所工程师、副所长、所长、研究员，中国计算机学会理事长等职。他是中国计算机事业创始人之一，是中国第一台仿苏电子计算机制造的主持人，是中国自行设计的电子管、晶体管和大规模集成电路各代大型计算机研制的组织者和直接参与者，在中国计算机事业的开拓和发展中起到了重要作用。

由他主持撰写的《中国计算机学会关于发展我国大型通用机的建议》以及由他主编的《计算机科学技术百科全书》，对中国计算机界产生了重大影响。20 世纪 70 年代，张效祥率先领导在中国开展多处理器并行计算机系统国家项目的探索与研制工作，于 1985 年完成了中国第一台亿次巨型并行计算机系统的开发，获得了 1987 年国家科技进步奖特等奖，1991 年当选为中国科学院院士。2015 年，张效祥在北京逝世，享年 97 岁。

2. 谭浩强——计算机科普作家

谭浩强，1958 年清华大学自动控制系毕业。从 20 世纪 70 年代末开始，他投身计算机教育，任清华大学绵阳分校党委常委、清华大学分校（现北京联合大学）副校长、北京联合大学自动化工程学院副院长。现担任全国高等院校计算机基础教育研究会会长、教育部全国计算机应用技术证书（NIT）考试委员会主任委员，教育部全国计算机等级考试委员会副主任，北京联合大学教授，是中国知名的计算机教育专家。

他是我国计算机普及和高校计算机基础教育的开拓者之一，他编著的《C 程序设计》发行了 1 100 万册。

他创造了 3 个吉尼斯纪录：30 年来，他共编著出版了 150 本计算机方面的著作，主编了 400 多本计算机书籍，是出版科技著作数量最多的人；他编著和主编的书的发行量超过 5 500 万册，是读者最多的科技作家，我国平均每 23 人就持有一本谭浩强的书；他与别人合著的《BASIC 语言》发行了 1 200 多万册，创造了科技书籍发行量的最高纪录[①]。

3. 柳传志——中国 IT 产业乐队首席指挥

柳传志，联想集团创始人。他是投资家、企业家、全球 CEO 发展大会联合主席，担任

---

* 编者：齐爱琴

① 本刊特约记者. 我国计算机基础教育的"三驾马车"：赞谭浩强、吴文虎、刘瑞挺三位德高望重的教授[J]. 计算机教育，2008（3）.

中国民间商会副会长,是中共十六大、十七大代表,第九届、第十届、第十一届全国人大代表。同时他也是西安电子科技大学名誉教授,高级工程师。

2018 年,柳传志被中央统战部、全国工商联推荐为改革开放 40 年百名杰出民营企业家。同年,党中央、国务院授予了柳传志"改革先锋"称号,并颁授改革先锋奖章。2019 年,他入选了 2019 年福布斯年度商业人物之跨国经营商业领袖名单。

20 多年来,柳传志致力于高科技产业化的探索,不断引领企业开展自主创新,走出了一条具有中国特色的高科技产业化道路,使联想集团的技术实力和市场份额都跻身世界同行的前列。同时他还积极推动中国高科技产业化事业的发展,通过和中国科学院共同创办"联想之星"项目,在投资业务中复制和输出联想的经验,促进了科技成果转化和科技企业管理人才培养,帮助更多中国的科技企业实现了更大的发展。

柳传志作为改革开放的第一代科技创业者、企业家优秀代表,立足国内市场,大力发展民族品牌,不断改革创新,创立了联想公司。在与国际个人计算机巨头的竞争中联想赢得了胜利,带动了民族 IT 企业的创新发展。他制定实施了企业国际化发展战略,带领联想并购了 IBM 个人计算机业务,为我国企业走出去积累了宝贵经验[1]。他还组织实施了公司股份制改造,支持企业的创新发展,促进了科技成果转化和科技企业管理人才培养。

4. 倪光南——"站柜台的研究员"

倪光南,计算机专家,中国工程院院士,中国科学院计算技术研究所研究员。倪光南一直从事计算机及其应用的研究与开发,曾参与研制中国自行设计的第一台电子管计算机(119 机),20 世纪六七十年代开展汉字处理和字符识别研究,首创在汉字输入中应用联想功能。他是第五届全国青联特邀委员,第八届全国人大代表,第八届、第九届全国政协委员。他在 2002—2011 年任中国中文信息学会理事长,2006—2010 年任北京市参事。

倪光南是中国计算机界最优秀的科学家之一,他主持开发的科研成果多次获国家科技进步奖一等奖。他还是中国科技人员走出象牙塔的象征,被誉为"站柜台的研究员"。他发明的联想式汉卡让联想从中关村一家做贸易的普通公司一跃成为一家高科技公司;1988 年,联想走到海外去,倪光南带领一支精锐的研发队伍研发出了后来为联想带来巨额利润的联想板卡和联想微机。

5. 王志东——中国互联网运动的先锋

王志东,中国互联网产业 10 位最有影响力的企业领袖之首。现任北京点击科技有限公司董事长兼总裁。他被称为"中国网络之王"。

2001 年,王志东创办北京点击科技有限公司,采用"扩展对等网络"技术,基于"协同应用模式"研发并推出了国内首套商用协同软件——竞开协同之星与竞开系列协同软件,成功应用于石油化工、制造、商业零售、电力能源、媒体、电子政务、教育等 20 多个行业。经过实践证明,该软件是适用于政府等机构用户与企业的高效、实用、方便、低风险的协同应用解决方案。

---

[1] 尤蕾,汪细林. 他们为何登上改革开放 40 年 100 人表彰名单 [J]. 小康,2018 (36).

王志东是先行者，在软件、信息技术、互联网、管理思想等方面，走在了中国同行前列；他是开创者，研制了20世纪90年代最紧俏的中文之星系统，推动了IT技术在中国的普及；他是中国第一代网络的掌门人，创建了中国互联网巨头——新浪网，并领导新浪网成为世界最大的中文门户网站；他是资本运作行家，多次成功引入国际资本，领导新浪网在美国上市，拉开了国内IT企业在国外上市的序幕；他是中国信息化新锐领军人物，最早提出和倡导协同应用与管理理念，领导研发的竞开协同之星软件，堪与国际软件巨鳄微软、IBM相媲美；他是见证者，承接了中国老一辈的高新技术建设者的使命，为中国信息化的发展默默耕耘。

6. 杨芙清——中国软件"青鸟"

在中国计算机产业，杨芙清以大力倡导、积极实践软件工程研究著称，并以解决大型复杂软件系统的研制难题闻名软件业。她取得的成就令人震撼：在国内首先研究解决了共享资源和多道程序协调运行的概念和方法，并成功研究集成电路计算机DJS11机（150机）的操作系统；用PCM方法、层次管理结构设计实现了DJS200/XT2操作系统，且全部用于系统程序设计语言SCY书写；倡导研究软件工程支撑环境，以解决软件的开发手段，为软件的工业化生产提供环境；进行了软件工程核心支撑环境BETA-85、集成化软件工程支撑环境青鸟系统的研究开发；承担了软件生产智能化技术研究，领导研发了多语言混合编程环境——KM系统[①]；主持了南京市汽车制造厂、转向器厂和北京电视机厂计算机辅助企业管理信息系统项目的开发，成功研制了管理信息系统生成系统MISGS。

作为北大教授、计算机科学技术系主任、博士研究生导师，长期以来，杨芙清不仅致力于科研开发工作，还在北京大学这个著名的教学阵地上孜孜以求、诲人不倦地为我国培养出一批又一批的IT人才。杨芙清正在软件工程开发环境的标准化与实用化和软件生产智能化技术研究领域继续做出自己的贡献。

7. 李国杰——"产学研"探索者

作为中国高性能计算机研制的带头人，李国杰有双重身份：中国工程院院士兼曙光公司总裁。李国杰和曙光公司紧密结合所取得的成绩，向世人展示了中国优秀知识分子在社会主义市场经济的浪潮中如何将"知识—科技成果—市场"三者运作成良性互动的时代风采。高性能计算机是一个国家科技实力的象征，这方面的研究是"兵家必争之地"，而曙光机走出了自己的路子，被认为是中国计算机研究水平和应用水平的一面旗帜。美国留学期间的李国杰在智能计算机、有效搜索算法和VLSI处理器阵列这三个领域做出了重要的开创性贡献，而他在日常中也不忘对年轻科研工作者进行"爱国主义教育"：既看到中国的缺陷又不失振兴中华的信心，既受到西方文化的熏陶又不盲目崇尚西方生活。他把我国计算机领域里的新科技、新技术及时和学生们分享，帮助他们树立远大的理想，更坚定他们科技兴国的信念。

8. 刘积仁——促进软件产业化的排头兵

刘积仁，1955年8月生，博士，教授，博士生导师。他是中国IT行业发展的缔造者与见证者之一，是中国培养的第一位计算机应用专业博士，是东软（中国第一家软件上市公

---

① 蔡善武. 让人类大脑不断向前延伸：记"计算机软件专家"杨芙清 [J]. 中国科技月报, 1998 (4).

司）的创办者。

他不仅作为学术带头人，在跟踪国际计算机软件技术发展最新潮流、从事基础研究工作方面取得了卓越的成绩，更引人注目的是，他还把眼光投向了中国巨大的应用软件市场，于1991年创办软件企业——东大阿尔派，即东软。从3万元科研经费、3台普通微机、3名年轻教师和一间半教室起家，创造性地把一个名不见经传的东北大学网络工程研究室发展成为拥有上市公司东大阿尔派在内的大型软件企业。该企业现有工程师1 900多名，总资产9亿元。刘积仁在探索发展民族软件产业方面做出了突出贡献，先后获得全国"五一劳动奖章""跨世纪优秀人才"等多项荣誉。

9. 李彦宏——百度创始人

李彦宏，百度创始人、董事长兼首席执行官（CEO）。2000年1月，李彦宏创建了百度，并持有"超链分析"技术专利。2013年，他当选第十二届全国政协委员，兼任中国民间商会副会长，第十一届中华全国工商业联合会副主席、第八届北京市科协副主席等职，并获聘"国家特聘专家"。2018年1月，李彦宏成为《时代》当期亚洲版的封面人物[①]。2018年12月，党中央、国务院授予其改革先锋称号，并颁授改革先锋奖章。

他是海归创业报国推动科技创新的优秀代表。他在20世纪90年代率先深入研究搜索引擎技术，拥有了"超链分析"技术专利。他注重人工智能研究，推动大数据、人工智能等技术与制造、教育、汽车、生活服务、金融等领域的深度融合及在社会治理方面的应用，助力我国经济的高质量发展和智慧城市的建设。

2013年，李彦宏创设了中国首个深度学习研究院。2016年，李彦宏推动百度推出开源人工智能时代的操作系统"PaddlePaddle"。2003年，李彦宏推动百度贴吧上线，开启了领先于全球同业、开创用户贡献内容的Web2.0时代。2017年，李彦宏牵头筹建深度学习技术及应用国家工程实验室，被行业认为是他两年前倡导的"中国大脑"概念得到落地。目前，百度已经构建了全球最大规模的人工智能深度学习神经网络"百度大脑"，日调用次数和平台定制化模型的数量持续增长，平台已经累计有130万开发者，带动了面向全社会、跨产业的技术创新。

10. 任正非——华为创始人

你有"极限施压"，我有"极限生存"——这就是中国的华为，这就是华为的任正非。他是华为技术有限公司主要创始人兼总裁，他是中国商业史上的里程碑式人物，被誉为"教父级企业家"[②]。

1991年，华为租下深圳市宝安县（1993年撤销宝安县，设立宝安、龙岗两区）蚝业村工业大厦三楼作为研制程控交换机的工作场所，50多名员工跟随任正非来到厂房中，开始了他们的创业之路。他们把整层楼分隔为单板、电源、总测、准备4个工段工作场所，外加库房和厨房。他们在机器的高温下挥汗如雨夜以继日地作业，设计制作电路板、话务台、焊接的电路板，编写软件，调试、修改、再调试。在这样的情况下，任正非几乎每天都检查生产及进度，开会研究遇到的困难，解决各式各样的问题。赶上吃饭时间，任正非和公司领导

[①] 徐迅雷. 李彦宏：让技术改变世界 [N]. 理财, 2018 (3).
[②] 中国互联网协会. 华为：磨难与智慧 [M]. 北京：中国社会科学出版社, 2019.

就在大排档与大家聚餐，由其中职位最高的人掏腰包请大家吃饭。后来，华为公司总部搬到了深圳龙岗坂田华为工业园，他们熬过了这段创业的艰苦岁月。

2003 年，任正非荣膺网民评选的"2003 年中国 IT 十大上升人物"；2005 年，入选美国《时代》杂志全球 100 位最具影响力人物；2018 年，入选中央统战部、全国工商联"改革开放 40 年百名杰出民营企业家名单"；2019 年，上榜美国《时代》杂志 2019 年度全球百位最具影响力人物榜单，入选 2019 年福布斯年度商业人物之跨国经营商业领袖名单。

作为华为的创始人，任正非理性而充满自信的言论，有稳定人心、维护企业平稳运转的积极作用。任正非以一位中国企业家的身份，身体力行地传播着现代企业精神，重申了一些人容易遗忘的常识，为中国企业面对外部压力如何保持定力树立了榜样。他用实际行动重新定义了中国企业家精神。他的创业故事激励着无数企业家拼搏奋斗。他和他缔造的华为一样的沉稳低调，历经沉浮坎坷，却最终披荆斩棘，登上了时代的巅峰。

11. 马云——阿里巴巴集团创始人

马云，阿里巴巴集团主要创始人，现担任日本软银董事、生命科学突破奖基金会董事、华谊兄弟董事、大自然保护协会中国理事会主席兼全球董事会成员、联合国数字合作高级别小组联合主席。

马云 1988 年毕业于杭州师范学院外语系，同年担任杭州电子工业学院英文及国际贸易教师，1995 年创办中国第一家互联网商业信息发布网站"中国黄页"，1998 年任职中国国际电子商务中心国富通信息技术发展有限公司总经理，1999 年创办阿里巴巴，并担任阿里集团 CEO、董事局主席[①]。

2017 年 12 月，马云荣获"影响中国"2017 年度教育人物。2018 年 12 月，党中央、国务院授予马云改革先锋称号，颁授改革先锋奖章。2019 年 5 月，马云等 17 位全球杰出人士被联合国秘书长古特雷斯任命为新一届可持续发展目标倡导者；9 月 10 日马云卸任阿里巴巴董事局主席；10 月 19 日，马云入选 2019 年年度的"福布斯年度商业人物之跨国经营商业领袖榜单"。

12. 马化腾——腾讯公司创始人

马化腾，腾讯公司主要创办人之一，现任腾讯公司董事会主席兼首席执行官，全国青联副主席，全国人大代表。1995 年，马化腾创建了惠多网深圳站，名为 ponysoft。1998 年，马化腾和张志东注册成立了"深圳市腾讯计算机系统有限公司"，随后陈一丹、许晨晔、曾李青相继加入。马化腾打造了"QQ 帝国"，为中国人创造了全新的沟通方式。

2017 年 8 月，腾讯股价再创历史新高，为 320.6 港元，马化腾身家 361 亿美元，成为中国首富。2018 年 4 月，马化腾获得《时代周刊》2018 年全球最具影响力人物荣誉；10 月，福布斯发布了 2018 年福布斯中国 400 富豪榜，马化腾凭借 328 亿美元的身家蝉联榜单第二名；12 月，党中央、国务院授予马化腾"改革先锋"称号，颁授改革先锋奖章。2019 年 9 月，突破奖基金会及其赞助人——马化腾等人共同宣布 2020 年突破奖及新视野奖的获得者；10 月 19 日，马化腾入选 2019 年年度的"福布斯年度商业人物之跨国经营商业领袖榜单"。

---

① 王保真. 财富人物 [J]. 新产经，2015（12）.

十四、软件与信息服务专业*

1. 课程思政与技能大赛融合

截至 2019 年,北京青年政治学院已派出代表队连续参加三届软件测试赛项,在北京市赛中连续三年均获一等奖,全国比赛中分别获得一项一等奖和两项二等奖。每年 3 月份选派参赛队代表北京青年政治学院参加北京市职业院校技能大赛软件测试赛项的比赛,6 月份市赛获得一等奖的参赛队代表北京市参加了该赛项的全国赛。整个备赛和参赛过程对教师和学生来讲都是一次难忘且美好的回忆,也使师生在这个过程中学到了很多,成长了很多。

每年接到比赛任务后,指导教师温绍洁和王红霞便带着学生围绕大赛要求着手进行准备。说实话,刚开始,学生对软件测试职业技能大赛的概念还不是很清楚,没有多大的压力。经过指导教师和学长学姐的反复耐心讲解,学生们才慢慢了解了大赛的流程和备赛方向,认识到了赛项的难度。指导教师根据每个团队三个人的特点进行明确分工,针对赛项要求布置每天相应的任务;为了熟悉比赛流程和环境,指导教师定期组织学生按照大赛的要求进行合练,正是这样日复一日的反复训练使得团队成员之间的配合更加默契,比赛时更加游刃有余,并通过比赛培养了学生良好的"工匠精神"。

整个备赛过程让师生明白,团结就是力量。因为软件测试赛项是以团队的方式参赛,每个人都是重要的一环,小组成员之间的默契程度是大赛获胜的关键。每次遇到瓶颈,指导教师就会和学生们一起沟通交流,共同解决一切困难。教师们在备赛期间陪着学生们早出晚归,整天泡在实训室,花费了大量心血辅导学生,非常辛苦。在备赛的最后阶段,教师们和学生们一起熬夜冲刺,有时为了解决棘手的问题,在学生们睡了之后,他们还要熬到更晚解决各种问题,时刻关注学生的进度,给学生最贴心的呵护,为学生进行最专业的指导。

经过参加技能大赛,学生们在提升专业技能的同时,也收获了很多的人生感悟。他们明白了不管碰到什么突发情况,都要冷静面对。因为技能大赛比的不仅是技能的掌握和熟练程度,更是考验个人心理素质和团队合作精神,打造强大的内心、临危不乱、时刻让自己保持头脑清醒,这样才能在比赛时正常发挥甚至超常发挥;比赛过程中多和队友沟通协调,仔细阅读任务需求说明书,在追求速度的同时更要注重细节,稳扎稳打,这样才能在全国上百支队伍中脱颖而出。

今天的比赛,是为了明天的进步;今天的付出,是为了明天的梦想。一批批学生离开校园,走向社会。参加技能比赛的经历让他们有了十足的信心,他们可以凭借自己的真才实学,拥抱美好的未来。

---

* 编者:王红霞

一年年竞赛中教师们和学生们的付出和收获，凝聚成了拼搏向上的力量，激励着学弟、学妹们不断努力进取。师生将团结一心、接续奋进，报答学院的精心培养和辛勤付出。我们相信未来会有更多的学生在可以通过技能大赛这个舞台，为自己插上翱翔万里的翅膀。

2. 奋斗的青春最美丽

下面与大家分享 2017 级网络技术专业陈睿同学的故事。

陈睿是从中职毕业的学生，在中职阶段已经学习使用过一些应用软件，但是考进高职后，在每个专业教师的课堂里，他总是坐在离讲台最近的位置，认真聆听每节课，学习每个案例。整个学期，他从始至终，从未迟到和缺席。

2018 年 10 月底，信息传媒艺术学院与颐信泰通（北京）信息科技股份有限公司进行合作，请企业技术人员在周末为学生开设"手机游戏设计与开发"兴趣课堂。兴趣课上了 10 次，陈睿参加了 10 次。从此，在 3206 实训室，无论是刚上班，还是已经下班，甚或是晚上总能看到一个瘦弱的身影坐在计算机前，一遍又一遍地调试代码。

谈到已经上了两年大学的体会，陈睿同学发自肺腑地说出以下令人难忘的话。

一年前，他认为，HTML5 无非就是 HTML 加几个新的标签；然而经过努力学习，他发现目前 HTML5 不仅能做游戏，能做 App，还能做网站和各种酷炫的特效。

一年前，他认为 JavaScript 就是一种在网络浏览器端运行的脚本语言；然而通过学习和参加比赛他认识到，JavaScript 不但能做各种手机应用程序，而且能做很多小游戏，甚至能部署服务器，功能非常强大。

一年前，他还不知道什么是大数据；然而通过专业课学习、参加职业技能大赛，他了解到在这个信息量爆炸的时代，大数据几乎无处不在，已能够灵活应用 MapReduce、Hadoop 等技术，对大数据采集、预处理、存储、分析、可视化等流程烂熟于心。

一年前，他做网页前端可能会使用 HTML、JQuery 等技术；然而现在他会考虑使用 HTML5、CSS3、ES6、Angular、Bootstrap 等新的技术。

对于逻辑开发的程序员来说，只需要弄懂工作流程就好，但是陈睿同学永不满足，他会带着问题学习，善于刨根问底，比如，为什么用这个框架而不用其他框架？如果自己来做这个后台会怎么搭建？陈睿同学还喜欢研究微信高级接口，他会去官方文档查看微信是怎么接入的，然后研究前辈的代码是怎么写的，所谓干一行爱一行，大概就是这样吧。

2019 年北京市新设了"手机游戏设计与开发"比赛的个人赛项。参赛院校 8 所，选手 40 余人，共设一等奖 3 名，信息传媒艺术学院的陈睿同学和孙江同学分别获得第一名、第二名，拿到了两个一等奖，成为该赛项的佼佼者。

模拟比赛的开发过程真是困难重重，比如，制作游戏中的爆炸效果，陈睿同学在凌晨一点钟还在反复调关卡，逐帧逐秒，调了三四十遍，就是为了使爆炸效果更真实、更自然。每个游戏开发过程总会出现各种问题，陈睿要克服"九九八十一难"才能获得理想的效果。每当这个时候他总会提醒自己要牢记初心，坚持到底，努力克服一切困难。

陈睿同学说："随着技能大赛的开展，我们一直没有停止学习前沿技术和知识，将来我们将继续紧跟技术的步伐，永远不用担心被时代淘汰。"

在这里，特别感谢勤学善思、不断进取的陈睿同学，他不仅为自己争得了荣誉，同时也为老师、为学校增添了光彩。

在这里，也要祝贺陈睿同学，目前颐信泰通（北京）信息科技股份有限公司已经承诺他可以带薪实习并且毕业后可以直接成为正式员工。

最后，借用习近平总书记的经典语录来对陈睿同学的故事做个总结：新时代是奋斗者的时代。只有奋斗的人生才称得上幸福的人生。奋斗者是精神最为富足的人，也是最懂得幸福、最享受幸福的人。

3. 功夫不负有心人

下面与大家分享大数据技术与应用赛项背后的故事。

2019年，齐爱琴和李子平老师指导陈瑞、廖博轩、张立波3名同学组队参赛，他们的队伍取得了市赛一等奖、国赛三等奖的成绩。这个成绩的取得与大赛备战过程中师生的投入密不可分。

大数据赛项涉及的新知识点较多，包括Hadoop、Python、爬虫、数据分析、可视化呈现等，学生们利用一个多月的时间集中学习、参加比赛，在这么短的时间内掌握多种技术，难度非常大。刚过完年，指导教师和学生们就投入了紧张的集训中，每天在实训室学习8小时以上，翻阅了大量的资料，做了大量的练习和项目，终于在市赛上取得了一等奖的好成绩，从而顺利闯入全国赛。

三月末，市赛结束后，师生们未加歇息便开始准备全国赛。刚开始按全国赛是市赛的技术难度和深度的加深做准备，继续深入学习之前的技能。当拿到大纲才发现全国赛不仅仅是难度加大，使用技术范围变成了以前的两倍，一半的技术是之前完全没有接触过的，而且一切都要从零开始，环境需要自己搭建，数据需要自己采集。面对种种挑战，他们别无选择，只能迎难而上。全国赛的试题对机器性能有着极高的要求，曾经的服务器已然不能使用，于是在领导和教师们的支持下他们得到了数台服务器，但这些服务器单台配置依旧不够，所以教师们决定将16台服务器的配置集中到一起。服务器单台重量达30公斤，16台服务器的拆装让学生们第一次感觉到原来作为一个程序员体力也是很重要的。一下午的时间，他们终于完成了设备的安装，开始了"长征"的第一步。硬件层面的问题解决之后，紧接着就是软件层面的问题，由于市赛时的环境都是配好的，备战全国赛从头开始搭建环境使参赛队举步维艰，照着教程按部就班地临摹，结果却不一样，同样的程序跑出的结果也会不一样，种种问题致使师生情绪低落，极为郁闷。尽管如此，他们依旧坚信有付出就有回报。

功夫不负有心人，问题一个接着一个地解决了，学生们在接受磨炼的同时逐渐成长，最终完成了所有环境的搭建，开始投入训练。训练中他们凭着之前磨炼的耐心，过五关斩六将，到比赛前一天，指导教师和学生们还一起熬到了后半夜。比赛中，学生们有了比获奖更宝贵的收获，那就是遇到困难时不抛弃不放弃的精神。

比赛能创佳绩，除赛前精心备战以外，更主要的是将功夫下在平时的教学中。北京青年政治学院一直倡导"以赛促学"，将技能大赛与技能抽查的标准细化到常规教学中。在今后的专业建设中，也将技能大赛和思政教育有机融入人才培养目标的全部教学内容，并将技能教育作为培养学生的核心内容。在人才培养的制定、课程体系的构建、课程的设计与实施等环节，注重学生素质与能力的培养。

教学重技能，竞赛显身手。信息类专业建设将以比赛作为新的起点，认真总结，积极探索，更好地将技能大赛和课程思政融入常规教学，注重学生能力的培养和思政教育，不断提升他们的职业技能和综合素质，使他们更好地迎战未来的各种挑战，力争各方面取得更加优异的成绩！

4. 天道酬勤

下面与大家分享 2019 年北京市人工智能系统部署与应用比赛背后的故事。

本次比赛，北京青年政治学院选派了两支队伍参赛，最后取得了一个一等奖和一个二等奖的好成绩。参赛队伍的指导教师为周同、齐爱琴和刘乃瑞。下面对备赛和比赛过程中的经验教训，以及师生的感受和体会进行介绍。

学生能够取得这样的成绩，首先需要指导教师在专业知识和技能上深入细致地指导。本次比赛的主要任务是：在规定时间内构建人工智能系统，基于 TensorFlow 使用神经网络算法实现机器学习，使计算机在学习大量图片数据之后，能够完成图片识别的工作任务。

因为没有相关专业依托，3 位指导教师平时也没有学习过人工智能的最新技术，要想更好地指导学生，就要利用大量的业余时间辛苦地自学。另外，在指导学生备赛的同时，指导教师还承担着承办人工智能市赛的任务，教师们克服了自身各种困难，做到了指导与办赛两不误。

两个月的备赛过程是紧张的，也是单调的。没有拼搏努力的信念支撑，学生很容易在困难面前退缩。因此在这个过程中，要融入专业的思政教育，给予学生悉心的关怀，帮他们克服畏难情绪、帮他们缓解比赛想赢怕输的紧张心理，这样才能更好地赛出水平。

通过指导教师的不懈努力，6 位参赛同学席祖强、何凯强、李鹏、申艳多、于海跃、左鹏飞，在备赛过程中夜以继日地不断磨合、互相学习、反复练习，不断加强团队合作，力争精益求精。

努力不会白费，付出就有收获。通过这次的技能大赛，学生们收获的不仅仅是名次，还锻炼了自己的意志，提高了自己的专业技能，体会到了"天道酬勤"的真正内涵，认识到了不断提高专业知识和专业技能的重要性。只要不畏艰难、越挫越勇、顽强拼搏，一定能充满自信地在人生道路上扬帆起航。

通过参加技能大赛，学生对专业理论知识有了更加深入和全面的理解，进一步提升了学习主动性和积极性。学生在参赛过程中对团队合作精神、工匠精神、咬牙坚持到底才有可能胜利等有了切身体会，相信经过技能大赛严苛的洗礼，学生在未来的人生道路上将更坚忍不拔、更懂团队合作。这是单纯的思想政治理论讲解难以达到的实际效果，这是课程思政与技能大赛融合而达到的良好效果。

十五、数字媒体艺术设计专业*

数字媒体艺术设计教研室经过深入的思考和研究,决定将思想政治工作和专业教育有机融合,以此来提升思想政治教育的亲和力和针对性,满足教师和学生的发展需求和期待。

1. 课程思政融入新农村文化建设实践

2018年7月,信息传媒艺术学院数字媒体艺术设计教研室组织2016级、2017级数字媒体艺术设计专业师生到延庆香营乡政府廉政公园、新庄堡村委会进行校乡共建、课程思政融入新农村文化的课程实践。

学院领导、香营乡领导与师生在延庆香营乡政
府廉政公园、新庄堡村委会绘画现场合影

本次实践活动将社会主义核心价值观与专业实训教学有机融合,使理想信念教育和专业发展找到了结合点,激发了学生的内在动力,提高了思想政治教育的实效性和吸引力。

为进一步推进双方深入合作,学院党委书记程晓君提出了三点希望:一是希望在双方的共同努力下,打造建设美丽延庆的新平台、打造区域文化标识的新抓手,探索形成学校在教育教学改革中弘扬社会主义核心价值观的新载体和加强改进思想政治工作的新品牌;二是希望通过合作,让学生在学好课内知识的基础上,走向社会,在服务新农村建设的实践活动中,进一步加深对所学知识的理解,提升综合素质;三是希望以这次活动为契机,大力推进项目教学、实践教学,把建设社会主义核心价值观贯穿于教育教学全过程,有效实现全过程育人、全方位育人,努力开创学校人才培养的新局面。

自2017年以来,数字媒体艺术设计教研室积极推进课程思政教学改革,与延庆区合作

---

* 编者:林巧琴

实施了"秀美乡村成风化人"的墙画绘制活动。该活动为师生提供了深入实践了解国情、依托专业服务社会的舞台,达到了成风化人和润物无声的目的。活动得到了教育部思政司、市委教育工委、延庆区委的充分肯定和广大村民的广泛赞誉,实践案例入选2017年度全国高职高专校长联席会优秀案例前20强,并在《中国职业教育》杂志进行登载。

"秀美乡村成风化人"的墙画绘制现场

参与活动的师生纷纷表示,通过开展这样的教学改革实践活动,不仅提升了专业技能,也充分感受到了为新农村建设努力奉献的责任感和成就感。今后,学院将继续通过多种模式搭建实践平台,引导各专业发挥特色优势;积极推进行之有效的"课程思政"教育方式;持续推进专业教学与思想政治理论教育同向同行,形成协同效应;让学生自觉投身实现"中国梦"的社会实践中,运用专业知识与技能,为社会做出更大的贡献。

2. "不忘初心、牢记使命"主题绘画

在党的十九大召开前(2017年12月),数字媒体艺术设计教研室(原艺术设计系)的教师们进行深入研讨,探讨如何才能更好地学习领会十九大精神要义。探讨的结论是要在专业教学中融入思想政治教育。结合教学计划、融合专业教师意见,数字媒体艺术设计教研室的教师们决定以"不忘初心、牢记使命"为主题,在专业训练中绘制主题作品以实现专业技能训练与思想政治教育的同步落实。

学生们对此学习计划积极响应,热情投入,从党的历史、"砥砺奋进的五年"大型成就展中收集绘制素材。在创作过程中,学生们进一步深化了对中国共产党带领全国各族人民风雨兼程、披荆斩棘、攻坚克难的奋斗史的认识。从1921年7月1日中国共产党诞生,中国革命的面貌从此焕然一新,到井冈山斗争,开启了农村包围城市的中国革命道路;从1949年10月1日中华人民共和国宣告成立,开辟了中国历史的新纪元,中国人民从此站起来了,到改革开放使这片古老的土地焕发了新的生机活力;从经受种种艰难考验,阔步向前,到不断延伸向星辰大海、开启实现中华民族伟大复兴的新征程。

在专业教师王静老师的悉心指导下,围绕每个历史节点和重大历史事件,学生们进行了系统、全面的创作,50余幅栩栩如生的作品,生动地展示了中国共产党在革命战争年代和社会主义建设时期的重大历史事件,展现了中国共产党的光辉历程,每幅作品都给人一种极其震撼的力量,让人感慨,给人力量,催人奋进!

这种通过作品讲述党的光辉历程的艺术手法，呈现出了一种极强的艺术感染力，具有较强的教育性和艺术性，不仅点燃了学生们追求梦想的激情，更激励了学生们为梦想而全力以赴的斗志，进一步增强了学生们爱党爱国的历史情怀和继承光荣使命的社会责任感。

　　数字媒体艺术设计教研室的教师们充分运用课堂教学这个主渠道，让学生们在专业学习的过程中，潜移默化地接受思想政治教育，坚持以文化人、以文育人。数字媒体艺术设计专业的教师们积极发挥专业特色，每位专业教师守好一段渠、种好责任田，与思政工作同向同行，牢固树立起全员全过程全方位育人的理念。

"不忘初心、牢记使命"主题绘画现场教学

"不忘初心、牢记使命"主题绘画作品《祖国长城》

"不忘初心、牢记使命"主题绘画作品

"不忘初心、牢记使命"主题绘画作品《嘉兴红船》

3. 达·芬奇——画蛋

欧洲文艺复兴时期的著名画家达·芬奇,从小就酷爱绘画。他的父亲便把他带到了意大利当时非常著名的城市佛罗伦萨,让他作为学徒拜在著名画家佛罗基奥门下。

老师佛罗基奥要求他从画大家都非常熟悉的鸡蛋入手。达·芬奇在画室不停地练习,画了数不清的鸡蛋,足足画了有10多天。老师看见他对画蛋逐渐有些不耐烦了,便认真地对他说:"不要以为画蛋非常容易,你要知道,在1 000个蛋当中从来没有两个是完全相同的;即使是面对同一个蛋,只要换一下观看角度,它的形状也就不同了,蛋的椭圆形轮廓就会有差异。所以,你既要把它画在纸面上,又要完美地表现出来,非得要下一番苦功夫不可。"

从此,达·芬奇下定决心用心学习素描技巧,经过长时间艰苦的艺术实践,最终他创作出多幅不朽的名作。

4. 悬梁刺股

东汉时期,有个人叫孙敬,他读书常常废寝忘食。读书时间长了,他疲倦得直打瞌睡。怕影响自己读书,他便想出了一个特别的办法。他找了一根绳子,一头绑在房梁上,另一头牵住头发。当他读书疲劳时打盹了,头一低,绳子把头皮扯痛了,便马上清醒了,然后再继续读书学习。

战国时期,有个人叫苏秦,是一位政治家。年轻时,他常常读书到深夜,很疲倦,常打盹，直想睡觉。他想了一个方法，准备了一把锥子，一打瞌睡，就用锥子往自己的大腿上刺一下。这样，猛然间感到疼痛，自己立刻就会清醒过来，就可以继续坚持读书。

后人将这上面的两个故事合成了一个成语——"悬梁刺股"，用来激励人们发愤图强、努力读书学习。

5. 王式廓——人民的艺术家

王式廓从小生长在农村，性格纯朴。后来他又受过高等教育，先后就读于北平京华美术学院、国立杭州艺专和上海美专。1936年王式廓考入了日本东京美术学校，1937年回国后参加了抗日救亡运动，是具有较高文化素养的革命先行者。王式廓所处的特定的历史背景以及个人的经历、所具有的才华使他的艺术在平稳中跃动着激情，在质朴中蕴含着深远，在苦涩中透露着明朗。王式廓的艺术表现的关键点始终对准着曾经为我国做出重大贡献的朴实的农民们。

《血衣》是王式廓创作的油画素描稿，现收藏于中国国家博物馆。这幅作品取材于我国土地革命时的场景，画面描绘了一位悲痛欲绝的妇女举起血衣的一瞬间，同时也描绘了激愤的人群与起起伏伏的山峦，在黑白色调中汇成了血泪的控诉。他画了许多农村老人的形象，可以说是在大量的农民肖像写生中，通过不断的加工和提炼创作了《血衣》中的人物。这幅作品的艺术风格朴素深厚，王式廓通过自己对艺术形象的感受，用高超的艺术技巧和语言突出了主题。《血衣》是一幅影响力极深的作品。通过这幅作品，人们学到了现实主义的创作方法，同时又学到了具有深厚生活基础的素描技巧。

王式廓对艺术的探索一直没有停止，他表现出了一个真正的艺术家最宝贵的品质。《血衣》展现给我们的是老一辈画家对中国农民的深厚感情和深刻的艺术认识。王式廓一直遵循着革命的现实主义的创作方法，《血衣》就是这种艺术方式的代表作，题材来源于生活，反映了当时两个阶级的矛盾冲突。王式廓运用写实的绘画语言真实地反映了现实生活和客观历史，同时也表达了自己主观世界的情感。

6. 董希文和《开国大典》

董希文，1914年出生于浙江。他在1932年考入浙江大学土木工程系，1933年考入苏州美术专科学校，1934年转入杭州艺术专科学校，1938年就读于上海美术专科学校，1946年开始在国立北平艺术专科学校任教。1949年7月他参加绘制第一幅天安门上的毛泽东油画像，同年12月加入中国共产党。1949年后他三赴西藏，深入生活，写生创作。1952—1953年创作出了著名油画《开国大典》。

油画《开国大典》描绘的是1949年10月1日中华人民共和国中央人民政府成立时天安门国庆典礼的盛况。画面气势恢宏，场面热烈。在蓝天白云、红旗如海的广场上，毛泽东和其他中央领导神采奕奕、气度不凡。董希文在严谨的写实描绘中借鉴了民间美术和传统工笔重彩的表现手法，同时，为了适应并强化画面的主题以及适应中国广大读者的审美需求，又进行了大胆的艺术加工。《开国大典》一直被誉为"中华人民共和国成立的艺术见证"。这幅作品在很大程度上运用了中国传统的绘画手法和风格。很多画家认为这正是《开国大典》的成功之处。从总体上说《开国大典》是严谨的素描和装饰性色彩的完美结合。如果按传统油画用光和设色的手法去创作，这幅画作就不会有这种热烈的气氛了。《开国大典》所采用的油画颜料可以创造出千变万化的效果，这给了董希文很大的发挥空间。董希文在这幅画作中使西方的油画技法与中华民族的审美观相适应，尤其是强调色彩的单纯性和对比的强烈性。红色的地毯、红色的灯笼、红色的柱子以及远处的红旗海洋与蓝天、绿树形成了对比的基调，使画面有一种热烈而明快的气氛；秋高气爽的季节又与黄色的灯穗相呼应，增强了富丽、灿烂的欢庆气氛。总之，这幅画作强调了物体的固有色，减弱了随光线、环境而变化的西方绘画用色法；加入了中国画的工笔重彩绘画技巧和敦煌壁画用色的特点。董希文深厚的艺术功底，使这幅画作成为具有强烈艺术感染力的优秀作品。

7. 画家徐悲鸿

徐悲鸿，幼年家境贫寒，生活在江苏的一个小镇上。因为父亲是私塾先生，徐悲鸿从小就跟随父亲学诗绘画。在他眼里，童年的生活像世外桃源一般"丰美无尽"。为了贴补家用，徐悲鸿从13岁就开始卖画，4年后一个人跑到上海开始接触西方的美术作品。从那时开始他对西方的绘画技巧开始产生兴趣。然而，父亲的病故让他不得不返回故乡，当起了教书先生。一年后命运再次对他进行了磨砺，短暂的婚姻，早夭的儿子，让徐悲鸿的身心伤痕累累。回到上海后徐悲鸿的处境仍然没有好转，依旧过着寄人篱下的生活，即使这样他依然自学法文，考入了著名的震旦大学。

后来在好心人的资助下，徐悲鸿获得了留学的机会。留学期间他曾经遇到同学校的外国学生的挑衅，说中国人从出生就是当亡国奴的人，即便是送到天堂深造也不会成为有用之才。徐悲鸿义正词严地说，那就等毕业的时候来比比看，我们俩到底谁是人才，谁是蠢材。一年之后，徐悲鸿的画作屡次在法国专业竞赛中取得第一名的好成绩；他举办的个人画展，轰动一时，取得了巨大的成功。

8. 国画大师——齐白石

著名国画大师齐白石在北平沦陷后，毅然辞去受敌伪控制的北平艺专教授的职务。一些敌伪头目时常找齐白石索要字画，但他作为一个有着爱国情怀的画家，怎能甘心听从那些恶人的使唤？他在大门上贴了"画不卖与官家，窃恐不祥""白石老人心病发作，停止见客"等字条。有人为他担心，更有人劝他明哲保身，不要触犯敌伪政权的人。但齐白石无所畏惧，宁可挨饿受冻，也决不去取媚于那些强盗。他在诗中写道："寿高不死羞为贼，不丑长安作饿饕"，显露出他不屈不挠的民族气节[①]。

9. 贝聿铭与苏州博物馆

作为一名美籍华裔的优秀现代主义建筑大师，贝聿铭先生将苏州博物馆的设计当作他的封山之作。这既包含了贝聿铭先生对中国传统建筑的崇敬，也体现了他对苏州这座温婉并充满灵性的江南小城的喜爱。

贝聿铭先生的祖籍就在苏州，因此他对中国传统文化的热爱和深入的了解，为博物馆的

---

① 张开城，胡安宁. 爱国主义教育丛书：五四以来文化名人与祖国［M］. 青岛：海洋大学出版社，1991.

设计提供了坚实的文化基础。贝聿铭先生认为建筑是一种社会艺术的表现形式,建筑师可以为人们提供各种类型的工作和生活的空间,建筑设计如果能跟得上时代的步伐并能充分满足人们在物质和精神上的追求,那就是被人们认同的好的建筑作品。

苏州博物馆入口

贝聿铭先生在结构上使苏州博物馆保持了现代的几何造型,在主庭院和9个小庭院的设计上最花心思,灵活运用传统中国古典园林以景取景、以景造景的造景手法,在此基础上进行了突破和创新,运用丰富的小庭院设计在博物馆内造山、植树、搭桥,力求每处的景色都给人以不同的感受。为了充分地利用空间并且让建筑看上去更精巧,贝聿铭先生将地下空间与地面空间的结构进行了更为现代的错落结构设计,从而达到使博物馆的外形体量和结构特征与周围的山林环境协调统一的效果。在材质的挑选上,贝聿铭先生也非常谨慎,我们能看到大量的玻璃和钢结构,搭配石材和混凝土,这些现代化的材质与传统造型的巧妙结合正预示着苏州博物馆现代化的管理手段和传统文化理念的充分融合,更加符合现代大众的审美情趣。中国传统建筑文化在现代科技材料的映衬下,焕发出时代的生命力。刚劲有力的建筑线条,简洁明快;高低错落的片石假山,意蕴深刻;晶莹剔透的玻璃屋顶与复杂的钢结构,交相呼应;斜坡式的屋顶结构与钢材梁架,相得益彰。这些所构成的崭新意象,丰富了人们的想象,也开辟了新的传统意境。

贝聿铭先生的成功是由于他创作时的态度,尤其是在思考和设计的过程中,样样都由他身体力行,这样才会有他后来的惊世作品[1]。

---

[1] 许晓凤. 贝聿铭的设计思考:苏州博物馆 [J]. 赤峰学院学报(自然科学版),2016(17).

以景造景

以景造景

10. 服务祖国 70 周年大庆

2019 年 11 月，数字媒体艺术平面设计班开始了新一期的包装设计课，这次是以祖国 70 周年大庆旅游产品包装设计为主题。窦楠老师把设计的思想路线规划为四个方向，分别为"我和我的祖国""航天航空""70 周年大庆""绿色环保"。让学生们选取自己最喜欢的方向来进行设计。本次设计与祖国充分结合，让学生们也为祖国献上一份小礼物。

查嘉瑞正好是这次祖国 70 周年大庆活动的志愿者，在 2019 年 8 月到 10 月，他都在为祖国的大庆做准备，世界各地的人们汇聚一堂，都在为祖国默默奋斗！每天他们的行程都是白天正常工作学习，凌晨默默地汇聚在长安街，开始震惊世界的大庆彩排。这次任务无疑是非常辛苦的，数以万计的人们不能出现一点错误是多么困难啊！而他们通过无数次彩排，有时连做梦都梦到自己正站在长安街的一处参加彩排，最终圆满完成了这次光荣的任务。怀着这份特殊的感情查嘉瑞以祖国大庆作为包装设计的灵感，在每个包装上都印刷着祖国展示的强大武器、代表各地的彩车，设计出一系列成功的作品。在创作过程中，窦楠老师提出自己的意见并帮助他完善自己的作品，让他的作品一步一步升华直至完美！

他说，无论是包装设计还是大庆志愿者，都是他生活的一部分。只有将它们充分地融入自己的生活，自己的作品才能感染他人；只有不断提升自己，才能为祖国的建设而奋斗，才能让自己变得更加优秀！

2019 年 6 月的版画课上，窦楠老师布置了原创祖国 70 周年大庆的版画主题。在大家一筹莫展之际，窦楠老师给学生们提供了几个方向：一是自己的爱好，二是自身经历，三是 70 周年大庆。因为时间点的缘故，于薇将自己 2019 年 6 月作为天安门志愿者的经历与 70 周年大庆相结合，为祖国 70 岁华诞送上了自己的心意。

天安门志愿者的经历教会了于薇奉献、友爱、互助、进步。

除了辛苦的志愿服务外，在休息之余，她也感受到了志愿者大家庭的温暖。志愿者们来自不同岗位，有年纪稍长的教师，也有年龄相仿的小伙伴。志愿者们从开始的相顾无言到后来的相谈甚欢，每个人都有自己的故事，一些社会志愿者每年都来参加服务，从不间断。当你询问什么是他们来做志愿服务的动力时，他们会认真地说，当你看到自己真的能帮助那些第一次来到天安门的游客时，内心是愉悦的。这可能就是"赠人玫瑰，手有余香"的含义吧。

怀揣着这份特殊的感情，于薇定下了这个主题。在窦楠老师的指导下，从最初的绘图，到后来的刻版，再到最后的上墨印刷，每当遇到困难进行不下去的时候，窦楠老师都会陪在她的身边悉心指导，陪她渡过了一个又一个难关，最终作品完美收关！

不管是在版画课上，还是志愿服务经历，于薇都深切地感受到了不同行业、不同领域的中国人身上的使命和担当。她想在有限的生命里见证不同的风采，在祖国 70 华诞之际，送上了自己的献礼！

11. 设计大家梁建国——想要成功，勤奋是摆在第一位的

梁建国是中国一线设计师，新中式的领军人物。他主张用"中国魂、现代骨、自然衣"，建构时代美学，打造中国形象。"中国魂"是指精神是中国的；"现代骨"是用现代的

科技、材料、人文去做设计;"自然衣"是回归自然,我们希望建筑像是从自然中生长出来的。

在设计运用中,传统和现代的运用比例上,他主张"253"原则,就是20%的传统、50%的现在和30%的未来。

他用"东方国际"替代大家常说的"新中式",认为中国文化的运用,最重要的是吸收它的精神,呈现出一种东方的精神状态和气质。

他倡导科技与艺术的结合。他会在项目中强调"五感"的体验,声音、味道、声音、形态、触觉,都会使用新科技和艺术相结合的方式去实现。

他说:"互联网时代最大的弊端就是人人都不愿意动手,都停留在思想和言语层面,不愿意做最基础的实施和落地的工作。这种心态要调整。我们可以不排斥快消文化,但不应该拒绝最基础的东西。因为没有这个过程,往下走是很难的。"①

12. 设计大师琚宾——无创新,不设计

毕业于中央美院的琚宾,擅长将东方神韵融入现代生活、将文化的多元化与共生性共同注入设计作品。他善于运用传统文化的精神,使"当代性""文化性""艺术性"同时得以巧妙地共融体现,并以此作为设计语言用于空间表达。

在实操中,他会根据城市、地产、商业、艺术进行多方面考量,构思新的项目定位和设计策略,践行"无创新,不设计"的理念。根据项目的实际情况,他注意提炼东西方文化、传统和当代的矛盾统一,构成空间的内在张力,有意隐去东西方符号化的表达,以简洁的现代语汇布局全篇,却暗藏质感、体量、纹理等细节处的西情东韵②。

在琚宾的作品中,空间是虚无的,可分离,可无域;气韵是凌驾其上的,可沉思,可欢愉,也可超脱,从而忘我。在虚实、表里、尺度之间,总能感受到隐逸的美好。因此,琚宾老师也被称为"逸士"。

琚宾的每一个作品都将他的东方气质美学表达到了极致,包括阳朔 Alila 糖舍酒店、西塘良壤酒店、物质生活书吧、香港御风者会所等设计作品。

13. 吕敬人——设计一本书,就像导演一出"书戏"

吕敬人,当代书籍设计大师、插图设计大师、视觉艺术家,一位将书籍设计从简单的装帧到做书人应有的责任和担当的体现的艺术家。他运用充满热情与热爱的设计,让书本成为一件件艺术品。

吕敬人师从平面设计大师、书籍设计家、教育家、亚洲图像研究学者、神户艺术工科大学的杉浦康平教授。吕敬人目前担任中国出版工作者协会书籍装帧艺术委员会副主任、全国书籍装帧艺术委员会副主任及中央各部门出版社装帧艺术委员会主任,还担任中国美术家协会插图装帧艺术委员会委员。他是现任清华大学美术学院教授、中央美术学院客座教授。

1996 年,吕敬人申请并获得了国家政府的特殊津贴,于 1998 年创立敬人设计工作室。

---

① 梁建国. 构建时代美学——打造中国 IP [J]. 设计,2019 (14).
② 琚宾. 在历史与当代的碰撞中寻找创作源泉 [J]. 中国建筑装饰装修,2012 (4).

在醉心于艺术创作的时间里，他于 2002 年和 2007 年分别被评为中国十大杰出设计师与亚洲著名的十大设计师，取得了巨大的成绩。吕敬人不仅在国内国际的展览、比赛上斩获了数目可观的奖金，而且还编、译、写过数本装帧、书籍设计方面的著作，如《日本当代插图集》《菊地信义装帧艺术》《中国现代美术全集》等。

出于对如今大环境的思考，吕敬人有一个愿望——他希望更多的设计从业者可以投入新的、有创意的设计当中，做到不凌驾于文本之上，用平等互助的姿态与文字作者共同塑造一本书。在他看来，一本书不仅是一本书，更是由作者、编辑、设计师、出版人以及工艺技术人员共同塑造出的、有关书的系统工程；正因这个复杂而严谨的工程的存在，一本真正完美的书才得以形成。这种奇特的工程方法是吕敬人在日本获取的经验之一。他的老师杉浦康平教授在设计一本书时，必然要请作者、插图画家、出版社的编辑来一同讨论文稿，从开始就注入设计概念，再从文字设计到图像、到结构，最后在物化的过程中塑造出完美的作品。在他们看来，书的语境的创造需要共同的努力。设计师不仅要有主导大局的观念，还需要懂得书籍有它自己独特的语言。同时，要利用这些语言来组合形成设计的语法。

吕敬人在他的书籍设计专著《书艺问道》中，对书名中的"道"字做出了解释，他说："'道'就是规则。"书籍的审美有它自己的规则，但与之相比更重要的是阅读的规则。之前我们以为的书籍设计，就是给书做装饰、做嫁衣，但这种观念是有所欠缺的。做书真正需要理解的是信息传播的内在特征和规则，是理解文本表现出的特征与规则。文本表现形式可以以讲故事的方法体现，不同的"导演"拥有不同的"脚本"，就可以演绎出让读者感觉同源同脉却又不尽相同的、各有千秋的阅读感受，而阅读的个性，也将随着设计者的改变而改变。

40 年来，吕敬人只做了"做书"这一件事。他说："我喜欢，我离不开它，也做不了别的，它是工作，也是责任。"

14. 靳埭强——设计是为他人度身定做

靳埭强是当代国际平面设计大师、靳埭强设计奖创办人、国际平面设计联盟（AGI）会员，现任中央美术学院、清华大学、吉林动画学院等高等院校的客座教授。靳埭强的作品不仅在内地声名显赫，还在海外获奖无数。他是首位获选香港十大杰出青年的设计师，也是唯一获颁赠市政局设计大奖的设计师、首位名列世界平面设计师名人录的华人设计师，还被英国评选为二十世纪杰出艺术家及设计师。

靳埭强说：做裁缝，是要注重为他人量身定做一套衣服；是要别人穿起来舒适，又看起来美观；还要符合他的需求愿望。这套设计观念是一个设计师理应拥有的。当你作为设计师，准备为别人——消费者或者委托人创作一件设计品时，你的主要目的是满足对方，而非为了自己。正如裁缝做衣裳，要求是做出来的衣裳要适合别人的身材，而绝不是做出来给自己穿。我很能明白这套观念，所以我不会像一个艺术家似的，只是自持有艺术气质而去设计，我会以委托人本身的气质来设计，这样才能为他量身定做出一个让他觉得适身合体的设计。

靳埭强的作品享誉国内外。1986 年中国银行开始使用的古钱形状的标识，就是由他设计的。2006 年 1 月 16 日，靳埭强设计的"人人重庆"标志获得了重庆市政府的肯定，被确定为城市形象标志。"人人重庆",两个欢快喜悦的"人"字重叠成为一个"庆"字,有"双重喜庆,以人为本,携手并进"之意。这种城市形象标志多用于外界宣传,而非城市的官方徽章,有别于市徽。靳埭强教授的设计功底之强可见一斑。

靳埭强主张把中国传统文化的精髓,融入西方现代设计的理念中。在他看来,这种融合并非简单的加减乘除,重点是要在对中国文化进行挖掘理解后,再加以深刻的融合。如经他之手设计的中国银行的标志,既有行云流水的整体,又有极富时代感、形似中国古钱的外观,暗喻天圆地方。一个"中"字巧妙地横在中间,加强了中国银行的存在感而不使人联想到其他。这个标志可谓是靳埭强融贯东西方理念的经典之作。不过裁缝出身的靳埭强坦言道,自己"并不是很聪明",创作灵感主要来自平常生活中的灵光一现。对此他还说:"我不是天生的设计师,只是自然而然地从生活中培养出了潜能。对生活的热爱帮助我领悟到了宝贵的人生观,同时还给予了我神妙的创作动力。"

15. 家国情怀——一家两代敦煌情

常书鸿(1904—1994),我国著名留法艺术家,先后毕业于法国里昂国立美术学校、法国巴黎高等美术专科学校,旅居法国10年,抗日战争爆发前夕应北平国立艺专邀请回国任教。1943年,他担任国立敦煌艺术研究所所长。中华人民共和国成立后他继续留守敦煌,任敦煌文物研究所所长。

常沙娜,常书鸿的女儿,原中央工艺美术学院(现清华美术学院)院长。1931年生于法国里昂,画家、艺术设计家、教育家。自幼随父亲常书鸿在敦煌临摹壁画,后于清华大学、中央工艺美术学院执教。

对艺术家来说,最为理想的人生莫过于把有限的生命投入无限的艺术创作中去,在艺术领域取得一番成就。然而,在特定的时代背景下,在个人际遇的推动下,艺术家往往需要从书斋画室、笔墨纸砚中走出来,以更博大深厚的家国情怀在更广阔的天地中完成时代赋予的责任。常书鸿与他的女儿常沙娜即是如此,他们一家用两代人的人生守护着敦煌。

他们一家与敦煌的渊源可以追溯到1935年的巴黎。当时,在法国求学多年的常书鸿可谓是人中翘楚、青年才俊。年纪轻轻的他已经先后多次参加法国国家沙龙展、里昂沙龙展等重要展览,获奖无数,是法国美术家协会会员、法国肖像画家协会会员。如果他就此留在法国,或许可以取得像后来的华裔法国艺术家赵无极一样蜚声世界的艺术成就。然而,冥冥之中似乎注定了常书鸿必将成为"敦煌的守护神"。那年的一天,从卢浮宫出来的常书鸿像往常一样沿着圣杰曼大道散步,打算逛逛塞纳河边的旧书摊就回家。忽然,一部厚重的由六部图册装订而成的《敦煌石窟图景》跃入了他的眼帘,他随手一翻,便被摄走了心魄……一个在法国学习生活了10年的艺术家,已经深深地被法国主流艺术影响的年轻人,无比惊诧地发现,一千多年前的敦煌艺术足以睥睨任何一个西方艺术流派,而他竟然对此一无所知……惭愧啊……此后数日,敦煌艺术带给他的震惊在他的脑海中久久萦绕,挥之不去。没承想就是在一个旧书摊前不经意的一瞥,竟成就了他与敦煌的"不解情缘"。在这之前,他对敦煌并没有太多关注,但在这本画册中常书鸿看到了与自己的血脉里流淌着一样文化基因的东方符号,那种如生命的呼吸一样自然而贴切的心心相印刹那间击穿了他,从看到画册的那一刻起,敦煌似乎有一股摄人魂魄的能力,那神奇的召唤犹如石火电光击中了他。常书鸿，就此与敦煌结缘。

这本让他深深震撼的画册是法国著名的历史学家、汉学宗师保罗·伯希和（1878—1945）所著，他曾在1906年到1908年远赴敦煌进行考古调查。敦煌藏经洞藏有大量用汉文、梵文、藏文、回鹘文、突厥文、粟特文以及东伊朗各种文字写就的写本、经卷，如果说当时的世界上还有人能全部把它们都读懂的话，这个人可能就是伯希和。伯希和是法国中国学权威爱德华·沙畹的高足，极具语言天赋，精通汉、俄、藏、突厥等13种语言，并熟练掌握多种东方语言，于阗文、粟特文、回鹘文、西夏文等，他在藏经洞里足足翻阅了3个星期的书籍才把所有藏品全部翻检完毕，他精心挑选了其中最具价值的珍品约1万多件，带回法国，后藏于巴黎法国国家图书馆和吉美博物馆，并编纂了这套六卷本的《敦煌石窟图景》。

翻着画册的常书鸿激动、羞愧，却又止不住地阵阵心痛。他以一个艺术家的敏感与直觉意识到那是一个东方文化与艺术的宝藏，那里藏着解读中国艺术的密钥，那里就是中国艺术几千年文化的博物馆，是中华艺术之根！那里堪称无价之宝。身为华夏儿女，竟不能为它做些什么，任由这宝贵的民族财富遭受国外探险者的觊觎偷掠！是继续在这异国他乡实现自己的艺术理想，还是倾尽一生去保护祖先留下来的文化遗产？"法国华人艺术家常书鸿"与"敦煌的守护者常书鸿"哪个更有意义？面对突如其来的人生抉择，常书鸿陷入了沉思。

1936年，经过深思熟虑的常书鸿，不顾亲朋好友的劝阻毅然回国。这是他的选择，也是时代的选择，是一个学者、艺术家在国难当头的动荡时期所能为国家做的最大贡献。这一选择，与多年之后的"两弹元勋"邓稼先的选择一样，与"中国导弹之父"钱学森的选择如出一辙，舍小我而成大家！这就是家国情怀。常书鸿先生的选择，是那一代知识分子的人生选择，和平年代的年青一代或许坐在课堂听教师讲述这段20世纪的历史的时候，常常会不理解他的选择，也会反问自己，"如果是我，我会如何选择？"当下的媒体也常常质疑"80后""90后""00后"，总感觉长在蜜罐里的年轻人肩上扛不起国家重任，但是，你看，这次新冠疫情中有多少"90后"坚毅的身影冲在前面？危难时刻，每个医护人员都没有退缩，一种舍我其谁的慷慨大义会自然而然地从他们心底浮现，"英雄"就是平凡的人勇敢地站了出来，替我们挡住了危险，这就是我们的家国情怀！这就是几千年流淌下来的中华民族的血脉。

常书鸿从印有敦煌壁画、泥塑的画册中，顿悟到自己的根在中国，艺术之根在敦煌，在那遥远荒凉、黄土遮天的沙漠里！从那一刻起，敦煌，便如锥子一样直插入他的心脏。或许，与敦煌结缘的人不止他一个，与敦煌有过交集的艺术家也不止他一个，从蜚声国际的艺术大师张大千到横跨书画、鉴定两界的艺术家谢稚柳，从国学大师陈寅恪到历史学家向达……但唯有常书鸿，是把自己的神、自己的身都毫无保留地交付给了敦煌。为此，他付出了常人难以想象的艰辛……战乱年代难以为继的研究所经费、不辞而别离家出走的妻子、孤苦伶仃年幼无依的孩子、黄沙漫天缺这少那的艰辛生活……种种磨难，竟然都没有撼动他一分一毫，他——永远地留在了敦煌，这一待就是几十年。

从塞纳河畔的初次相遇到站在敦煌石窟前，这条路并非一帆风顺，常书鸿回国7年始成夙愿。1943年，时任国民政府监察院长的于右任力促成立了"敦煌艺术研究所"，常书鸿成为首任"敦煌艺术研究所"所长。在抗日战争的硝烟中，常书鸿率队来到了敦煌，此后余生，他全身心投入了修复壁画、搜集流散文物、临摹壁画的工作中。敦煌，也从此正式由国家接管，由专业人士研究保护，有了懂她、爱她的人来守护她。

从1900年道士王圆箓发现藏经洞，到1943年成立"敦煌艺术研究所"，这中间的42年，藏经洞文物全部四散殆尽，洞窟壁画与泥塑也多遭破坏……先是沙皇俄国的奥勃鲁切夫、英国的斯坦因，后有法国的伯希和、俄国的鄂登堡、日本的吉川小一郎和橘瑞超、美国的华尔纳……如果没有常书鸿等人赶来保护敦煌，莫高窟文物的毁损程度恐怕还要严重得多。

当常书鸿他们一行人赶到敦煌的时候，莫高窟早已是残垣断壁、破败不堪。"那时的敦煌，放眼望去，满是沙丘和芨芨草，环境非常恶劣。"常沙娜至今记得她到敦煌后吃的第一顿饭是一碗水煮面，除了盐和醋，什么菜都没有。艰苦恶劣的生活条件、繁重的工作压力，导致了常书鸿与妻子的情感破裂。常年生活在法国的雕塑家妻子陈芝秀终于无法忍受下去，不辞而别弃家出走，14岁的常沙娜挑起了照料弟弟和家庭的重担。原本讲一口流利法语的漂亮小姑娘沙娜在生活的磨砺下，成了地地道道的沙漠姑娘……但所幸还有这莫高窟的瑰宝，小小的她跟着父亲和驻扎在这里的艺术家们学习知识、学习画画。邵芳教她工笔重彩，董希文教她西方美术史，苏莹辉辅导她中国美术史，洞窟里的壁画就是她最好的临摹对象。当时的莫高窟被流沙掩埋，很多洞窟连门都没有，如同废墟。常沙娜时常蹬着蜈蚣梯，爬到洞窟里临摹，"彩塑的佛陀、菩萨慈眉善目地陪伴着我，我头顶上的是节奏鲜明的平棋、藻井图案，围绕身边的是神奇的佛传本生故事、西方净土变画面……"从那时起，常沙娜完成了人生的第一次蜕变，从一个满口法语的洋娃娃变成了一个尘土掩面的敦煌女儿。

1945年7月，国民政府教育部下令撤销敦煌研究所，常书鸿的工作陷入了困境。不得已，为募集资金、招纳人才，常书鸿在兰州举办了"常书鸿父女画展"，引起了很大反响。一个美国人看了画展后，非常赏识常沙娜的才华，决定资助她到美国学习。1948年，常沙娜负笈美国，在波士顿艺术博物馆美术学校接受系统的西方绘画训练。1950年的冬天，常沙娜回到中国，成为林徽因的助手，开始进行艺术创作与设计。1956年，中央工艺美术学院建立后，常沙娜成为学院的教师。1958年，常沙娜应邀为人民大会堂宴会厅设计天顶装饰，她大胆地借鉴了敦煌壁画里的藻井图案，设计了一朵具有唐代风格的、由花瓣构成的圆形浮雕大花，时至今日，这朵瑰丽的花朵仍然在人民大会堂熠熠生辉。1997年香港回归祖国，她为中央人民政府设计了赠送给香港特别行政区的纪念性雕塑——《永远盛开的紫荆花》，其灵感仍然是来自敦煌壁画。即便常沙娜后来离开了敦煌，但她似乎把根扎在了敦煌，无论走到哪里，都会经常回来看看。她曾带领大学的同事们返回敦煌，收集壁画和雕塑上的服饰图案，临摹跨度一千多年的各个朝代的服饰图案；她也曾带着一批批学生，对敦煌历代装饰图案进行临摹和整理：藻井、平棋、人字披、龛楣、华盖、佩饰、边饰、背光、地毯、桌帘、花砖……她最终编绘了一部名为《中国敦煌历代装饰图案》的图案集，并于2009年出版。

敦煌似乎已经融进她的血脉，与她自然而然地成为一体。

当时间来到 1978 年,中国迎来了改革开放,敦煌的命运和常氏父女的命运再次发生改变——常书鸿恢复敦煌研究所所长职务。1987 年 12 月,莫高窟首批列入《世界遗产名录》。1994 年,常书鸿走完了 90 年人生路。弥留之际,他嘱咐女儿把自己的骨灰埋葬在莫高窟:"如有来生,我还做常书鸿,还要守护在莫高窟。"那是他在世间的永久眷恋。

常沙娜说"文脉,是一种民族的、血液里的东西",敦煌艺术不能在我们这一代断掉,我们必须保护好敦煌,并传承下去!

如今,常沙娜已年近九旬,仍然心系敦煌,每年都会去一次敦煌,为考察、为研究、也为追忆。

十六、美术专业*

专业教师授课时应努力使知识传授与价值引领相统一，把知识教育同价值观教育、能力教育结合起来，与思政课程同向同行，形成协同效应，真正做到教书育人。近年来，美术专业实训课程的社会服务功能凸显，教师组织学生进行服务于北京文化建设的墙绘活动，有效地开阔了学生视野，提升了专业自信，增强了专业的使命感和责任感。如果课程是一道菜，那么思政教育就像是盐，将思政之盐溶于专业知识的菜中，这样菜的味道才会好，否则就会寡淡无味。在教学过程中要注重培养学生的探索精神、创新精神以及坚忍不拔的毅力，营造尊重科学、崇尚科学的氛围，培养学生的创新精神和创造思维，激发学生为实现中华民族伟大复兴中国梦而发奋苦读的自觉性和责任感。

积极探索"将知识传授与价值引领相结合"的有效途径，把价值观培育和"基因式"塑造融入所有课程。将思政教育贯穿于学校教育教学全过程，使教书育人的内涵落实到课堂教学主渠道，让所有课都有"思政味"、所有任课教师都挑起"思政担"，在"润物无声"中实现立德树人。

1. 风景写生和思政教育相结合，中国传统文化建筑造型艺术考察学习，红色教育基地参观

每学期的风景写生课程，是学生深入社会生活，发现大自然的美，展现祖国大好河山的重要教学环节。课程围绕爱国情怀培养，与传统文化考察学习相结合。

（1）领略徽派建筑的文化神韵

传统徽派古建筑中的文化神韵，激发了学生的艺术创造力。在风景写生过程中，深入了解艺术和徽派建筑的完美结合，白墙黑瓦、马头墙、砖雕、木雕、石雕等艺术特色，从传统的古建筑汲取灵感，激发学生的艺术创造力。

（2）参观王稼祥故居纪念馆

王稼祥故居纪念馆为文化旅游景点、爱国主义教育基地。王稼祥故居纪念馆，位于泾县岸厚村，是晚清时期的徽派建筑，建筑面积1 130平方米。纪念馆由序厅、展厅和游客中心三部分组成，宽敞的后庭院与王稼祥故居浑然一体。序厅迎面台座上矗立着王稼祥青年时代的纪念雕像，背景线刻浮雕揭示了革命家一生走过的风云变幻、充满艰难险阻的革命历程。左右列置的四块将军红石碑，镌刻了王稼祥青少年时代给乡亲好友的书信原文节录，闪烁着革命家早期已有的进步思想。序厅右侧的陈列室，以《永远的稼祥》为陈列标题，展示着

---

* 编者：申树斌、金宇、班学俭、何迪、陈佳

王稼祥同志的生平，分为：风华年代、革命岁月（上）、革命岁月（下）、杰出外交和永远缅怀5部分，通过200余张历史照片和百余件珍贵文物，配合精致的模型、景观等辅助展品，全面展现和回顾了革命家辉煌的战斗的一生。展厅出口的庭院安置着王稼祥晚年平身铜像。静谧的庭院旁便是王稼祥故居。

参观王稼祥故居纪念馆

（3）参观传统宣纸厂

了解中国古老造纸术的造纸流程和制作工艺，激发学生的爱国热情。造纸术是我国的四大发明之一，传统的古老宣纸造纸术是我国造纸技术的传承和发展。

参观宣纸工厂

2. 各基础课程融入理想事业、勤奋惜时、为学励志的教育思想

基础课程是美术专业的专业基础；课程包含了专业要求的色彩、素描、速写等相关内容，贯穿美术专业人才培养始终，对培养美术专业学生充分掌握色彩规律、理解造型法则起着非常重要的作用，是培养学生创造能力的重要桥梁。课程特点和思想政治教育融入教学全过程，进一步创新课程教学形式、革新课程教学内容。将中国传统艺术与课程进行融合，引导学生价值观、文化观的正确树立，建立民族自豪感，也使之能够正确认识传统优秀的艺术；训练有序思维，养成预想和计划的行为习惯，形成从内容入手完成形式的创作过程；以"社会主义核心价值观"作为创作的内容，围绕这一主题结合色彩情感等内容进行艺术训练，促成学生对社会主义核心价值观的感知和认识。

通过对这些载体的系统性学习，着重培养学生敏锐的洞察力、强烈的感染力，拓宽其思维与眼界，发展其内心对传统文化的正确认知，树立其文化自信。通过教学过程，激发学生对传统民族文化的创新能力，在课程实践中不断地完善自我对传统文化的解读和升华。

3. 美术教育类课程融入课程实际，以"学高为师、身正为范"等方面为主题的思政课内容

"课程思政"是教师职责和道德的内在要求，挖掘专业知识中的思政元素，把价值观培育和塑造"基因式"地融入课程，是落实立德树人、润物无声的最好举措。

人物一：吴冠中——通古今之变成中西之美

"如果说吴冠中在美术史上有什么贡献，那正是台北故宫博物院原副院长李霖灿所表述的'通古今之变，成中西之美'。吴冠中先生打通古今中西，他理解古今艺术的变化规律，融合中西艺术之长，创造了一种新的、有独特个性面貌的艺术风格。"中央美术学院教授、美术理论家邵大箴说，综观吴冠中一生，他是一位有真性情、不说假话的人，是有思想、有创新精神的大艺术家。他在理论和实践上对当代中国艺术有着重大贡献，他的艺术在文化界和广大群众心目中引起了广泛的共鸣，他为中国艺术在世界上争得了荣誉，他作为革新家的形象会永远记载在中国艺术史册上。

吴冠中是民国时期最后一批被公派至法国留学的美术生，也是出去的3位学生中唯一在学成之后选择归国的。他带着对祖国故乡的深情和责任回来了，并从此引导了20世纪中国画坛的"油画民族化"和"国画现代化"探索，是从20世纪至今中国具有重大影响力的艺术家、教育家、思想家。吴冠中曾说："你们要看我，就到我的作品里找我，我就活在我的作品里。"在他百年诞辰之际，由中国美术馆和清华大学举办的"风筝不断线——纪念吴冠中诞辰一百周年作品展"在中国美术馆开幕，展览展出了中国美术馆藏吴冠中作品57件、清华大学藏吴冠中作品1件。虽然作品数量不算多，但涵盖了吴冠中各个时期的代表作品，从中亦可窥见吴冠中老先生的艺术道路，及其重要的艺术思想和艺术精神。

（1）"失去的只是笔墨的旧时形式"

吴冠中，1919年生于江苏宜兴，1936年考入国立杭州艺术专科学校，师从林风眠、李超士、常书鸿、关良、潘天寿等大家，1947年考入法国国立巴黎高等美术学校学习油画；1950年回国，先后任教于中央美术学院、清华大学、北京艺术师范学院、北京艺术学院、

中央工艺美术学院。

无论是吴冠中早年在国立艺专时的学习经历，还是其青年时期对文学和唐诗宋词的热爱、对鲁迅的崇拜，或是创作的散文和诗歌，都体现出了他扎实的中国传统文化修养。他认为中国传统艺术最宝贵的是"韵"。因此，相较于实，吴冠中在绘画中更为注重虚的东西，他看对象的时候也是从虚的角度去看。"他是一个一直追溯中国绘画源头的人，所以最后才能走向未来，走向新的未知的世界。"清华大学吴冠中艺术中心主任刘巨德说。

作为一个对传统有着深入研究的艺术家，吴冠中明确地知道传统笔墨的精美之处，但与此同时，他认为对于水墨画而言，笔墨仅仅是一种手段，"它绝对奴役于作者思想情绪的表达，情思在发展，作为奴才的笔墨手法永远跟着变换形式，无从考虑将呈现何种体态面貌。也许将被咒骂失去了笔墨，其实失去的只是笔墨的旧时形式，真正该反思的应是作品的整体形态及其内涵是否反映了新的时代面貌。"因此，在改革开放初期，吴冠中率先著文反对美术作品空洞的说教和形式主义，他认为内容要通过形式表达出来，没有恰当的形式，内容就无法感动大众。他的这一主张和他的绘画实践成果，推动了20世纪晚期中国艺术走向现代的步伐。

吴冠中的绘画源于写实，逐渐走向表现。他对西方抽象艺术很有研究，尤其关注印象派以来的西方现代艺术，但最终没有走抽象主义道路，而是选择在自己的水墨创作中不断输入中国写意元素和抽象元素。在具体的艺术语言上，吴冠中更多地用流畅灵动的露锋线条来表现对象，虽然明显保留了一定的书写意味，但早已远离了"书画同源"的传统。吴冠中还善于根据不同的题材内容与内心真实的艺术感情找到相应的笔墨方式，将点、线、面、色彩灵活地融合在独特的构图之中。

随着时代和社会的发展，艺术形式和内容也必须不断创新改变。艺术如何紧跟时代发展，体现时代特征？吴冠中的方法是写生，从自然和生活中汲取养分。

他说："从生活中来的素材和感受，被作者用减法、除法或别的法，抽象成了某一艺术形式，但仍须有一线联系着作品与生活中的源头。风筝不断线，不断线才能把握观众与作品的交流。"意思就是绘画不能脱离生活，即使是在抽象艺术探索的过程中，也要注意不能完全抽象。所以，鳞次栉比的密密麻麻的房屋构成了《围城》，漫天飞舞的墨点（蒲公英）构成了《播》，墨线（脚手架）和红、黄、绿色块（在脚手架上作业的建筑工人的衣服颜色）构成了《建楼曲》。

（2）融合中西推民族于世界

从20世纪初开始，"中西融合"一直是油画民族化以及中国传统绘画探索的重要方向。吴冠中在长达半个多世纪的艺术生涯中，始终坚持"中西融合"的艺术实践和探索，将中国传统绘画与西方现代绘画交融贯通，创造出具有民族个性的中国油画样式和现代中国水墨画样式，并且成为全球语境下备受认可的优秀中国绘画范式。

吴冠中在20世纪40年代留法时接受的是现代艺术教育，那时的西方已经打破了模仿再现的绘画规则，吴冠中在后来的印象派绘画中看到了西方现代艺术和中国传统艺术的相似性和亲和性。他认为，中国传统绘画从源头来看，从来就没有过追求精准模仿、再现对象这一目标，文人绘画一直是从虚的角度来认识世界的。刘巨德认为，在这一点上，吴冠中看到了中西文化、中西绘画在现当代中的相似性。所以他的形式美，可以说是在深入挖掘中国传统艺术和西方现代艺术亲和性和相似性的情况下诞生的。

谈及当初坚持回国的原因，吴冠中说，他当时在巴黎看到毛泽东在延安文艺座谈会上的讲话，其中"生活是艺术的源泉"这句话对他触动非常大。他感觉到，当时身处的巴黎不是属于他的土地，在这里没有乡土的情感，他艺术的根在中国，在中华民族传统文化的土壤中，所以他回来了。回国后，他不仅在中西融合的艺术创作中不断探索，也倾注了极大热情向国人介绍西方的现代艺术，并多次在《美术》杂志公开发表言论鼓励中国的艺术家向西方学习。他说："我并不喜欢追随西方现代艺术诸流派，洋之须眉不能长我之面目。但借鉴是必须的，如果逐步打开东西方的隔阂，了解人家不同的生活环境和生活趣味，则抽象派在一定社会条件中的诞生也是必然的，没有什么可怕的。"

吴冠中不仅将西方的现代艺术和文化带回了中国，更把蕴含着中国民族精神的绘画带向了世界。1992年3月至5月，英国大英博物馆破例举办了"吴冠中——一个20世纪的中国画家"展览，引起了空前反响。英国《国际先锋论坛报》艺术主管梅利柯恩当时发表了题为《开辟通往中国新航道的画家》的评论文章，开宗明义地写道："发现一位大师，其作品可能成为绘画艺术巨变的标志，且能打开通往世界最古老文化的大道，这是一项不平凡的工作。也许为此才促使东方文物部的负责人罕见地打破大英博物馆只展文物的不成文规定。"梅利柯恩在对吴冠中的《双燕》《高昌遗址》《荷塘》等10幅代表作品评述后认为："仅上述这些作品，便足以使这位73岁的画家成为近半个世纪以来画坛上的巨人。"因为梅利柯恩的重要地位和极力推崇，欧洲其他媒体如《泰晤士报》、英国广播公司等也相继对展览作了评论和报道，引发了广泛关注，使吴冠中和中国绘画艺术进入了国际视野。此后他的作品也相继在法国、意大利、日本、新加坡等国家展出。2002年吴冠中获选法兰西学院通讯院士，成为全球获此崇高荣誉的首位中国艺术家。这是对他作为一个中国艺术家为世界绘画艺术做出巨大贡献的历史肯定。

（3）发现我们没看到的秘密

众所周知，吴冠中不仅是一位成绩斐然的艺术家，更是一位具有反思精神和自由意志的犀利的批评家。他在20世纪80年代迅速在国内引起广泛影响和争议的，正是他提出的"笔墨等于零""关于抽象美""形式美"等观点。吴冠中写的几篇文章作用很大，不仅矫正了中国美术界流行的错误理论，也批评了20世纪50年代美术界一度流行的主题决定论和题材决定论，带动了整个美术界进行集体反思。

有人质疑，吴冠中一生都在讲形式美，但他从来没有参与过重大的历史性题材创作，他对社会有什么担当？他为何这么重要？对此，刘巨德以2014年俄罗斯索契冬奥会开幕式上介绍的艺术家是马列维奇、康定斯基、夏格尔，而非我们所熟悉的列宾、苏里科夫、马克西莫夫为例做了回答。为什么马列维奇、康定斯基、夏格尔是俄罗斯的骄傲？他们中没有一个人的艺术创作是以反映俄罗斯重大社会历史题材为主的，但他们开辟了人类认识世界的新的视觉角度和通道，对世界艺术史做出了重要贡献。"他们改变了人们对这个世界的认识，他们发现了世界还有另一个我们没有看到的秘密，这也是吴冠中先生的贡献。"刘巨德说。

思想的启蒙往往比行动来得更为难得和重要。吴冠中一直以来都强调艺术家要有思想，从某种意义上说，他也是思想家。他的许多文章和绘画作品都有现实意义或精神内涵。他反复强调艺术家要用艺术感染大众的思想，提高大众的精神境界。中国美术馆馆长吴为山表示，吴冠中之所以能成为人民艺术家，就是因为他那种独立自由的艺术精神和思想。他说："吴冠中把以法国为代表的欧洲传统与中国传统相结合，特别是新中国成立以来，把对社会主义建设不同发展阶段的文化现象的思考，以及他对生活的真切感受和对美的认识结合在了一起，创造出了今天我们喜闻乐见，思想性、艺术性、表现性都精湛、精深的艺术作品。"

为什么吴冠中的画在今天还能受到国内外那么多人的追捧、喜爱？他的画里究竟藏着怎样的秘密？清华大学教育研究院院长、清华大学原副校长谢维和认为，秘密就在"风筝不断线"这几个字里。"作为中国少有的几位人民艺术家之一，吴冠中始终把自己当成人民中的普通一员，与人民心连心，并且深入生活、了解生活。他希望能更多地表达人民看得懂的东西。"谢维和说道。

"我想造一座桥，是东方和西方、人民和专家、具象和抽象之间的桥。"吴冠中终其一生都在实践着这样的艺术追求。他为中国美术的现代化进程所做的贡献涵盖方方面面，但其在艺术方面活跃的思想和不断探索创新的精神才是留给后人的最好的艺术遗产。今天，我们纪念他，但本质上是在讨论这种吴冠中精神给予我们的启示。

人物二：赵无极——中国写意精神的集大成者

作为受东方艺术熏陶长大的赵无极，自然地将中式的山水，水墨的渲染，书法的写意、细腻与虚实加上西方现代主义的奔放寓于油彩之中，以线条和色彩表现山川、天空、水等自然元素。作为中西结合的艺术，画面的呈现效果也营造了一种时光流动之感。自由的形态和力量的涌动无不散发着赵无极对自然的感动。东方的宇宙观"道""大象无形"用一种西方的语言方式在他的画面中诠释。"道"是什么，"道"就是"无形"之"大象"，就是"至小无内、至大无外"的一种抽象境界，就是中国先哲所建立的一种宇宙观。从最深层的意义上看，赵无极的艺术所表达的正是这种"无形"之"大象"，这种"至小无内、至大无外"的抽象境界，正是中国先哲所建立的对宇宙的观照方式。它不再是对一山一水、一树一石的具象式的观照，而是一种对大气盘旋的宇宙大象的宏观理解和冥想。赵无极寻回了中国的文化精神，中国传统绘画中蕴含着各种抽象因素，但中国绘画史上从未出现过完全抽象无形的绘画，这就是他以中国传统文化精神为灵魂，运用西方材料与色、光效果完成的抽象表现主义绘画，是中国意象与西方技法的融合，是对传统文化批判与继承的态度，是对现代文化的感悟和对艺术精益求精的治学精神的结合，也是他成为佼佼者的原因。

人物三：徐悲鸿——请砍枯枝朽木

1929年9月，徐悲鸿由蔡元培引荐，就任北平大学艺术学院院长。徐悲鸿转而聘齐白石为教授。当时的北平画坛，死气沉沉，以模仿古人为能事，保守势力相当顽固。木匠出身的齐白石大胆创新，变革画法，可惜却得不到多少响应，北平画坛对他冷嘲热讽。当徐悲鸿乘坐四轮马车来到齐家时，齐白石被其诚心感动："我一个星塘老屋拿斧子的木匠，怎敢到高等学府当教授呢？"

"你岂止能教授我徐悲鸿的学生，也能教我徐悲鸿本人啊！"徐悲鸿说，"齐先生，我徐某正要借助您这把斧子，来砍砍北平画坛上的枯枝朽木！"

人物四：闻立鹏的《红烛颂》与闻一多的红烛精神

闻立鹏，1931年生于湖北浠水，为闻一多先生三子，现为中央美术学院教授、中国油画学会艺术委员会副主任。闻立鹏画风讲究精练和谐，向往宁静的崇高，追求悲剧性的英雄主义。闻立鹏的代表作《红烛颂》，描写的是父亲闻一多。画面中以含混的黑色隐喻野蛮暴力，揭露对生命的摧残，以醒目的红色象征烈士的热血，纯静的白色寓意毫无杂质的崇高精神，意图明确地造成了强烈的艺术感染力，传达了肉体的痛苦和灵魂的焦虑，体现出国家命运主题的博大交织。这种大情怀和大悲悯，足以表现他所追求的崇高和壮美的持久性，也将英雄人物的伟岸与高尚表现得淋漓尽致。

闻一多先生早年入私塾启蒙，后来考入北京清华留美预备学校，在中国近代民主革命时期，闻一多广泛接触革命思想，成为一名战士。抗战时期他积极投身抗战的洪流，并加入民主同盟担任执行委员。抗战结束以后，由于以蒋介石为首的国民党反动派发起内战，闻一多再次投身到革命中。著名爱国人士李公朴先生被暗杀以后，闻一多预感下一个被暗杀的可能就是自己，虽然当时周围的朋友都劝他躲一躲，但闻一多还是出席了李公朴先生的追悼大会，并言辞激烈地痛斥国民党反动派，结果就在当天遭到了暗杀，身中十余弹壮烈牺牲。其长子闻立鹤是最早跟随父亲投身革命运动的。闻立鹤身中五枪，虽然被挽救回了生命，但也因此落下了残疾。他1981年去世以后，骨灰按照其生前嘱咐撒入了昆明池，这正是闻一多当年牺牲的地方。

闻立鹏在提及这幅画的创作时也不免提起了父亲，"正是父亲以他悲壮的人生影响着我的人生观念，引导我走上了学习艺术的人生道路。我早就盼望用自己的画笔表现父亲崇高和亲切的形象。一次偶然看见桌角立着一支通红的残烛，流淌的脂油织成了泪痕似的斑痕，堆缠在残烛的周围，这使我想到了父亲《红烛》序诗中的那支'伤心流泪、不问收获、但问耕耘'的红烛。这正是我要寻找的意向。其实父亲的精神就是《红烛》这首诗的精神，也正是我作品中要表达的精神。后来，在青海的一次写生中，我发现烛的燃烧与流淌就像革命者的生涯一样有意味，于是进一步确定了以蜡烛这种形式来衬托画面中人物的品格，在烛光变为红旗的过程中，人物的精神得以体现。在作品的创作中，我始终被情感所包围，就像一种原始冲动的激荡贯穿在创作的始末，这与一般历史题材的创作有所不同，因为那是我真实情感的流露。今天再读这件作品，使我再一次认识了闻一多的伟大人生，也进一步认识了共产党发展的过程，展览同时提供了一个契机，让我的个人记忆与当下感受再次融合。在我的记忆中，党就是我的亲人。在父亲去世后最艰苦的日子里，是党给了我们照顾与关怀。因此，我在作品中所要表达的是一种对党、对革命烈士的崇拜与感激之情。"

人物五：油画家画年画——传统文化活学活用

林岗，1925年生于山东省宁津。中央美术学院油画系教授、中国美术家协会会员。1947年考入华北联合大学美术系学习。1949年至1950年为北京中央美术学院研究生，后留校任教。1954年至1959年考入苏联列宾美术学院油画系学习，毕业于约干逊工作室，获艺术家称号。之后继续在中央美术学院油画系任教。历任油画系研究生导师、油画系第四画室主任。林岗先生在1951年自学国画工笔人物的画法，用传统国画颜料创作了新年画《群英会上的赵桂兰》。

作品描绘了1950年9月25日毛泽东在"全国工农兵劳动模范代表会议"期间亲切接见劳动模范赵桂兰的情景，这件作品被认为是延安时代以来新年画发展的一件具有代表性的作品。这件作品创造性地将油画语言渗透其中，尤其在构图和人物塑造上呈现出与传统年画完全不同的面貌。1951年这件作品被《人民日报》刊载后，印成年画在全国发行了上百万份。《群英会上的赵桂兰》主题性、故事性、情节性突出，能明确地表达积极的社会现状，为新生的政权服务。

赵桂兰，生于1949年12月19日，20岁时身为大连国光工厂女工的她下班后将100克雷汞送至配置室保存，由于身体不适导致重心不稳，为防止雷汞爆炸毁坏国家财产，她把即将爆炸的雷汞握在手中。倒地的一瞬雷汞在她手中爆炸，地上被炸出了一个大坑，她被炸得血肉模糊，左下臂被炸飞，右臂断了5根筋，头部和身体多处受伤。此后，她的英勇事迹广为流传，她被授予了护厂模范、"党的好女儿"等光荣称号，并被评为全国劳动模范。

《群英会上的赵桂兰》中所描绘的人物形象的覆盖面极广，有领导人、各行各业的（如铁路司机、工人、农民等）劳动模范（从他们胸前佩戴的奖章可以得知），此外还能看到画面左侧戴着小帽的新疆男青年。整个画面展现了国家领导人对劳动模范的关心和重视、对社会先进事迹的肯定，也从侧面反映了中华人民共和国成立后各民族和谐团结的其乐融融之景。

林岗之所以能绘制这样一幅极具历史意义的新年画作品，与他的创作环境密不可分。中华人民共和国成立以后，新年画运动自上而下蓬勃发展，中央要求艺术工作者创造劳动人民喜闻乐见的新年画形式，并要相对反映劳动人民积极健康的新形象。这一主流艺术导向，使大量艺术工作者投身新年画创作。回望历史，直面那些新年画运动中诞生的年画，我们可以深切地认识到当年人们的集体社会心态。林岚用敏锐的触觉创造出富有时代精神的作品，与此同时也满足了政治的需求，迎合了自上而下的大众审美。

新年画运动贵在"新"，老瓶装新酒，年画的本体性依然存在。林岗的《群英会上的赵桂兰》就是在1952年年画评奖会上得到一致好评的。此作品不但较精确地勾勒出了鲜明的人物形象，而且刻画了人物的崇高品格，画面中也传达出人物之间的淳厚之感。一个普通女工和中国人民最为景仰最为热爱的领袖和谐地出现在同一幅画面中，本身就体现了领导们对劳动者的尊重，也潜移默化地影响了一代妇女对自身价值的认同和全社会的共同追求。技法上，该画采用中国画的勾线平涂方式，符合人民大众的审美需求，也与民间年画的勾勒方式相似。《群英会上的赵桂兰》，是一个可以让我们找到几十年前历史沉淀的艺术作品，也是一个可以唤起一代人美术记忆的艺术作品。

4. 东方透视——东方智慧给现实生活的思想启迪，从透视课给予的传统文化自信力

随着中西文化的不断碰撞和交融，绘画领域有了更多的交流。在这个大背景下，我们有必要重新回顾过往，对各自的绘画异同从源头、从观念上来加以研究，取长补短，创造更加灿烂光辉的新的艺术形式。透视作为具有东方特点的绘画法则，其背后有着深邃的哲学智慧，以及人与天人合一的自然关系，在当下有着现实意义。我们可以重新审视东方智慧给我们现实生活带来的思想启迪。

虽然中西传统绘画在发展进程中存在地域、环境、文化、审美心理等差异，但也都找到了统一空间的办法。中国绘画在整体上可称为"象"，西方绘画在整体上可称为"形"。在

长期的发展过程中，东西方各自形成了不同的"透视"理论和空间表现特点。绘画艺术离不开空间，而"透视"是表现空间的重要手段之一。同样是描摹自然，但东西方绘画在空间营造的手法上是不同的。西方绘画重视的是认识论、方法论，在一步步发展中，"透视"是要符合逻辑的，是具有科学性的。而中国绘画用方闻先生的说法是"心印"，追求"超然物象"达到"天人合一"，是超越时空本身的，是属于"视觉"的再现方式，空间样式是以阶梯状的透视为基础的。

　　从"观看"的方式不同到对自然的态度不同，绘画的发展在东西方各自经历了不同的进步过程。西方绘画空间注重的是再现，而中国传统绘画空间注重的是表现，用想象来整合空间。而"透视"被很多学者一致认为是中西传统绘画空间表现中的最大差异。透视学对从事绘画的人来说是必须要掌握的。透视学之所以成立，必须建立在观者眼睛不动的基础上。但是很多时候人们是运动着的，左顾右盼、瞻前顾后这些词语说明人们在"不停"地看东西，往往不是局限在一个视点上的。西方的焦点透视取的是同一时间中的同一空间。中国绘画为了满足文化、审美的要求，打破了焦点透视的局限性，采取了多样的形式来完成，结合"三远""远近法"等来达到描绘统一时空的目的，如《长江万里图》《清明上河图》。从现有的资料来看，对中西传统绘画空间表现和透视特点加以比较研究的有林风眠、丰子恺、宗白华、潘天寿、傅抱石、李可染、布尼姆、方闻等人。丰子恺在《中国画与远近法》一文中，用焦点透视的原理分析了仇英为《西厢记》作的一幅插图，以此来说明中国传统绘画的空间表现特点；宗白华在《论中西画法的渊源与基础》《中西画法所表现的空间意识》中都对中西传统的空间意识和特点进行了分析；潘天寿在《关于构图问题》中认为，"中国画的布置有虚有实，极为注意，西画不大谈这个问题，往往布置满幅，都是实的"；李可染在《中国画的特点》一文中认为，"中国画的透视叫鸟瞰，也正确也不正确，布局要交代透视，但不局限于透视，鸟瞰是集中表现的结果，并不是真的站在一个什么地方观看的结果。'鸟瞰'还是太强调焦点透视了"。外国学者也对中西绘画空间表现特点和透视特色有所研究，布尼姆在《中世纪的绘画空间和透视法的先驱》中谈到了焦点透视形成前的一些绘画发展史，美国学者方闻在《心印》一书中也谈到了中国绘画空间的表现样式和一些发展历程。另外高居翰的《气势撼人》、史莱茵的《艺术与物理学》等等都涉及了这些内容。综上所述，把艺术家和学者对中西传统绘画空间表现特点的分析加以总结可以归纳为：中西传统绘画在空间表现中存在的最大差异是透视方式的差异。中国传统绘画空间注重的是心理空间的表现，是写意的；西方传统绘画空间表现注重的是再现，是写实的。中国传统绘画空间表现特点是以虚实来处理画面空间，注重留白，用有限的笔墨来表现无限的空间；西方传统绘画空间表现则用明暗、色彩来表现，不留空白。中国画的空间是流动的；西方画则是选择一个固定的时间，忽略时间，以空间为主。对透视法形成的原因和中西传统绘画空间表现特点的比较研究，虽然在一些学者的论著中已有涉及，但是单独而系统的研究还是比较匮乏。对于透视观，从绘画的源头上，从直接原因和间接原因等各方面来加以比较研究的还不太多见。因此本文对中西方的"透视观"的形成做了一番"知识考古性"的粗浅梳理，以此来展现中西传统绘画空间表现特点的差异，在今天的"东西方文明的冲突"中将中西优秀的传统文化薪火相传，中西文化互相借鉴，相互启示，共同推动绘画艺术的发展。我们并不是只靠眼睛，也并不是从单一视点来看待自然，而是在意识中把它设定为变动的，是由我们各种感觉同时理会的东西，所以我们以一种围绕着我们的空间意识运动着、生活着。

布尼姆在《中世纪的绘画空间和透视法的先驱》一书中提出，绘画中的空间表现特征依赖于两个因素：图画平面和对象再现。西方绘画更侧重于它的平面展现，趋向于固定形体的再现；中国绘画更侧重于它的立体描述，趋向于立体空间中的意向再现。希尔德勃兰特在《造型艺术中的形式问题》中区分了两种不同的形式——实际形式和知觉形式。"在与物体轮廓线的关系中，当我们的动觉观念产生并发展时，我们就把一个形式归于这个物体，而这个形式不受物体变化着的外观所支配。形式是我们只依赖于物体而定的知觉中的因素，它既是通过运动感直接获得的，又是从外观那里推测到的，我们可以称之为实际形式。另一方面，由物体的视觉外观唤起的形式印象总是一个产物，不仅是物体的实际形式的产物，而且是光照、环境和变化着的视点的产物。作为概括的、不可变的实际形式变的表现，为了以示区别，可以把它称为知觉形式。"纵观中国画的整个发展历程，按照4世纪末、5世纪初著名的人物画家顾恺之的看法，中国绘画是"以形写神"。绘形是为了达到准确抓住对象神态的目的和手段。5世纪末，谢赫提出"六法"的观点，首要就是"气韵生动"。谢赫认为，生命之"气息"也必须贯穿在整个绘画作品中。唐代末年，山水画大师荆浩在《笔法记》里，提出了"度物象而取其真"的理念，反映出晚唐新儒家追究宇宙万象之"理"与"性"的理论。五代到北宋初年，雄伟的风格是山水画的一个特点，突出了"格物致知"。对宋代画家来说，表现形似是把握客观对象内在真实的基础。

中国山水画透视法的实质是远近法。远近法注重观察综合印象。通过视点来确定依次的大小、远近和空间的纵深关系，总体的综合印象是营造中国山水画特有空间关系的关键，它所注重的是自然的本质、生命的根本，虽然也追求深度的变化，但不受物质空间的束缚，有很多由心而生的主观性。中国山水画的空间营造，侧重层次变化产生的聚合效果，利用大小、远近、轻重、疏密、虚实、强弱、浓淡等空间因素，强调物象之间的联系，突出物象在二维空间中的结构特点，使东方特色的题款、空白、印章融为一体，营造一种诗意化的山水空间。远近法是对透视法根据自身需要的灵活运用，超越了自然视觉感受，是强调自然万物本相的一种艺术形式。在《匡庐图》中，荆浩把山水全景用浓淡的墨色来表现，山腰的云雾采用水墨晕染的方式以丰富层次进而体现距离与空气。他用水墨层次变化的本身表现光所产生的层次和物理结构。荆浩没有表现像西方风景画中那样的光与影，而是以"静心"或"养恬"的心境，以东方独有的审美情境获得具有阴阳向背的"真"——视觉上的空间美感的。

十七、旅游英语专业*

2018年3月，中华人民共和国文化与旅游部成立，标志着文化与旅游相互促进进入了新纪元。随着人民文化与生活水平的提高，人们早已不满足"到此一游"式的浮光掠影地看山、看水和看景，而是开始走向"观文品史、体验生活"的新阶段。旅游英语教学重视教育学生掌握旅游知识、了解旅游文化、树立文化自信，培养学生做一个有专业素养的旅游从业者。

"读万卷书，行万里路"在古人眼里具备同等的教化作用。山的粗犷、水的灵秀无不给人以启发与鼓舞；多样的民俗、丰富的故事、厚重的历史、优秀的文化等各地人文知识更是有着别样的陶冶作用。榜样的力量是无穷的，学习的目的不是求取功名和物质享受，个人的成长更多的是追求内心的充实和精神的满足。

1. 徐霞客志在九州

徐霞客，名宏祖，"霞客"只是他的别号。1586年，徐霞客出生在江苏省江阴县（今为江阴市）的一个书香世家。祖辈都是仕途中人，只是到了徐霞客父亲这一代，由于对官场深恶痛绝，虽满腹经纶，却发誓不再当官，每日只以游山玩水为乐。据说，有一次，两个官员慕名而来，想要与徐霞客的父亲结交。徐霞客的父亲闻说后竟从后门溜走，悄悄穿过竹林，乘船到太湖游玩去了。常言道，身教胜于言教。徐霞客从小耳濡目染，也对枯燥乏味的八股文章产生厌恶，每日只是把父亲的藏书偷偷带到私塾去读。那些地理游记、名人逸事、风土趣闻，对他的吸引力是如此之大，以至于有时读着读着，竟忘记身在课堂，情不自禁地笑出声来，因此常遭先生训斥，还把他的"劣迹"告诉了他的父亲，让他父亲严加管束。谁知，父亲知道了，反而大喜过望，亲自推荐一些书籍给徐霞客读。一来二去，徐霞客的"学业"自然有些荒废，参加考试也名落孙山。这一来，那些常常夸奖徐霞客聪明绝顶，指望他金榜题名的亲朋好友，不由扼腕长叹，倍觉惋惜。徐霞客的父亲却哈哈一笑，说道："人各有志，岂可勉强？"得到父亲的支持，徐霞客更是把功名利禄抛到了九霄云外，一心只想着"遍历九州，足登五岳"。

2. 徐霞客不畏鬼神

徐霞客执着于自己走遍九州的理想，即使是逢年过节也不停止。1637年的正月，人们都还沉浸在新年的喜庆氛围里，徐霞客早已离开家乡，游历到了湖南茶陵西边的一个小镇①。在客店吃饭时，他向店主询问如何去往麻叶洞，但没想到的是，店主脸色变得煞白，差点把手里的托盘掉到地上。于是他忙不迭地道歉，并询问麻叶洞是否对当地人来说是个禁忌，那个店主方才醒过神来，为自己刚才的失态致歉，并回答徐霞客说："客官有所不知

---

* 编者：老青、程云艳、谢金艳、周金凯、赵欣、李青、任小璐
① 黄益军，吕振奎. 文旅教体融合：内在机理、运行机制与实现路径. 图书与情报 [J]. 2019（4）.

啊，麻叶洞里有妖精，我劝你还是不要去的好，以前但凡不听劝阻前往麻叶洞的人，都是有去无回啊！"店主的解释让徐霞客的好奇心更胜，店主摇了摇头，非是我害人，实是他找死啊。于是店主架不住徐霞客的苦苦请求，就告知了他行走路线。

徐霞客根据自己的知识和前期的勘察经验，知道越是人们口中光怪陆离的地方，越是有着别样的风景。第二天一早，他就打点行装，按照打听的路线直奔麻叶洞。到达店主所说的洞口位置后，他却找不到洞口所在。但他确实是按照人家说的路线走过来的，于是他仔细观察，只见周围奇峰高耸、怪石嶙峋，在松柏掩映之下，隐约可见一个洞口。这么难觅的去处，肯定是别有洞天。既然已经找到了洞口，徐霞客也就静下来了，他点起了提前准备好的火把，准备入洞一探究竟。洞口仅容一人通过，洞内冷气阵阵，甚至有点阴气袭人，不时还有水珠坠落在脖颈上，令人防不胜防，颇有些心惊。但是徐霞客不以为意，继续前行，经过了一段曲折的路径，只见前方侧面突然有一丝亮光，他心中一喜，赶紧奔了过去，随即被眼前的奇景惊住了：头顶的巨石上，齐刷刷裂开一丝狭缝，阳光从缝隙中射入，把洞中的景象映得宛如仙境一般。朦胧中，但见根根石柱从洞顶垂下，棵棵石笋从地上生出，千姿百态、变化万千，令人目不暇接。徐霞客心中明白，这是流水侵蚀岩石，是溶化在水中的碳酸钙逐渐凝结而形成的。如此美景，值得冒险一看，倘若畏于妖怪之说，岂不白白错过了这鬼斧神工的大自然杰作？

乔布斯的名言"求知若愚"（Stay hungry, stay foolish）的励志作用适用于各行各业。在这个崇尚成功且略显浮躁的时代，如何引领学生透过成功的表象，看到成功背后的艰辛和隐忍是我们课程思政必须考虑的现实课题。我国著名教育家陶行知曾经说过："教育是什么？教人变！教人变好的是好教育，教人变坏的是坏教育。活教育教人变活，死教育教人变死。不教人变、教人不变的不是教育。"如何实现教人变好呢？他给出的良方是："真教育是心心相印的活动，唯独从心里发出来，才能打动心灵的深处。"

3. 茶圣陆羽求真务实

陆羽自幼聪颖过人，一点即透，对于感兴趣的茶更是上心，没过多久对茶的喜好与钻研就更上一层楼。当时在位的唐代宗，亦是十分喜欢喝茶。他听闻智积禅师善品茶，便把他请来，奉上了一杯沏好的茶让他品鉴。智积一品便知道这是陆羽所制，皇帝大感好奇，命人寻找游历中的陆羽的下落。陆羽被请来后，皇帝又让他亲自沏茶，奉给皇帝和智积。果然如传闻所言，此茶清淡爽口，口味独特，极好辨别。唐代宗大喜，请陆羽在宫中任职，但不久陆羽就对官场感到厌倦。他辞官回乡，专心撰写《茶经》。御史李季卿曾在江南听闻陆羽之名，便召见他前来小叙。他询问陆羽何处煮茶最好，陆羽答用扬子江南零区域的江心水煮茶最好。李季卿便吩咐仆人照做，待仆人取来后陆羽尝了口便断定这不是江心水。仆人大惊，下跪认错是自己一时不小心打翻了水，又掺了别处的水滥竽充数。陆羽不仅注重茶的品质、发掘茶与自然的联系，而且淡泊名利、不慕荣华，在成名之时他敢于急流勇退、四海游历，后专心撰写《茶经》，令人赞叹。

4. 玄奘大师求真经

玄奘是著名的东汉大臣陈寔的后裔。公元628年，27岁的玄奘始终坚持要求取真经。他开始向西旅行。唐贞观十五年（公元641年），他42岁，与戒王会面，受到礼遇。戒王让他做主讲人,在女歌城举办佛学论战。在五封中,有18位国王、3 000名佛教学者和2 000名外国学者参加。当时,任何人对他提问题,他都能对答如流。一时间他的名声高涨,被大乘尊称为大乘天。被小乘尊称为解放天。戒王还坚持要玄奘参加5年举行一次、历时75天的无遮大会。公元643年,他带着声望回到中国,并带回来了600多部佛经。回到中国后,他写了《大唐西域记》十二卷,内容涵盖了唐朝西北边境到印度的疆域、山川、物产、风俗和大量佛教故事,并将印度的许多知识及技术引进到中国,成为和外国交流的杰出使者。

5. 王国维的真境界

"治学三境界"是国学大师王国维的著作《人间词话》里的一段话。王国维说:"古今之成大事业、大学问者必经过三种之境界。'昨夜西风凋碧树,独上高楼,望尽天涯路',此第一境也。'衣带渐宽终不悔,为伊消得人憔悴',此第二境也。'众里寻他千百度,暮然回首,那人却在灯火阑珊处',此第三境也。"① "治学三境界",将晏殊、柳永、辛弃疾的三句词巧妙化用,将原词对浪漫爱情的刻画改造成治学、创业的三种境界,增添了哲理意味。

第一境界出自北宋晏殊的《蝶恋花·槛菊愁烟兰泣露》。王国维以此寄托胸臆,做学问成大事业者,首先要有执着的追求,登高望远,瞰察路径,明确目标与方向。

第二境界出自北宋柳永的《蝶恋花·伫倚危楼风细细》。王国维别具匠心,以此两句来比喻成就大事业、大学问不可能轻而易举,必须坚定不移,孜孜以求,直至人瘦衣带宽也不后悔。

第三境界出自南宋辛弃疾的《青玉案·元夕》。王国维以此引申,没有千百度的上下求索,就不会有瞬间的顿悟和理解。

"治学三境界"启示我们,学习不仅要有远大追求,也要勤奋努力、刻苦钻研,耐得住清冷和寂寞,更重要的是要善于独立思考,坚持学用结合、学有所悟、用有所得,在学习和实践中领悟真谛。

6. 朱熹"德"为先教育理念

朱熹,南宋著名教育家,一生执着于教育事业,他为官的时间总和不足14年,但他致力于教育和讲学的时间却长达50年之久,并且一直乐此不疲、孜孜不倦。

朱熹强调育人之重在于育德,他一直要求教育者应该把德育放在首位。中国古人信奉"一屋不扫,何以扫天下"的道理,认为"不积跬步无以至千里"。道德的高度不是一朝一夕就可以达到的,必须重视从小处入手,长时间潜移默化地教导才可以让学生真正做到"明人伦"。朱熹认为,志向直接关乎一个人的成长。远大的志向就是拿破仑所说的士兵应该"想当元帅",这样,人们才有可能具备努力的动力,才能"一味向前,何患不进"。朱熹认为治学的前提是要培养学生具备严肃的道德态度,唯有坚韧的自控能力,才有可能培养出严谨的治学态度。在人性善和人性恶两种理论中,朱熹认为每个人都生而善良,只是人生活在物质世界中,难免因为自我认识不足和各种物欲的诱导而丧失与生俱来的善念。因此,需要借助教育的力量来发扬其内心的善性。只有这样,才能抑制心中杂念,才能使"心"

---

① 田恩铭,陈雪婧. 文学文本对话式解读的三种境界:以苏东坡《定风波》为例. 名作欣赏 [J] .2011 (26) .

都能安顿在义理上。《论语》中有"吾日三省吾身",作为儒学集大成者的朱熹岂有不知之理?他同样强调个人要经常自我反省,他认为一个人要搞好自身道德修养,就应当"无时不省察"。朱熹的这一见解,表明他在道德教育中既强调防微杜渐,同时又重视纠失于后。一曰力行。朱熹十分重视"力行"。他所说的"力行",是要求将学到的伦理道德知识付诸自己的实际行动,进而转化为道德行为。正是因为大家都身体力行,才让庐山有了深厚的文化底蕴,让白鹿洞书院闻名遐迩。

文明交流互鉴,是推动人类文明进步和世界和平发展的重要力量。培养德智体美劳全面发展的社会主义建设者和接班人,要在世界坐标中定位,要在文明互鉴中实施,要在国际舞台上绽放。"国之交在于民相亲,民相亲在于心相通",古今中外致力于文化沟通和民心相通的人不胜枚举。

7. 天平之甍——鉴真东渡

公元742年,日本留学僧荣睿、普照到达扬州,恳请中国高僧东渡日本传授"真正的"佛教思想,为日本信徒授戒。当时,大明寺众僧"默然无应",唯有鉴真表示"是为法事也,何惜身命。"鉴真遂决意东渡。他第一次东渡是在公元742年,成功登陆日本周边列岛是公元753年,然而直到公元754年的2月初,他才到达日本当时的都城。他尝试了6次,前5次均失败,到了第6次才成功。从首次东渡到登陆成功,用了11年时间。鉴真到达日本后,受到孝谦天皇和圣武太上皇的隆重礼遇。公元754年2月1日,重臣藤原仲麻吕亲自在河内府迎接,2月4日,鉴真一行抵达奈良,同另一位本土华严宗高僧"少僧都"良辨统领日本佛教事务,封号"传灯大法师"、尊称"大和尚"。鉴真带了很多佛经和医书到日本。他主持重要佛教仪式,系统讲授佛经,成为日本佛学界的一代宗师。他指导日本医生鉴定药物,传播唐朝的建筑技术和雕塑艺术,设计和主持修建了唐招提寺。这座以唐代结构佛殿为蓝本建造的寺庙是世界的一颗明珠,保存至今。鉴真死后,其弟子为他制作的坐像至今仍供奉在寺中,被定为"国宝"。鉴真因其对日本文化所做的巨大贡献而被后人尊称为"日本文化的恩人",鉴真的六次东渡被称为"天平之甍"。

8. 视中国为故乡的泰戈尔

泰戈尔是亚洲第一位诺贝尔文学奖获得者,也被视为印度文明在国际上的代言人。他在长达60多年的文学生涯里,创作出了包括《吉檀迦利》《新月集》《园丁集》《飞鸟集》等名作在内的50多部诗集、12部中长篇小说、近百篇短篇小说、20多个剧本。泰戈尔在印度影响巨大,与同时期的印度伟人甘地并称为印度文学和政治领域的两大圣贤,甘地"圣雄"的称号便是泰戈尔所起,而泰戈尔则被甘地称为"大智者"。

泰戈尔与中国的情谊由来已久。在中国新文化运动期间,泰戈尔的许多著作传入了中国,并持续影响了几代中国读者。1924年3月,应梁启超、蔡元培之邀,泰戈尔一行6人组成访华团来到中国。在杭州参观访问时,泰戈尔在浙江教育厅发表了名为《从友爱上寻光明的路》的演讲,听众超过3 000人。泰戈尔感怀杭州之美丽,现场作诗一首:"山站在那儿,高入云中,水在他的脚下,随风波荡,好像请求他似的,但是他高傲地不动。"

泰戈尔访华期间,正值64岁寿辰,梁启超在为其祝寿之时,以中国对印度的古称——

天竺，以及印度对中国的古称——震旦为一体，赠送给了泰戈尔一个中国名字"竺震旦"，泰戈尔欣然接受。珠联璧合的名字，也表达了中国朋友对泰戈尔在中印文化交流中发挥巨大作用的期望。

之后，泰戈尔以不懈的努力回应了这个美丽的名字。1937年他在印度国际大学设立中国学院，开印度研究中国之先河。中国作家许地山、画家徐悲鸿、教育学家陶行知等人都曾赴该学院讲学。我们现在常见的那幅泰戈尔画像，便是徐悲鸿在印度讲学时所作。1941年，泰戈尔还在自己的最后一个生日上口述了《我曾踏上中国的土地》一诗，深情地回顾了他在中国度过的那段美好时光。

文学经典是一个民族的文化瑰宝，更是对外交流的有效载体。经典的篇章、哲思的语言往往能在不同文化背景的人之中引起情感的共鸣。

9. 文明互鉴使者马可·波罗

700多年前，著名的意大利旅行家马可·波罗从陆上丝绸之路来到中国，在中国游历了17年之后，又从泉州出发，经海上丝绸之路回到了他的家乡威尼斯。马可·波罗是东西方民间交流的文化使者，西方国家通过他的游记才了解到原来在遥远的东方有一个伟大的国家——中国。

马可·波罗小时候，他父亲和叔叔从事东西方贸易。他们不远万里，来到了当时的元大都（即现在的北京），有幸得到了蒙古帝国忽必烈大汗的亲自接见，据说还将大汗给罗马教皇的信带回国，在某种意义上发挥了文化使者的作用。他们的历险与传奇经历给小马可·波罗留下了深刻的印象，他不满足于从故事中了解东方，而是下定决心长大后一定亲自到这个伟大的东方国度感受一下。1271年，马可·波罗17岁了，经不住他的反复恳求，他父亲和叔叔拿着教皇的复信和礼品，带领马可·波罗与十几位旅伴一起向东方进发了。一路上的辛苦劳顿，丝毫不能阻挡马可·波罗前往东方国度的决心，他们跋山涉水，克服种种艰难困苦，疾病、猛兽、强盗等都没能使他们退缩，最后终于到达了中国新疆。一到这里，马可·波罗的眼睛便被吸引住了。美丽繁华的喀什、盛产美玉的和田，还有处处花香扑鼻的果园。聪明的马可·波罗很快就学会了蒙古语和汉语。借助奉大汗之命巡视各地的机会，他走遍了中国的山山水水，中国的辽阔与富有让他惊呆了。他先后到过中国西北、西南、东南以及当时的首都等10多个省市，还出使过越南、缅甸、苏门答腊。他每到一处，总要详细地考察当地的风俗、地理、人情。在《马可·波罗游记》中，他盛赞了中国的繁盛昌明：发达的工商业、繁华热闹的市集、华美廉价的丝绸锦缎、宏伟壮观的都城、完善便捷的驿道交通、普遍流通的纸币，等等。书中的内容，使每个读过这本书的人都充满了对东方大国的无限神往。

10. 志存高远——王阳明

王守仁（1472—1529），汉族，幼名云，字伯安，别号阳明。他是浙江绍兴府余姚县（现在宁波余姚）人，因曾筑室于会稽山阳明洞，自号阳明子，学者称之为阳明先生，亦称王阳明。他是明代著名的思想家、文学家、哲学家和军事家，陆王心学之集大成者，精通儒家、道家、佛家。12岁时，王阳明正式就读私塾。13岁时，母亲郑氏去世，幼年失恃，这对他来说是一个很大的挫折。但他志存高远，心思不同常人。一次与私塾先生讨论何为天下最要紧之事，他就表现得不同凡俗，认为"科举并非第一等要紧事"，天下最要紧的事是读书、做一个圣贤之人。当时国家朝政腐败，义军四起。英宗正统年间，英宗被蒙古瓦剌部所俘。这件事情在王守仁幼小的心中产生了巨大的阴影。他发誓一定要学好兵法，为国效忠。15岁时，他就屡次上书皇帝，献策平定农民起义，未果。同年，他出游居庸关、山海关一月之久，纵观塞外，那时已经有经略四方之志。

11. 先天下之忧而忧——范仲淹

著名建筑景点岳阳楼建在湖南岳阳市长江岸边，这里也是长江和洞庭湖的交汇处，登上岳阳楼就可以欣赏到八百里洞庭湖的美景，正如范仲淹所写的"衔远山，吞长江，浩浩汤汤，横无际涯……"范仲淹一篇三百六十余字的《岳阳楼记》，字字珠玑，成为千古绝唱。其中"先天下之忧而忧，后天下之乐而乐"更是高士大儒们的立身信条，充分体现了他们的人生理想和处事准则。范仲淹少年贫苦，赵普潾在《自警篇》如此记录范仲淹在醴泉寺读书时的情况："仅仅以水和二升粟米煮下，做成一锅粥，一夜后便凝固，用刀分为四块，早晚各食两块，切数十根韭菜野菜，蘸汁半盂，加入少许盐，加热而食，如此这般过了三年。"这便是历史有名的"断齑划粥"。后来他在府学求学时曾受到南都留守的赏识，留守见其吃食清苦便每日让儿子为其备饭，范仲淹毫不犹豫地拒绝并以《睢阳学舍书怀》一诗表达自己的志向，"瓢思颜子心还乐"，他以颜回自喻，甘于清贫，一箪食一瓢饮，身居陋室而不改其乐；"琴遇钟君恨即销"同时又渴望遇到知音，"但使斯文天未丧，涧松何必怨山苗"，借孔子"天之未丧斯文也"来表达自己虽身居草野，地位不高，但总有一日会出人头地、施展抱负的决心。

12. 造福一方的苏东坡

西湖十景之一的苏堤春晓闻名遐迩，也是前往西湖的游客们的必打卡处。大家都可信口吟上几句与苏堤有关的诗句，如："潋滟湖光绿正肥，苏堤十里柳丝垂。轻便燕子低低舞，小巧莺儿恰恰啼。""清明寒食不多时。香红渐渐稀。番腾妆束闹苏堤。"为官一任，造福一方。苏东坡修建苏堤就是有力的例证。苏东坡在《轼在颍州》中记载："我来钱塘拓湖绿，大堤士女争昌丰。六桥横绝天汉上，北山始与南屏通。"

根据史料记载，苏东坡在杭州的做官经历有两次。1069年，时年32岁的苏东坡第一次到杭州任职，官职是通判，这是地位在知州官之下的地方官。苏东坡到任以后，致力于西湖水利和杭州城市发展的调查研究，发现西湖的疏浚取决于六井的通畅，于是苏东坡决定首先对杭州的六井进行大规模的通畅修复。1070年，修复六井工程刚刚开工，苏东坡就被调离了杭州。16年后的1086年，49岁的他第二次来到杭州任知州一职。经过实地考察，他发现西湖比自己第一次看到的情况还要糟糕：湖里杂草丛生，淤泥堰塞了大部分西湖，湖面大面积缩小，几乎到了湮废的边缘。这样的烂池塘，不仅无益于杭州经济发展，甚至在某种程度上成了污染源，威胁到了当地人民的生活。苏东坡下决心整饬西湖，他经过了翔实的调查，认真制订了全面整治西湖和兴修杭州水系的计划。他一方面积极上奏朝廷，争取得到朝廷的支持；另一方面，克服等靠要思想，积极筹措工程经费，抓紧时间着手对西湖进行大规模的疏浚。在这次对西湖的大规模疏浚工程中，西湖得到了全面深挖，用疏浚出来的大量淤泥，在湖中修建了一条沟通西湖南北岸的长堤，堤上修建了六座石桥以流通湖水，全堤遍植芙蓉、杨柳和各种花草。苏东坡在杭州为官两任，两次为官都在整治西湖，兴建水利，繁荣城市，造福百姓。后人为怀念苏东坡，把西湖长堤称为苏堤。

人们都认可生命是一条单行线。莎士比亚笔下的哈姆雷特王子之所以发出"To be or not to be, that's a question"的感慨，也是因为没有见过从死亡之国返回的旅人。生活中的旅行也应如此，毕竟人不会两次踏入同一条河里，每次旅途都有独特之处，只是有心人会收获更多的惊喜和感动。

13. 鲁班发明锯的故事

相传鲁班在一次上山的时候，无意中碰到了山上长的一种野草，一下子把手划破了。没有一般人的懊恼，鲁班当时的反应是充满好奇：一根小草为什么这样锋利？于是他摘下了一片叶子来细心观察，发现叶子两侧长着许多小细齿，非常锋利。原来他的手就是被这些小细齿划破的。后来，鲁班又看到一条大蝗虫在一株草上啃食叶子，蝗虫的两颗大板牙非常锋利，一开一合，很快就吃下了一大片叶子。这同样引起了鲁班的好奇心。他抓住一只蝗虫，仔细观察蝗虫牙齿的结构，发现蝗虫的两颗大板牙上同样排列着许多小细齿，蝗虫正是靠这些小细齿来咬断草叶的。这两件事给了鲁班很大启发。于是他就用大毛竹做成了一条带有许多小锯齿的竹片，然后到小树上去做试验，几下子就把树干划出了一道深沟，鲁班非常高兴。但是由于竹片比较软，硬度比较差，不能长久使用，拉了一会儿，小锯齿有的断了，有的变钝了，需要更换竹片。这时鲁班想到了铁片，便请铁匠帮忙制作了带有小锯齿的铁片。鲁班和徒弟各拉铁片的一端，在一棵树上试验了起来。只见他俩一来一往，不一会儿就把树锯断了，又快又省力，锯子就这样问世了。

14. 发现青霉素的亚历山大·弗莱明

1928年9月，弗莱明结束度假来到了实验室。在度假之前，他把所有细菌培养基一股脑堆在了实验室角落的长椅上。结果，他发现其中一个培养基不慎被霉菌污染了，霉菌周围一圈的葡萄球菌都被杀死了。当时的卫生条件不好，培养基被污染这种情况其实很常见，大部分研究员都会把异常的培养基丢掉，只有弗莱明说了一句很著名的评论："这很有趣啊。"弗莱明认为，霉菌分泌了一些可以杀死葡萄球菌的物质。于是他趁热打铁，小心翼翼地提取了培养基里的霉菌，将它们纯化培养起来，发现这些霉菌其实就是青霉菌（又名盘尼西林），它们的分泌物可以杀死某些导致人类生病的葡萄球菌。这一研究结果后经英国病理学家弗劳雷、德国生物化学家钱恩进一步研究改进，并成功地用于医治人类疾病，三人共获诺贝尔生理学或医学奖。青霉素的发现结束了传染病几乎无法治疗的历史，也让人类看到了科学的力量。在美国学者麦克·哈特所著的《影响人类历史进程的100名人排行榜》中，弗莱明位列第43位。这足以说明青霉素的发现之于人类发展的重要性。

15. 因辩论而红的刘欣的学习成长一事

央视主持人刘欣因和美国女福克斯女主播翠西·里根跨洋辩论走红，得益于她出色的英语口语、强大的内在逻辑以及条理清晰的观点陈述，她的综合表现给人们留下了深刻的印象。有人说：刘欣的这一辩，时间很短，但毫无疑问，已经成为中国对外传播的一个经典案例，起到了可能 1 000 个报纸版面、1 000 个小时的广播电视，有时想起但起不到的特殊效果。

人们常说，"台上一分钟，台下十年功"。的确，优秀的表现是她个人不断进取、努力学习的必然结果。大学期间，刘欣积极参加各种活动，排练戏剧、唱英文歌等。当年在报名演讲比赛时，她便第一个勇敢地举手："我要去！"1996 年，大二的刘欣第一次走出国门，和其他三位同学一同代表中国参加了在伦敦举办的世界英语演讲比赛。当时距离比赛只有短短两个月时间。且不说这是中国大学生第一次参加国际性的英语比赛，也不说这次比赛都是来自世界各地的高手，单是这么短的时间，能不能做好充分准备，说一口标准的英式英语，就已经让她很有思想压力了。这是她第一次走出国门，演讲主题是《镜子和我》。赛前她有些紧张，但一上台，看到正好有个镜子，便灵机一动，第一句就现场发挥，吸引了所有评委们的目光，接着，她用流利的英文娓娓道来。最终她脱颖而出，代表中国，打败了来自 27 个国家的选手，成为首位获得国际英语演讲比赛冠军的中国人[①]！这一年，她才不过是个青涩的大二小姑娘。而当评委们知道，在英文学习上，她是一个从没喝过"洋墨水"、土生土长的中国姑娘，尤其是在那时英文资源非常匮乏的中国，她一点点蚕食般地去练习英文发音时，国际评委们都不由地竖起大拇指，齐声称赞道："她真的很棒。"

16. "中国天眼之父"南仁东

2016 年 9 月 25 日，500 米口径球面射电望远镜（Five‑hundred‑meter‑Aperture Spherical Radio Telescope，简称 FAST）落成启用，习近平总书记专门发来贺信。这一大型射电望远镜被称为"中国天眼"。此后，"中国天眼"作为标志性科技成果，又被写入 2017 年新年贺词、党的十九大报告。

关于 FAST 的一切，都源自 20 多年前南仁东心中的一个梦想。1993 年，在日本东京召开的无线电科学联盟大会，是他梦想开始的地方。当时，与会的外国科学家提出，要建造新一代的射电望远镜，来接收更多来自宇宙的讯息，稳固西方国家在天文研究领域的霸主地位。南仁东一听便坐不住了，中国要在宇宙探索中迎头赶上，从跟跑者变为领跑者，必须要搞自己的大型射电望远镜！

当时，中国最大的射电望远镜口径只有 25 米，而南仁东要建造的是 500 米口径的射电望远镜。挑战之大可想而知，很多人认为这根本就不可能。把不可能变成可能注定了南仁东要带领团队走上一条孤独而充满艰辛的科学探索之路。

2016 年 7 月，FAST 主体工程完工时，南仁东接受了央视采访。采访中，他谈到了建造 FAST 的初心——"看到别的国家都有自己的大设备，但我们国家没有，我挺想试一试"。他没有说的是他这一试就坚持了 20 多年，光是选址，就观察了上千张卫星地图，实地考察了上百个地区，花费了 10 多年的时间，最终挑选出了现在这个在地球上独一无二的、最适合 FAST 的台址。

---

① 梅焰. 从中美主播首次电视交锋看媒体融合助力新闻评论的对外传播［J］. 全球传媒学刊. 2019（3）.

十八、思想政治理论课的精神和引领*

1. 黑猫哲学家艾思奇：把一块干烧的大饼，抛向饥荒的大众①

艾思奇（1910—1966），云南腾冲人，别名李生萱，蒙古族，哲学家。"艾思奇"这个名字是从英文"SH"（其英文转写 Sheng Hsuen）得到的灵感，然后成为他的笔名。李氏家谱记载，艾思奇的先祖名叫里黑斯波。据说，里黑斯波是成吉思汗大军南下时的一名将领，奉命驻守腾冲安寨，所以到艾思奇这辈已经是里黑斯波的第 18 代后裔。

（1）一只演讲"什么是唯物史观"的黑猫

绰号黑猫哲学家的艾思奇，有这么一个有趣的故事，让时间回到 1925 年，商务印书馆当时出版了一本刊物，上面有一个标题为"哲学家"的插画，虽然画着一只再普通不过的黑猫，但神情与皮肤黝黑的艾思奇像极了，后就有了黑猫这一绰号。这只黑猫，在他 15 岁时，做了一场以"什么是唯物史观"为题的演讲，竟然轰动了整个中学校园。进步青年们都想来亲眼一睹"黑猫哲学家"的真容。

他的事迹，也开始逐渐在学生间流传——据说，小时候还不知道"唯物"是何意的"小艾思奇"，就已经学会用实践来打破虚无缥缈的东西。一次，他偷偷地藏了母亲供奉菩萨的糕点，不料被母亲发现，便故意说道："是弥勒佛偷吃了。"母亲一想，反问他："弥勒佛是瓷质的，怎么会偷吃？"

他却振振有词："既然弥勒佛不会吃，那还供他干什么？不要迷信了，这世上根本就没有鬼神。"

这样进步的哲学思想，也为他带来了牢狱之灾。

1927 年，正在抓捕学生运动负责人的北洋军阀孙传芳，正好遇到艾思奇探望自己曾领导五四运动的哥哥，然后就抓住了艾思奇，将他关入了监狱。年仅 17 岁的艾思奇在狱中因为主张"天下兴亡，匹夫有责"的进步思想而受到严刑拷打，并被判处死刑。不幸中的万幸是父亲与孙传芳曾经是校友，凭借这层关系艾思奇才被释放。

为"天下兴亡"而奔走呼号，却陷于无妄之灾。这样的遭遇加深了艾思奇对社会大势的担忧，他开始探索救国救民的真理。

与此同时，中国共产党人创办的《新青年》《向导》等杂志不断地出现在他眼前。书中的思想仿佛一道光照亮了他心中的蒙昧与彷徨。

---

* 编者：周颖

① 学习故事/艾思奇：把一块干烧的大饼，抛向饥荒的大众［EB/OL］．（2019－10－15）［2020－03－09］．http://ldhn.rednet.cn/content/2019/10/15/6122640.html.

他对自己的朋友陆万美说:"我总想找出一种对宇宙和人生的科学真理,但都觉得说不清楚,很玄妙。读到马克思、恩格斯的著作,顿觉豁然开朗。"

那时,各类社会思潮云涌,在艾思奇的世界里却只剩下了唯物论与辩证法,这只讲过"唯物史观"的"黑猫",成了一位彻彻底底的马克思主义哲学家。

1931年,"九一八"事件爆发,救亡图存之际,国民党出于"围剿"共产党和革命根据地的目的,散布大量谣言,对共产党和马克思主义极尽诬蔑之能事。

艾思奇那时才意识到,为了革命的实际,只有让渴求进步的青年们正确地认识世界、变革世界,才能点亮新中国的星火。正如毛泽东所说,"让哲学从哲学家的课堂上和书本里解放出来,变为群众手里的尖锐武器"。

于是,"干烧的大饼"——《大众哲学》问世了。

(2)把一块干烧的大饼,抛向饥荒大众

"干烧的大饼"是指艾思奇的著作《大众哲学》,高深又神秘的哲学知识就像装饰得好看的西点,只能够到达当时的大学生手中。艾思奇之所以称《大众哲学》为"干烧的大饼",是相对大学生而言的。而干烧的大饼,却可以在都市街头、店铺、乡村,给那些失学者们解一解知识的饥荒。

任何一种高深的学问,要想真正影响大众,就必须走进大众。

所以,在抛出这块"干烧的大饼"前,如何让它更为大众所接受,艾思奇付出了很多心力。他在书上看到,古希腊的哲学家苏格拉底非常善于与人在街头"辩论",他的思想也在辩论中逐渐为人所知。

彼时的艾思奇,正好有一个"辩论"的机会。

那是1934年,《申报》开设了《读书问答》副刊,艾思奇负责其中的"哲学讲话"专栏,以读者问答或驳论的形式,讲解辩证唯物主义的原理。

为了尽可能地贴近青年与群众,艾思奇开始尝试将马克思主义的立场、观点、方法与人们耳熟能详的事例结合,用通俗化的口语来解释社会上的各种现实问题,以期达到革命理论的宣传、启蒙作用。

例如,他用"癞蛤蟆想吃天鹅肉",来解释"万事万物都有自身发展的规律",而不会服从于人的主观愿望。书中用通俗语言解释哲学,但他却用事例来解释哲学。俗话说"癞蛤蟆想吃天鹅肉",在哲学里解释就是所希望的事情和物质规律相违背,"就像癞蛤蟆能捉水里的虫子,却捉不到空中的天鹅,如果你所希望的事情和物质规律相违背,就肯定会落下笑柄。就像希特勒想独霸世界、日本军阀想征服地球,这是人人都明白的'癞蛤蟆想吃天鹅肉'的典型,尽管你费了天大的力量,最后还是要碰钉子的!不管法西斯头目怎样幻想,世界大势仍将趋向民主,趋向社会主义,蒋介石想学希特勒、墨索里尼,也已经碰了钉子,专制独裁终归要被消灭、帝国主义终归要死亡,这就是世界发展的规律。"

这些通俗易懂又寓含时事的文章,就如人们在饥饿时渴盼的一块大饼,迅速而扎实地满足了无数进步青年对哲学的需求。

1935年,备受关注的"哲学讲话"专栏以《大众讲话》的书名结集出版。不到一年的时间,它的广泛传播便引起了国民党当局的恐慌,书籍遭到查禁。

然而越查禁，越使这本书的神秘感逐渐增加，经过一些修订，《大众讲话》改名为《大众哲学》后继续出版，发行量一增再增。一个到读书出版社门市部查书的国民党官员，无可奈何地说："就那么一本书，弄得青年神魂颠倒，搞得我们坐卧不安，实在毫无办法！"

在青年们反国民党"文化围剿"的热潮下，《大众哲学》让越来越多的青年在社会发展的总趋势上认识了中国的前途命运和历史走向，并前赴后继地投身革命洪流。

这本书仿佛革命的火炬，为马克思主义更广泛而深入的传播照亮了前路。蒋介石也无可奈何地承认："一本《大众哲学》，冲垮了三民主义的思想防线。"

一块干烧的大饼，终于让理论饥荒的旧世界，走向了丰衣足食的新中国。

3. 犬耕理论先驱瞿秋白：开辟一条光明之路①

瞿秋白（1899—1935），本名双，后改为瞿爽、瞿霜，字秋白，生于江苏常州。中国共产党早期主要领导人之一，伟大的马克思主义者，卓越的无产阶级革命家、理论家和宣传家，中国革命文学事业的重要奠基者之一。瞿秋白是第一个在中国完整传播马克思主义哲学理论，为中国开辟一条光明之路的革命家。

（1）一条连接赤都的光明之路

自比为"犬耕"的理论先驱瞿秋白，开辟的是一条什么路？

通过这条路，苏联经验和马克思主义传遍了中国大地。

这条路上充满阳光，它揭开了社会主义的面纱，让身处黑暗的人们看见了一个更加光明而美好的新世界。

在这条路上，一头是红光里的新世界——赤都莫斯科；一头是亟需理论救赎的旧中国，和一群苦苦寻觅"中国的路在何方"的仁人志士。

"犬耕"，意味着没有牛来耕地，只好让不擅长耕地的犬来代替。在瞿秋白眼中，五四运动后的中国，不论是变革还是革命，都正是缺"牛"的时候。他虽不擅长政治，却也想作为"犬"来帮着"耕一耕地"。

正如他后来在《新俄国游记》中所写："我要求改变环境，发展个性，寻求一个'中国问题'的相当解决，略尽一份引导中国社会新生路的责任。所以我决定到俄国去走一走，我是想为大家辟一条光明的路，我愿去，而且我不得不去。"

于是，为了这一条光明的路，1920年，21岁的他应《晨报》与《时事新报》的聘请，以赴俄特约记者的身份，踏上了北上的列车。

轰鸣的列车行驶在中华大地上，瞿秋白却被告知，即将经过的从天津到哈尔滨的铁路，已经被划分为三国的领地。可是眼前，分明是山水相接的中国版图。

而哈尔滨有布尔什维克，有孟什维克，还有怯懦的白匪。满洲里和赤塔正进行着激烈的战事。瞿秋白不得不承认，而今的中国，已经到了不得不开辟新出路的时候。

他带着沉重的心情，跟随前行的列车穿过贝加尔湖、越过乌拉尔山。颠簸辗转，他们一行人，终于在1921年1月25日，抵达了大雪纷飞的莫斯科。

瞿秋白已经迫不及待，要在这里找到新的出路。后来，他在《赤都心史》中详细记载

---

① 学习故事/瞿秋白：为马克思主义来中国，辟一条光明的路［EB/OL］.（2019 - 10 - 11）［2020 - 09 - 09］. http：//ldhn. rednet cn/content/2019/10/11/6116492. html.

了这段经历：初到俄国时，这里仍面临着内乱饥饿和经济凋敝的困厄。然而，仅仅两年，"街上的电车已经开行得很多，也有一两辆新造的，比不得那时零落破败的样子了……街上走路的人的穿着也整齐得好多，我心上常想，不过两年！虽然现在俄国的大工业还很困难，而小工业已经大大恢复，农业虽经过旱灾但也有复生气象！真有点奇妙。"或许，更奇妙的，是在其中发挥着作用的马克思列宁主义。

一路的见闻让瞿秋白这个曾经自谦"犬耕者"的中国人不再迷茫地寻觅前路。赤都欣欣向荣的生活、马克思主义理论的学习和实地考察，已经在他的心里留下了深深的烙印。

革命后的俄国有使人们觉醒的真理，有能让中国从黑暗通向光明的火种。因此，"有志于救国救民的觉悟青年，应当到那里学习真理，把它播散给中国的劳苦大众；取得火种，把它点燃在中国黑暗的大地上。"

把马克思主义带到中国，去开辟一条光明的路成为他的责任！

（2）一座无声摧毁帝国主义的阵地

这个阵地犹如无声的炸弹，不仅可以摧毁无法计数的军阀与帝国主义者的深沟高垒，而且还能让他们闻风丧胆。这个阵地的核心在上海大学，在瞿秋白的改革与创新之下，社会学系成立了，上海大学成了第一所系统地传播马克思主义理论的学校。这在当时，起到了开社会风气之先的作用。

1923年，从莫斯科回来的瞿秋白，眼见革命火种正在中国大地上蔓延燃烧，但革命的群众似乎并不真正懂得他们想要的是什么。

回国三天后，瞿秋白写道，"中国真正的平民的民主主义，假使不推倒世界列强的压迫，永无实现之日。全国平民应当积极兴起，只有群众的热烈的奋斗，才能取得真正的民主主义。只有真正的民主主义，才能保证中国民族不成亡国奴。"

而这一切的前提，是有更多的进步青年、更多的大众，懂得革命的意义。于是，1924年，他应李大钊的邀请，来到了上海大学，向学生们讲授马克思主义。

来到上海大学的瞿秋白，发表了《现代中国所当有的"上海大学"》，概括了近百年来中国向西方文明学习的态度和顺序，总结为"由浮泛的表面的军事技术之改进，而不得不求此技术之根源于自然科学数理科学；由模仿的急功近利的政治制度之改变，而不得不求此种制度之原理于社会科学"。

当务之急是研究社会科学，即研究马克思主义理论。

他在这里的理论教育，推动了马克思列宁主义与中国革命实践结合的探索，也教育与激励着一代代革命青年。

其中，瞿秋白的《社会学概论》成为传播马克思主义思想理论的载体。

在这部讲义中，瞿秋白以中国特色的语言，翻译升华了布哈林的《历史唯物主义理论》。在苏俄，布哈林的这本书号称"通俗的马克思主义教程"，而在瞿秋白笔下，这部通俗的教程，更是增添了不少中国特色。

例如，在讲解"决定论与非决定论"时，瞿秋白创造性地把它的内涵与中国哲学的"有定"结合。何为"有定"？《大学》中说，"知止而后有定。"意为"有明确的目标，意向才能坚定。""有定"指"意志坚定"，瞿秋白将它引申为"意志受到束缚"，用以解释"意识受到束缚的学说"，即"决定论"。

又如，在讲解规律的时候，他用"米不会长在松树上"，来解释万事万物有自身的规律；用"刻舟求剑"，来解释"世界处于不断的运动变化之中"。

这本具有中国特色的结合了马克思主义理论的讲义,为上海大学的学生们提供了当时最新、最全的马克思主义理论知识。

在此之前,国内的马克思主义大多是从日本传入的,侧重于唯物史观的内容,而对辩证法少有涉及。瞿秋白的讲义,从"一块整钢"的概念,介绍了唯物论与辩证法,系统全面地介绍了辩证唯物主义。

至此,马克思主义哲学,在中国有了系统的传播体系,而上海大学,也在此之下成为革命学说、革命理论的渊薮,这一举措在民族革命史上,划出了一道深刻不朽的痕迹。

4. 洒热血,青春政党与青年中国①

(1)"狂生"俞秀松——东南西北家国情

俞秀松(1899—1939),原名寿松,字柏青,浙江诸暨次坞溪埭村人。中国共产党早期杰出的革命活动家,杭州"五四运动"的领导人;和陈独秀同为"上海共产主义小组"5个发起人之一,中国共产党成立发起人之一,"中国社会主义青年团"(共青团)创始人;中国共产党首次出席莫斯科国际会议和首批留苏俄学习深造的共产党人;中国共产党最早参加与军阀作战的军事工作者,对创建中国共产党和青年团做出了卓越的贡献。

作为一位开天辟地式的人物,有人用奇人奇言奇志来形容俞秀松。

俞秀松

读高小时,俞秀松在学习《愚公移山》一文时写道:"中国少年岂不及愚公之毅力,若人人有愚公之毅力,则中国何患不强乎?"在学习《进取思想论》一文时,他写道:"列国富而中国贫,列国强而中国弱。其何故哉?曰:无进取思想而已矣。"

一个十二三岁的孩子,竟有如此抱负和胸怀!因此他被乡人称为"狂生"。

1916年,俞秀松17岁时考入浙江省立第一师范学校,在校期间,俞秀松思想活跃,求知欲旺盛,爱寻根究底,同学们称他为"三W(英语'谁、什么、为什么'的缩写)主义者"。他又以善辩著称,成为学生骨干之一。其时,他立下志愿:"做一个有利于国,有利于民的东南西北人。"

1919年5月6日,从北京回来的同学向俞秀松讲了一件奇闻,这位同学说自己在街上看见一家理发店的门口挂着这样一副对联,"国事如此,无心整容",横批"诸君不必光顾"。5月12日,杭州14所学校的学生们汇集在湖滨公园,俞秀松的身影,出现在了游行队伍的最前列。他挥着大旗,在广场的集会上大声喊着口号,在露天的演讲桌旁讲述着爱国热忱。日本领事馆前,也是他率先发出了第一声怒吼。

青年学生的巨浪,在他风发意气的带领下,冲破了杭州的沉默,也震动了这座城市年轻的灵魂。

俞秀松经过五四运动的洗礼,和宣中华创办了《双十》半月刊,后改为《浙江新潮》。他主编的这个刊物是浙江最早受十月革命影响,以宣传社会主义思想为目的的刊物。他在发刊词中提出了一个改造社会的纲领:"要本着奋斗的精神,用调查、批评、指导的方法,促

---

① 学习故事/渔阳里到百坭村,青春政党与青年中国 [EB/OL]. [2020-03-09]. https://baijiahao.baidu.com/s?id=1638221514624689168&wfr=spider&for=pc.

进劳动界的自觉和联合,去破坏束缚的、竞争的、掠夺的势力,建设自由、互助、劳动的社会,以谋人类生活的幸福和进步。"俞秀松破天荒地指出改造社会的责任要落到劳动阶级肩上。他提出知识阶级里面觉悟高的人,应该打破知识阶级的观点,投身到劳动界中和劳动者联合一致,为共同的伟大目标奋斗。

《浙江新潮》一问世,就以战斗的姿态对当时的社会制度和封建礼俗进行了猛烈的抨击,成为当时浙江传播新文化、新思想的旗帜。《浙江新潮》因刊登施存统《非孝》一文而被反动当局查封,俞秀松被迫退学。

恰在这时,他对家庭包办的婚姻十分不满,便决定去北京。出发前,俞秀松给父亲写了封信,请求支援些路费,信的开头称父亲为"韵琴同志"。父亲对这一称呼既陌生又生气,只汇了一块钱过去,并回信告诉他说,"四万万同胞都是你的同志,每个同志给你一块钱,一切问题岂不都解决了?"

但"韵琴同志"想不到的是,这些同胞,竟真的支援了俞秀松同志北上追寻真理、追寻理想。因为,这个国家的青年们,自觉担起了天下兴亡的重任。

在北京,俞秀松看见了一个不一样的世界,五四运动之后,不论工匠、农民还是商人,他们的话题都围绕着国内和国际的大事。食品店里,他们谈论着巴黎和会上的谈判;茶馆中,"莫谈国事"的标语已经不再时兴,街上,满是进步学生散发的传单。

他意识到,这个沉睡的大国,在青年人的奋力呐喊之下,开始睁眼看世界了。

但空有一腔热情,无济于事。俞秀松开始思考:究竟什么才能救中国,中国该往哪里去?

在迷茫与探索中,1920年,俞秀松南下来到了当时思想最为活跃的上海。在陈独秀的介绍下,他住进了风云际会的渔阳里6号,与李汉俊、陈望道等几个年轻人相遇。

爱国青年的能量与勇气,早已将他们推上了政治舞台,并被寄予了殷切的希望。他们自觉担当先锋,推动"青年之中国",已成为他们的使命。

1920年8月22日,在这8位年轻人的发起下,中国第一个青年团组织——上海社会主义青年团,在这里成立。俞秀松任第一任书记。

正如毛主席后来所说,"旗子立起了,大家才有所指望,才知所趋"。渔阳里6号,自此成了中国红色基因的孕育地之一。

组织成立青年团的那一年,他才21岁。他的背后,是同样一群为中华之崛起而奋斗的青年。

恰"青春"青年,敢教日月换新天。

(2) 张子清:为有牺牲多壮志,敢教日月换新天

张子清(1902—1930),名涛,别号寿山。湖南省桃江县板溪乡人。他是中国工农红军早期著名将领。

为有牺牲多壮志,敢教日月换新天。敢想敢闯的拼劲,开天辟地的干劲,是这个"青春"政党对青年的期盼。这同样是青年师长张子清对"青春"的理解。

尽管那时,他正躺在病床上,竭力忍耐左脚脚踝处枪伤带来的疼痛。

那是1928年4月22日,为掩护朱德、陈毅部队转移,张子清率队打退了敌军十多次的

疯狂进攻。

但不幸的是，他中弹了。左脚脚踝被子弹打中，他只得心有不甘地退下战场，躺上担架，被送进茅坪红军医院治疗枪伤。

缺医少药的井冈山革命根据地里，根本没有取子弹的手术工具，更没有手术用的麻药。张子清得知这个消息后，只拿了根木头咬在嘴里，便让医生处理伤口。无奈下，医生找到了一把竹镊子，狠下心将镊子伸进了伤口，取出了子弹。

这就是红色青春史诗大剧《秋收起义》中张子清的形象。

一边，张子清痛到汗水浸湿衣服；另一边，没能取出子弹的医生也急得满头大汗。几次尝试，都未能成功。

痛到几乎昏厥的张子清想起了他的父亲。11年前，他的父亲——江道区少将司令张建良在战乱中受伤，父亲临终前嘱咐他，要胸怀天下，心怀人民，把革命当作人生最大的荣耀。

那以后，张子清一直在寻找实现父亲遗嘱的路径。

1925年，23岁的张子清有感于共产党人的伟大精神气概，秉承父志，加入了中国共产党。

从1927年上井冈山到如今负伤，他参与大大小小的战役百余次，立下了赫赫战功。现如今，他却只能躺在病床上，遥望前方的青年同志们浴血杀敌。

因伤口反复感染，他始终不能重返战场，不甘与无力，向他袭来。

1928年底，有一批重伤员被送来医院，急需马上手术，但医院没有消毒的药品。眼见这些重伤员那一张张稚嫩的脸，张子清叫来了着急的医生护士们，递给了他们一小包盐，让伤员们清洗伤口，尽快消毒做手术。

医生们不知道的是，这小小的一包盐，是战友们见师长的伤口反复感染，腐肉剃除了又生，于心不忍就从每天大家的伙食里，一点点省出来的。

可张子清一粒盐也没用，并将这包盐完完整整地交给了医生。"如果自己已无力站起，那便把机会留给青年同志们吧。"

战士们伤愈重返前线，张子清的伤口却已经感染上行至腹部，终至耗尽了他的生命。

或许，弥留之际，他会想起最初加入中国共产党时的誓言吧。

那时，他婉言谢绝了父亲世交、时任国民政府行政院长的谭延闿，保送他去美国留学的好意。

如果当时同意，他的命运或许就此大不一样。至少，远不至于因为缺少一支小小的青霉素，便丢了性命。

但他依然相信，当时的决定没有遗憾。然而他这一生唯一的憾事，就是再也没有机会，亲眼见到新中国的曙光。

"要重视青年作用，依靠青年力量。"

百年来，那自渔阳里点亮的破晓之光，照耀着这个青春的政党一路走来，一路奋战与拼搏，终把耄耋大国，变为朝气昂扬的青年中国。

5. 中国的社会主义，从"人猿相揖别"讲起①

人猿相揖别，便转身走进人类社会。

"人猿相揖别"，轻巧谐趣的背后，却蕴含着深刻而宏大的历史——资本主义讲上帝创造了人，但是我们讲猿变成了人。

这便是共产党人的理论宣传方式，也是社会主义能妇孺皆知的秘密所在。

像这样生动形象的教育普及，早在马克思主义传到中国时，就在共产党人的心中和笔下埋下了根。

其中，有两本特殊的书，起到了无可比拟的作用。

（1）张伯简一本让人念念不忘的书

张伯简（1898—1926），白族第一代共产党员，名庚喜，别名红鸿、洪鸿，字稚青，剑川金华桥头街人。

有一本书，毛泽东曾经将它列为全党整风必读的理论书籍，并说："这是一本人民需要的书、革命需要的书。"这本书让毛泽东在延安的窑洞里依然念念不忘，甚至写信托人找来。

它曾对"工人、农民、青年学生涵濡甚大"。

它让写书的作者"生活早东暮西，实无法顾及家庭"。

它的名字，是《社会进化简史》，作者张伯简。1924年，张伯简回国从事革命运动，并于当年撰写了《社会进化简史》。他提出，社会发展史可分为原始共产社会、族长的血族公社、封建社会、奴隶制度及农奴制度、城市手工业制度、商业资本社会、工业资本社会、共产社会等阶段社会。《社会进化简史》一书一如它的内容，虽简明通俗，却以扼要的文字，深入浅出地阐述了人类社会发展各时期的鲜明特点。

那时，农民运动勃然兴起，依靠农民力量，号召农民参与革命，得到了共产党人的重视。

但农民革命，不像封建时期的起义，领导者需要学习民族革命史、中国农民问题、军事运动等知识，更需要理论体系的支撑。

于是，1926年5月，在广州那座红墙黄瓦、古色古香的番禺学宫里，毛泽东带着萧楚女等人，开办了第六届农民运动讲习所。

时间紧迫、革命大势如火如荼，为了将理论知识快速通俗地传授给学生，毛泽东颇费了一番工夫。

就在此时，他无意间翻阅到了张伯简所著的《社会进化简史》。书中，张伯简从猿变成人的原始社会讲起，将社会的发展历史分为几个阶段，还制作了一张《各时代社会经济结构原素表》，作为辅助阅读材料。

这本书仿佛一盏灯，照亮了毛泽东心里的迷蒙。

他按照书中脉络，在重要关节列出问题，每日上课时分发给学生，然后让学生带着问题看书，根究所问，边看边答。再由教员从答案中选出几份，加以改正，贴在墙壁上，名曰

---

① 学习故事/中国的社会主义，从"人猿相揖别"讲起，http://news.ynet.com/2019/07/29/1977658t2518.html.

"标准答案"。

课后，学生们便可以拿着答卷，一一对照修改。

这样带着问题看书的方法，让学生们很快了解了《社会进化简史》，明白了书中所提到的从古以来社会经济进化的原理事实，掌握了必要的时代知识。

讲习所的教员们，纷纷称赞这本书"助益学生之理论研究颇不小"。

这本最早运用唯物史观研究和叙述中国历史的书籍，让马克思主义的唯物史观得以愈发广泛的传播，也为而后的中国人自己写马克思主义教科书，奠定了重要的基础。

（2）李达献给"英勇的抗日战士"的一本书

李达（1890—1966），名庭芳，字永锡，号鹤鸣，杰出的马克思主义理论家、宣传家和教育家，中国共产党的主要创建者和早期领导人之一。

这是一本敢把"枪炮与战火"当作背景的书。

这是第一本中国人自己写的马克思列宁主义哲学教科书。

这本书，曾让毛泽东在戎马倥偬的岁月里读了不下十遍，并且还做了上万字的批注。

它的名字，是《社会学大纲》。

但这并不是它本来的名字。一切的故事，要从1937年说起。

那时，反动派的书报检查机关对红色书籍搜查甚严，为了出版这本马克思主义哲学教科书，它的作者，白色恐怖下有名的"红色教授"——李达，为它起了一个隐晦的书名，《社会学大纲》。

然而反动派也知道马克思，李达便机智地将书中的人名和有关的词语做了一些加工，使用了一些列宁所说的"奴隶的语言"。

比如，把马克思写成卡尔，把列宁写成伊里奇，无产阶级称作普列达里亚，资产阶级称作布尔乔亚。

但仍没有一家书店敢冒险承印这样一本写满了真理的红色书籍。

无奈之下，李达以太太王会悟的名义，在英租界注册了一个书店——笔耕堂书店，利用当时外国报刊可在上海租界照常出版和流通的政策，使出版合法化。

自己筹钱、自己买纸、自己托人印刷。

这本中国人自己写的马克思主义哲学史上的经典著作，终于得以问世。而此时，距离李达被反动派打断右臂、让他不能再拿笔，仅仅过去了6年。

《社会学大纲》的出版，在中国，开唯物史观和科学社会主义研究之先河，哺育了一批又一批有理想、有信念的有志青年。

就像李达在扉页所写的那样，"战士们要有效地进行斗争的工作，完成民族解放的大业，就必须用科学的宇宙观和历史观把精神武装起来，用科学的方法去认识新生的社会现象，去解决实践中所遭遇的新问题，借以指导我们的实践……"

1938年春天，毛泽东又一次打开《社会学大纲》，看到"在两种实在可能性中进行选择时，要抓住能影响事物发展过程的枢纽"一段时，写下了这样一句批注："西安事变时抓两党合作，七七事变后抓住游击战争。"

中国化的马克思主义，在抗日战争的新形势、新情况中，指导着我们的实践。

(3) 中国的社会主义走进新时代

理论研究虽不同于战场上的枪炮无情，却也同样需要奉献自己的时间、精力，甚至生命。

写出了《社会进化简史》的张伯简，为了革命早东暮西，一如流星，留下闪耀的光照亮世人前行的路，却也积劳成疾，早早殒世。

开辟先河的《社会学大纲》，让李达陷于险境，多次遭到反动派的威胁乃至伤害。

回顾历史长河，无数的理论宣传家们为了马克思主义的中国化，为了中国社会主义的发展，倾尽所有，只为通俗易懂地将理论知识更多地普及普罗大众。

一路走来，社会主义的理论知识，马克思主义的中国化成果，在一代代理论宣传工作者的努力下，早已扎根到普通中国人的政治常识深处，并深刻改变着现代中国人的历史观。

观今日中国，正在经历着历史上最为广泛而深刻的社会变革，也正在进行着人类历史上最为宏大而独特的实践创新的探索。

这一切思想、理论和实践的源头，正是一代代平凡的共产党人90多年的长期奋斗，是理论宣传家们的研究与面向大众的宣传。中国特色社会主义进入新时代，更需要理论而且一定能够产生理论，在这个关口，重温党的理论宣传初心，恰逢其时。

习近平总书记曾说，脱离了人民，哲学社会科学就不会有吸引力、感染力和生命力。

从"人猿相揖别"到新时代的理论宣传，彰显的是理论学习的初心，是"为了人民"的使命。

6. 为北京大学学生量身定制思政课

伴随着互联网成长起来的青年大学生，已经和1919年经历了五四运动成长起来的北大学生有了不同的时代际遇。在同样面对中华民族伟大复兴的历史使命面前，当今时代的北大学生也开始关注虚拟的网络世界和个人的内心世界，加之功利主义、实用主义、自由主义多种思潮的影响，这一代学生的价值观更为多元化。围绕马克思主义、思想政治教育出现了一些不解甚至是质疑。

面对新时代的挑战，北大马克思主义学院教师们发起了一场又一场的讨论、调研，召开座谈会，搜集整理了10余万字有关思政课的教学建议，并面对面倾听学生的感受、意见和诉求。为了听到学生最真实的声音，北大马克思主义学院座谈会由博士生助教来主持，只有学生参加，让学生为思政课把脉。北大马克思主义学院副院长宇文利教授根据座谈会的现场记录，把学生的意见归纳为两类，一类是"对思想政治不感兴趣"，一类是"不清楚思想政治的意义是什么"。针对学生的疑问和困惑，教师们查经据典，深入实践。通过理论知识讲解和实证调研，让学生们心服口服。北大马院院长孙熙国教授也曾表示，没有教不好的课程，只有讲不好课的老师。课程有没有趣味、能不能吸引学生，关键在老师，不在课程。事实上，在北大，一些思政课的到课率甚至要高于一些专业课，有一门课叫《马克思主义经典著作选读》，就吸引了许多学生来旁听，一些学生在听完课后，还主动和教师合影留念。

北大马克思主义学院院教授敢于直面问题，面对学生提出的尖锐问题，能够有理有据地给学生一个满意的答复。例如，孙蚌珠教授经常被学生问道："老师，您讲的这些，您自己信吗？"孙蚌珠教授并不直面回答，也不去用标准答案说教。在中华民族伟大复兴的历史与理论专题课上，孙蚌珠教授着重讲了中国为什么要进行改革开放。她说，一个国家在判断自身定位和发展方向时，有3个维度可以参考：历史、国际和当下，既要有历史的眼光、国际的视野，也要立足现实。

那么对于改革开放前的中国，要立足的现实是什么？孙蚌珠教授向学生展示了一组改革开放前的数据：就每小时起落飞机的数量来看，当时的法国戴高乐机场是60架，而北京首都国际机场，一小时只起落2架飞机。经过改革开放的前后对比，学生们懂得了要立足现实，学会了思考。

互联网时代，虚拟世界冲击了现实世界，北大学生也出现了思想空虚，"大学空心病"的话题引起热议。这个话题里提到了一组数据，称北大四成新生认为活着没有意义。针对这个问题，孙蚌珠教授建议学生用历史、国际、现实这3把尺子，用纵向、横向、当下3个坐标来思考境遇，可能会发现，"那些挫折只是生活的一部分，算什么呢？"接着，她抛出一个问题："同学们，你能否找到一个只有利而没有弊的选择？""如果有，我们会那么傻而不选吗？"孙蚌珠教授接着又问："没有？那是否要选一条利大弊小的路来走呢？"这样的启发式教学，不仅让学生学会用科学的方法论解答学习困惑，也为自己的人生理想做了清晰规划。

思想政治理论课教师，不仅要传道授业解惑，还要肩负育人教育职责，坚守政治底线，把学生培养成中国特色社会主义事业的建设者和接班人。

7. 上海交通大学施索华——从学生的眼神里随时调整讲课内容

讲授"思想道德修养与法律基础"课程的施索华老师，从教思政课已经有25年了。一开始做教案，她就细化到每章每节，后来讲课的年头多了，自然讲稿已经烂熟于心，施索华的大脑里几十万乃至上百万字的讲稿可以随时调出来。作为一位老教师，她会在教室里走来走去，盯着学生看，通过学生的眼神和表情，随时随地地调整自己的教学内容，改变自己的教学方法。课上育人，课下同样育人，学生们把施索华老师看作辅导员一样，下课以后有心灵困惑的学生都会向她倾诉。施索华老师不仅是思政课教师，还从心理学角度帮学生解开了各种心结。2008年2月，施索华工作室成立，这让她有了一个和学生充分交流的平台。工作室内设有24小时热线电话，全天候为学生服务。一旦有热线电话打来，施索华的手机、工作室以及家中座机，3部电话会同时响起。学生在任何时间、任何情况下，都能联系上施索华老师。

所有熟悉她的人都知道，她不是在上课，就是在上课的路上；不是在帮助学生，就是在帮助学生的路上。她的关注点永远都聚焦在学生的身上，她把所有的精力都放在了校园里。

这样的生活让人有些难以想象，而施索华老师却已经坚持了这么多年。即便是在隆冬腊月，课程陆续结束，校园里开始冷清的时候，她依旧工作满满，她工作室里的灯依旧在夜幕下为学生点亮。"如果有一天我身体实在坚持不下去，或者退休了，不能上课了，但工作室还在，与大学生的沟通和交流还在。""知我者谓我心忧，不知我者谓我何求。"一个人遇到好教师是人生的幸运，一个学校拥有好教师是学校的光荣，一个民族源源不断地涌现一批又一批好老师，则是民族的希望。对学生的爱，就是施索华老师力量的源泉。

8. 全国"最美思政课教师"阎钢——以课宣理润人心

在思政课的讲台上,四川大学马克思主义学院的阎钢一站就是35年。

1982年,正值教育部开始在全国高校普及思想道德课程,阎钢被学校选中,参与组建思想政治理论教研室。"当时,思想政治理论课是一片处女地,但我的性格是既然决定做,就要做好,做一辈子。"阎钢说,这些年来,在面对其他工作机会时,他从未想过选择离开或放弃。

每学年期末,四川大学的学生都会给任课教师打分。阎钢的"思想道德修养和法律基础"这门课,多年来都获得高分,不少学生用"超赞""很好""超棒的课"来评价。学生们说,阎钢老师的课的一大特点是互动。"照本宣科式的讲授,是没有生命力的。"课堂上,阎钢注重运用丰富的教学语言、经典的案例故事,剖析当代大学生的思想困惑,引领年轻学子的精神成长,传播社会主义核心价值观。

在视频公开课"现代公共生活与社会公德修养"中,阎钢选取了"最牛毕业生""最牛毕业照"等青年学生关注的热点作为教学案例,结合马克思主义理论知识,耐心地为学生答疑解惑,让人生的道理润泽学生的心灵。

"超赞"的背后,是大量的艰辛劳动。在还没有普及计算机的年代里,阎钢积累了10余万字的手写教案、讲义和数百张摘抄卡片。其中,10余万字的《伦理学基础》讲义手稿,作为珍贵的历史档案被四川大学档案馆收藏。阎钢说,开设"思想道德修养与法律基础"课程,是为了更好地引导学生树立正确的世界观、人生观和价值观。他希望能够以身作则,引导学生做一个对社会有用的人,做一个高尚的人。

9. 安徽师范大学路丙辉教授——做一个温暖的思政课老师

"做一个温暖的老师",是路丙辉的座右铭。他曾为在"丙辉漫谈"中上过课的患病学生四处筹款,并在学生手术期间不辞辛劳日夜陪护。针对大学生普遍存在的意志力薄弱、缺乏责任心等现象,他开展了"砥砺青春"师生毅行活动,通过骑车或者徒步远足,让学生们用脚步丈量青春,锤炼意志品质。每个月,他都出资举办"导师午餐会",让学生们在温暖如家的环境里,一起交流读书心得,共同研讨学术话题。

为提升课堂教学效果,路丙辉先后8年担任专科、本科、研究生的兼职辅导员,做过7个学生社团的指导教师,及时掌握青年的话语体系,全面了解青年学子的思想状况,努力做学生的知心人、领路人。他坚持"讲、谈、做"合一和全过程、全方位育人,实施"1+3"分类教学方法并因材施教,建设思政理论课情景模拟实验室,形成了"丙辉教学法"。

在讲授爱国主义教育课程时,他从"现象级"话题导入,带着学生观看纪录片《圆明园》片段,唱《七子之歌》《松花江上》等歌曲,再围绕爱国主义进行师生大讨论,在潜移默化中激发学生的爱国热情,使思政课成为学生喜爱的"信仰课"和"人生课"。

10. 将传统文化融入思政课课堂

思政课不是干巴巴的说教,如果想让思政课走进学生的内心,变成学生喜爱的、可以接受的课程,那就要加入原材料,让课程变得丰富有味道。

中国人民大学马克思主义学院常务副院长王易以"中国传统美德与人生修养"为主线,

用传统文化解释大学生在思政课中遇到的问题,通过"刚健有为""仁爱和谐"等专题的讲授,传递给学生关乎生活与成长的人生哲理,将中国传统文化与社会主义核心价值观的内容巧妙结合在一起。

学生们认为,王易的课堂是"非常有哲思、有温度、有信仰的"。在教学过程中,王易精心安排教学内容,把教学重点、理论难点、社会热点和学生特点紧密结合起来,创设问题导向,进行难题研究,积极引导学生通过实践进行自我教育,培养学生的学习兴趣,调动学生自身的主动性与积极性,增强思政课的吸引力和感染力。

除了在教学上的投入,王易认为教师对学生的关心也是不可缺少的。"最重要的是投入自己的感情和精力。你把心放在学生身上,他是能够感受到的,收到的效果会更好。"王易结合思政课的教育目标和教学内容,从学生的思想特点、成长成才的需要出发,围绕学生普遍关心的思想理论热点难点问题展开研究型教学。王易在课堂上用中国传统文化和伦理学阐释哲学及人生道理,在课堂下指导学生研读原著,学习理论。在王易的关心下,雷引杰在第二届全国高校大学生讲思政课公开课展示活动中获得了一等奖。用他的话说,王易老师"总能点到要点,给我们正确的方向"。

11. 给思政课教学换个面孔——清华大学年轻教师的探索和担当

(1) 让清华思政课走向世界

这是清华大学的一堂思政课,与以往不同的是,这次课程台下除了学生,还坐着教育部和清华大学的领导。主讲这堂课的是马克思主义学院副教授冯务中,他曾两次获得清华大学教学成果一等奖,他的课被学生评价为"终身受益、毕生难忘"。

走进冯务中老师的思政课堂,同学们有的齐刷刷抬头听讲,有的进行唇枪舌剑的辩论,有的拿着手机答题做评论。这样的课堂让人耳目一新。作为一门以混合式教学模式开展的思政课,在教学中冯务中一直引导学生从被动性学习转变为主动性学习。他坚持教研相长,以高层次的学术研究带动思政课教学,并提出以"文化立课",不断增强思政课的人文素质内涵。冯务中注重言传身教,努力促进思政课由"教学"向"教育"提升,从而取得了优异的教学和科研成绩。

2015年秋季学期,冯务中主讲的"毛泽东思想和中国特色社会主义理论体系概论"受邀登录哈佛大学和麻省理工学院合办的国际知名慕课平台edX,成为中国第一门走向世界的思政类慕课,同时也是中国思政课教师在国际上讲述中国故事、阐述中国理论的重要尝试。在清华,思政课已经真正成为学生"真心喜爱、终身受益、毕生难忘"的优质课程。

在第33个教师节这个特别的日子里,在中央电视台和教育部主办的"寻找最美教师"大型公益活动颁奖晚会上,冯务中当选2017年度最美教师。组委会给他的颁奖词是:"扫二维码上课,发弹幕参与教学的先行者。他用自己的方式讲述中国故事,解读中国梦。"对于冯务中来说,这的确是实至名归。

(2) 用翻转课堂打造"硬核"思政课

李蕉,清华大学马克思主义学院年轻美丽的思政课教师,从教10余年,从一开始"孤单的朗读者"到现在的教学能手,全国教师技能大赛一等奖获得者,一个年轻教师在历练中摸索打拼所经历的心路历程,付出的汗水,于此可见一斑。

初上讲台，李蕉称自己是一个"孤单的朗读者"，教学方法是传统的"我来说你来听"，尽管在课后也和学生有不少互动，但是课程对学生的吸引力仍然比较有限。为什么思政课不受欢迎？通过调研学生的上课体验，李蕉总结出三点：结论是既定的，套路是明显的，知识是熟悉的。这种传统讲法，只会让学生感觉无趣。

自2016年起，她开始探索翻转课堂，希望让学生成为主体，促使他们深度学习。除了"我来说你来听"的大课之外，还要穿插小课。"我来描绘历史的骨架，由学生上台讲历史的血肉。"李蕉挑选了30本与课程内容紧密衔接的文史书籍，让学生们分组阅读并且进行小组展示。环境学院大一学生李景诚表示，在这个过程中，自己的课程参与感大大增强，不再是被动地接受知识，而是主动地探究历史。

"制作十小时，只讲一分钟。"对学生们来说，准备一场精彩的小组展示可比准备一门闭卷考试要"硬核"得多。计算机系大一学生何雨泽所在的小组阅读的是《翻身——中国一个村庄的革命纪实》，为了做好PPT，每个组员都要先写2 000字的讲稿，他们还绞尽脑汁创新小组展示的形式，如表演舞台剧、发放传单等。李蕉的助教还会进入每个小组的讨论群，实时跟进每个小组的进度。通过完善的考核机制，确保小组成员都能积极地参与其中。

更大的挑战也意味着更多的收获。有的学生表示，这是自己第一次认认真真、画重点地去读一本文史书，认认真真去想作者的思路和试图展现出来的时代样貌。有的学生还在朋友圈写道："没想到在专业课上昏昏欲睡的我，却从不愿缺席'中国近现代史纲要'课；没想到期末3 000字的读书笔记，我会写到8 000字；没想到我会给老师发邮件，请求补上思政总结课。"

12. 新疆农业职业技术学院王学利——对症下药，创新专题化教学模式

王学利是新疆农业职业技术学院马克思主义学院院长，他所教授的"思想道德修养与法律基础"课程深受学生欢迎。在习近平总书记主持召开并发表重要讲话的学校思想政治理论课教师座谈会上，王学利有幸作为高职院校思政课教师代表参会并发言，习近平总书记的亲切询问交流，给高职院校思政课教师带来了鼓舞。

新疆是意识形态斗争的前沿阵地，为此，新疆高校的思政课尤其重要。"高校是意识形态领域反分裂斗争的前沿阵地，青年学生如果被宗教极端势力洗了脑、拉下水，前途就毁了！"王学利坚持用心讲好每堂课，把爱国爱疆的情怀融入每堂课中，帮助学生系好人生的第一粒扣子。

在教学上，王学利坚持对症下药、创新专题化教学模式。"天边不如身边，道理不如故事，用心的教育才能打动人，思政课教师要做大学生的青春引路人。"找到了问题所在，王学利对症下药，以学生喜欢听故事这一特点为切入点，创新了"以案例为导引，以问题为核心"的探究式专题化教学模式。

王学利带领骨干教师团队以学院研发的"壹网情深"自治区职业院校思想政治理论教育移动学习平台为依托，打造全国思政教学精品课程，让优质课程实现资源共享。此外，他还创新了高职院校日常教育新模式——开设德育活动课，把社会主义核心价值观教育日常化、生活化，并在全疆职业院校推广。

在最初的教学工作中，王学利也曾碰过壁。班上曾有学生为了看一场足球赛而不上思政

课。通过课后交谈和问卷调查，王学利了解到学生们对故事性的内容感兴趣，对纯理论的教学感到厌烦。经过改革创新，王学利让思政课变得更鲜活，更有亲和力了。

"王老师的课不仅内容丰富，还贴近我们的生活，而且教学方法也很'潮'，我们都特别喜欢听。"对于王学利讲授的思政课，新疆农业职业技术学院信息技术分院大一学生阿布都艾尼·巴特尔说。

据了解，王学利在担任新疆农业职业技术学院马克思主义学院院长的短短几年里，组织教师学习专业理论、参与课题研究，先后指导10余名年轻教师成为教学科研骨干，学院已成为新疆高职高专大学生思政课教育教学中的"领头雁"。

教学之外，王学利仍然不停奔忙，他把先进的思政教育理念"火种"播撒了在更广阔的土地上：近10年来，他每年都带领新疆职业院校德育科研团队，负责思政课送教下乡；受教育部民族教育司委托赴内地高校开展"去极端化"宣讲活动；等等。

13. 学者刘建军的课堂转换——用生活的话语讲理论

初见刘建军，感受到的是一种积极奋进、自信笃定的风采。

"现在的学生是'00后'，朝气蓬勃，而我自己是'60后'，已年过半百。"刘建军笑着说："但我也不甘落后，既然不能让学生变老，那只能让自己变年轻了。"

面对青年学生，刘建军自有一套授课方式。那就是，用学术话语讲政治，用生活话语讲理论，关注社会热点，贴近学生需要，实现话语转换，不断增强思政课的思想性、理论性和亲和力。

"思想政治课就要实打实地讲主流政治，决不能打擦边球。但在讲的过程中，要超越常规，发挥奇思妙想，找到新颖的角度深入浅出地把问题讲透。"刘建军说。

例如，经济文化相对落后的国家为什么率先进入了社会主义？是不是还需要退回到资本主义阶段？面对这些尖锐的问题，刘建军喜欢以"初中生跳过高中直接进入大学"来解释：好比1977年第一年时恢复高考，个别没经过高中阶段的初中生，由于特殊历史机遇，也考上了大学。为了成为合格的大学生，他们需要一边学习大学的课程，一边补习高中的课程。但这并不意味着他们要重新退回高中，再进行一次高考。同样，中国从半殖民地半封建社会，经由短暂的新民主主义阶段进入了社会主义社会，这是特定历史条件的产物，也是一次难得的发展机遇。当中国进入社会主义后，在一些方面相对落后，所以我们需要从中划出一个初级阶段补补课。

一个小小的类比，巧妙地将学术话语转换成了生活话语，从而让思政课有了亲和力。"道理本身是不变的，关键是教师要用透彻的理论研究、用新颖的方式，捅破那层'窗户纸'。"刘建军说。

在多年的教学实践中，刘建军也有自己的困惑：教师想要传递给学生的思想，学生接受了；教师想要告诉学生的道理，学生也明白了。但是，如何将这些思想和道理变成学生自己的精神动力和行动指南？

刘建军认为，教育所传递的思想观念，受教育者虽然接受了，但只是存储在他们的大脑中，处于一种静止、被动的知识状态，而没有活跃在脑海中、体现在言行上。事实上，正确的思想不仅要被传授，而且要被激活，这样才能真正发挥思想的引领作用。

如何激活思想？"思想来自现实，并在与现实的互动中保持活力。"刘建军说，思想一旦脱离现实，就有失去活力和生命力的危险。思想的生命力与活力归根到底来自它所反映的社会实践，因而最能激活思想的就是现实因素。

基于此，刘建军总是在课堂上、生活中，践行着"生活是最好的课堂"，通过种种细节触动学生的心灵。下雨天，碰到路边打车的学生，他会主动和对方说"我排你后面"，在赢得他人尊重的同时，也启发对方要遵守纪律讲秩序；下飞机时，遇上微笑着和乘客告别的空乘人员，他会真诚地说上一句"谢谢"，将尊重劳动的理念传播给其他乘客；期末监考，他会向每名交卷的学生轻轻说一声"再见"，激发学生珍惜师生情谊的情感……

"善于发现思想与现实的联系和对应点，将现实因素引入理论，又将理论引入现实生活，使思想在与现实的互动中被激活，这也是思政教育应当遵循的原则。"刘建军用行动书写了他的言行。

十九、人文课程*

1. 屈原——举世皆浊我独清

据《史记》记载,屈原是楚国重臣,"为楚怀王左徒。博闻强志,明于治乱,娴于辞令。入则与王图议国事,以出号令;出则接遇宾客,应对诸侯。王甚任之"。

由于屈原个性耿直清廉,又遭受他人嫉妒,一些心怀叵测的人不断在楚怀王面前编造谗言,屈原逐渐失去了楚怀王的信任,遭到疏远和排斥。怀王二十四年,屈原彻底被驱逐,被迫离开郢都,流放在外。报国无门,忧心如焚,屈原将满腔爱国之情,投入了文学创作之中。他在作品里投入了全部的报国热情和对祖国风土人情的无限眷恋。其后,屈原曾经被召返。怀王三十年,楚怀王不听屈原劝阻,执意入秦,被扣留,后来客死秦国。楚顷襄王即位后昏庸无道,听信令尹子兰的谗言,再次驱逐屈原,屈原流落在今湖南沅水湘水一带。顷襄王二十一年,秦国大将白起率军南下,郢都沦陷的噩耗传来,屈原心哀若死。他来到江边,披头散发,一边走着一边吟唱。渔夫见到他便说:"您不是三闾大夫吗?为什么来这里?"屈原说:"整个社会都污浊,只有我一个人是清白的;大家都喝醉了,只有我一个人是清醒的,所以被放逐。"渔夫说:"贤良的人,不被事物所拘束,而能够随着时代变化。整个社会都污浊,为什么不随着潮流推波助澜呢?大家都醉了,为什么不和大家一起去喝酒呢?为什么要保持高洁的品德而使自己被放逐呢?"屈原说:"我听说,刚洗过头发的人一定要掸去帽子上的灰尘;刚洗过澡的人一定要拍掉衣服上的尘土。作为一个人,谁愿意让自己洁白的身躯蒙上污垢呢?我宁可葬身在鱼腹之中,也不愿让自己的品德沾染上不洁的污垢。"于是屈原怀抱石头,身投汨罗江。

屈原的一生充满了爱国主义的悲伤情怀,他才学出众、志向高远,有一腔热血但报国无门。他遭受小人排挤诬陷,曾两度流放,故国沦陷却无力挽回,内心极其愤懑痛苦,最终只能举身赴清流,以死殉国。传说,当地民众为了使屈原遗体免于被鱼类蚕食,纷纷向河里投下粽子,后来发展成为一种民间习俗。每年农历五月初五,人们划龙舟、吃粽子,来致敬这位爱国诗人。据闻一多考证,在屈原投江之前,吴越一带已有端午节存在,但从屈原2 200多年前逝世一直到今天,中国社会主流所公认的一直是设立端午节是为了祭祀屈原。

2. 杜甫——心同百姓,思寄祖国

三月早春,一路烟霞,莺飞草长,柳絮纷飞里看见了故乡,一位衣着朴素的壮年男子骑马来到了巩县(今为巩义市)城下。当年的故乡繁华而又昌盛,而如今,这里却是生灵涂

---

* 编者:张靖华、葛岩、李秀萍、李立红、刘培庆、何扬、花楠、杨斌、马文晋、梁梦怡、张冬青

炭，他的眉头紧锁。不知不觉，时光悄悄流逝，夕阳已经西落，月光洒在身上，壮年男子没有下马，而是在柔和的月光中策马驶向远方。这一年，他44岁，正值壮年。

战火烧遍了河南河北，他准备随皇帝去凤翔，不料在途中被叛军俘虏。他望着窗外的美景，却想起了家国的伤心之事，不由得挥笔写下了"国破山河在，城春草木深。感时花溅泪，恨别鸟惊心。烽火连三月，家书抵万金。白头搔更短，浑欲不胜簪。"这一年，他45岁。

又是一年的三月，算一算，他离开故乡已有五个春秋了。前几年，唐军屡战屡胜，叛军屡败屡战，他也已逃离长安，到达一夫当关、万夫莫开的巴蜀盆地。望着窗外渐渐沥沥的春雨，他不禁心中略有舒展之意，紧皱的眉头稍稍有了些舒展。他回首望了望自己种的菜，挥毫泼墨，洋洋洒洒地写下了"好雨知时节，当春乃发生。随风潜入夜，润物细无声。野径云俱黑，江船火独明。晓看红湿处，花重锦官城"。这一年，他49岁，也是在这一年，唐军进攻长安。

俗话说："祸兮福之所倚，福兮祸之所伏。"三月又到了，鸟儿还在歌唱，花儿还在盛开，太阳还在普照，大唐王朝的军队却遭到了挫败，唾手可得的胜利已经不复存在了。大唐军队屡战屡败，大唐的旗帜在烽烟中轰然折断。他又紧皱了眉头，望着窗外的太阳，大唐王朝还是存在的，但没人知道它还可以存在多久，就像这一轮太阳，总会有落山的时候。他担心着自己的全家老小，更担心着自己的祖国。这一年，他50岁。

但是，安史叛军气数已尽，经过一系列的战斗，唐朝军队夺得了上风。终于，安史叛军的旗帜在硝烟中被折断。此时，他正在家中作诗。由于胜利的消息尚未传回四川，所以窗外的美景他也没有心思欣赏。突然，房门打开了，妻子将唐军光复失地的好消息告诉了他，他欣喜若狂，提笔写下了"剑外忽传收蓟北，初闻涕泪满衣裳。却看妻子愁何在，漫卷诗书喜欲狂。白日放歌须纵酒，青春作伴好还乡。即从巴峡穿巫峡，便下襄阳向洛阳"。这一年，他51岁，同年，"安史之乱"被平定。

他就是杜甫，一位忧国忧民的诗人。故国的春天已经来到了，而生命之歌也在唱响，他漫步于故国的河岸，望着生生不息、繁荣昌盛的景象，心中不由得有一丝快意。太阳又升上了天空，花儿又开放了，"正是江南好风景，落花时节又逢君"，他心中有很多感慨，无论如何，国家重获安定，他的眉头也终于可以舒展了。

3. 陆游——铁马冰河入梦来

陆游，字务观，号放翁，生于1125年，浙江绍兴人。宋代杰出诗人，也是诗史上最多产的诗人，存诗9 300余首。陆游生活的时代恰值北宋末期至南宋前期，国势动荡，战争纷起，江山风雨飘摇，百姓民不聊生。作为一个感时忧世的爱国诗人，他的诗歌全面反映着复杂的社会现实，充溢着忧国忧民的爱国深情，内涵丰富，情真意切。

受到父亲的影响，陆游从小就有忧国忧民的思想。为了报国、救国，他非常好学，决心要读万卷书，尤其喜爱兵书，他不愿做纸上谈兵的书生，而是梦想成为"上马能击贼"的战士。南宋时期是一个"报国无门"的朝代，奸臣秦桧和投降派握有大权，由于想实现抗金志愿，陆游几次三番被贬官，他只能在诗歌中抒发自己想要抗金杀敌、为国立功的宏愿。陆游的诗歌创作，植根于现实生活，同时洋溢着浪漫主义精神，不仅在当时广为传诵，也对后世诗坛产生了深远影响。梁启超在《读陆放翁诗》中写道："诗界千年靡靡风，兵魂销尽国魂空。集中什九从军乐，亘古男儿一放翁"，对陆游诗歌中体现的爱国精神给予了高度评价。

1210年，陆游已经85岁，但他仍念念不忘收复河山。有一天，他的身体十分虚弱，躺在病榻之上，眼神逐渐失去了神采。但是，面对围拢在身边的家人，他还是用尽最后的力气，写下了《示儿》："死去元知万事空，但悲不见九州同。王师北定中原日，家祭无忘告乃翁。"写完之后，他慢慢地闭上了眼睛，与世长辞。弥留之际，陆游念念不忘的，还是祖国统一的大业。

自古至今，爱国诗人灿若晨星。文天祥的"人生自古谁无死，留取丹心照汗青"和杜甫的"感时花溅泪，恨别鸟惊心"都令人血脉偾张；陆游的"遗民泪尽胡尘里，南望王师又一年""夜阑卧听风吹雨，铁马冰河入梦来"更是感人至深！这份对祖国的拳拳之心，是中华传统文化中最珍贵璀璨的瑰宝，后来者如你我，当时时以之自勉。

4. 祖冲之——不盲目崇拜，刻苦求精

祖冲之是中国古代一位了不起的科学家。距今1 000多年前，祖冲之就能够用有限的知识与工具推论圆周率到小数点后7位，即3.141 592 6。他在著作中自述说，其从小的时候起便"专功数术，搜炼古今"。虽然，他之前还有刘徽等前人打下基础，但是他却没有直接站在前人的肩膀上，而是默默地搜罗各种资料，甚至超越前人的知识范畴进行思考。他主张决不"虚推古人"，并"亲量圭尺，躬察仪漏，目尽毫厘，心穷筹策"。在祖冲之那个时代，算盘还未出现，人们普遍使用的计算工具叫算筹，而这种工具运用起来很容易出错，因为祖冲之所需的计算量大，就更加容易产生误差。祖冲之为此只能一步一步小心求证、小心计算，以免出现误差，而其3.141 592 6的精准结果也回报了他的辛劳。现今拥有更加精准的设备的我们，更应该拿出更加优秀的成果来回报前人付出的努力。

5. 桑兰——别样人生，同样精彩

桑兰，一名令人敬佩的运动员，1981年出生于宁波，12岁进入国家体操队。进入国家队以后她勤奋好学、训练刻苦、成绩优异，于1997年获全国跳马冠军。1998年代表中国在第四届美国友好运动会的比赛场上因练习跳马项目时出现事故造成了颈椎骨骨折，胸部以下高位截瘫。

据当时场上的目击者说：她在完成动作的时候有些犹豫，身体在空中转体时转多了角度，导致下落的时候头先落地，随后倒地不起。见此状况，在场的中国教练员和医护人员紧急上前进行急救，桑兰大约休克了10秒钟，医护人员快速为她做了固定措施，然后把她抬上担架送往医疗中心救治。经过详细的检查，桑兰的诊断结果是第六和第七节颈椎错位，神经组织损伤，终身瘫痪。鉴于病情很严重，教练员们当晚决定告知桑兰的父母尽快到美国与桑兰会合，鼓励桑兰进行治疗。次日，医疗中心主治医师奥尼博士向大众和媒体介绍了桑兰的伤病情况。经过几个月的治疗，桑兰颈椎错位部分复位成功。如今桑兰神志清楚，上肢活动能力基本恢复，但是胸部以下彻底失去知觉。这个17岁的女孩凭借自己的意志力，顽强地挺了过来，令许多人震惊不已。

桑兰受伤后醒过来的第一句话就是："我什么时候才能训练？"当人们听到这句话时，无不对桑兰这个遭遇了这场灾难的花季女孩肃然起敬。虽然桑兰已经不能够用双腿下地走路了，但是她没有选择沮丧和退缩。在调整好心态后，她在公众的面前总是面带微笑，用"桑兰式微笑"把顽强、乐观、坚强、勇敢传递给身边的每个人。她用自己的行动和事迹激励着身边的每个人。她是最富奥运会精神的女性运动员，用自己的方式实现了奥运梦想。

桑兰在大学毕业后依然选择了自己热爱的体育事业，从事着与体育相关的报道工作。北京申办2008年奥运会的时候，她是申办奥运会大使之一，还是2008奥运会的火炬手，并且还成为2008奥运会官方网站的特约记者。命运的多舛没有难住桑兰，面对新的人生境遇，她艰难而又坚毅地开辟了新的人生道路。桑兰作为曾经中国体操的旗帜性人物，始终用一种平和的心态看待自己，在遭遇重大挫折后，不幸只会使她更加成熟。桑兰说在自己最困难的时候，是大众给了她站起来的勇气。现在她可以独立地完成刷牙、洗脸等简单的动作，她微笑并坚持每天都练习生活动作。她用自己的行动和事迹感染着整个世界！

桑兰的这种精神，让我们敬佩，我们也为她的坚强而感动。她以"桑兰式微笑"征服了无数世人。

我们这样的健全人，与她相比，在很多方面都差得太远了。我们有时懒惰，不善于思考和反思自身的问题与短处，常常埋怨生活，抱怨世俗不公，等等。与她相比，我们平时碰到的困难与挫折又算得了什么呢？我们有什么理由来浪费时间、蹉跎岁月呢？

6. 郎平——用一生诠释女排精神

郎平，1960年12月10日出生于中国天津市，前中国女子排球运动员，奥运冠军，现任中国女排总教练、中国排球学院院长、中国排球协会副主席。

1995年，郎平被聘为中国女排主教练。1996年，郎平获得了国际排联颁发的"世界最佳教练"这一称号。2002年10月，郎平正式入选排球名人堂，成为亚洲排球运动员中获此殊荣的第一人。

郎平曾婉拒执教中国女排，她在球员时代落下一身伤病，但陈招娣的去世刺激她挑起了这一重担。2012年8月7日，伦敦奥运会女排1/4决赛，中国女排对阵老对手日本队，日本女排已经多年未能战胜中国女排，然而在这次对决中，日本队却笑到了最后。在多名中国女排队员的眼泪和不服气的眼神中，女排结束了这次奥运之行。

新的奥运周期，第一步是要确定主教练人选，曾经的中国女排主攻手郎平成为头号人选。她先后在意大利摩德纳、美国国家队、广州恒大俱乐部、国家队执教，都取得了巨大的成功。郎平也是中国女排的旗帜，她能带领国家队也是众望所归。她的人气和知名度，也能给女排低落的士气带来积极的改变。

但是当排管中心向郎平发出邀请时，她"第一次就回绝了"，她说"我哪有那么自信，就说我回来一定能把它带得多好。我知道应该怎么带，但是我知道这压力是非常大的。所以我觉得在这种情况下，如果再工作和家庭同时兼顾的话，会有一些困难"。球员时代留下的一身伤病，让郎平担心自己的身体无法再承担国家队主教练的重任。而且自己多年在外打拼，对家人也有所亏欠。到了知天命的年纪，郎平希望多陪陪家人。之后，中国女排主教练的职位一直空缺。

伦敦奥运会已经过去了大半年的时间,在女排选帅一事渐渐被人淡忘之时,中国排坛突然发生了一件大事。2013年4月1日,老女排队员陈招娣因病去世。陈招娣是中国女排五连冠时期的重要成员,有着很高的声望。她的离世在老女排队员中产生了很大震动。郎平作为此时唯一一位还在第一线工作的老女排队员,30多年前与姐妹们打出来的女排精神,让郎平在中国女排这个小低谷里,肩负起了老女排人的责任与使命。2013年4月25日,经过深思熟虑,在北京召开的发布会上,郎平宣布成为中国女排里约奥运周期的主教练。

郎平表示:"作为每一任教练来讲,我觉得我们都应该有这种使命感,一直让中国女排的成绩保持在世界的先进行列。无论你是在好成绩的时候,还是在低谷的时候,都要努力完成每天的工作。这个就是对事业非常认真的一种态度,也是大家所说的女排精神。"

郎平的身体并不好,因此在50多岁时承担起中国女排主教练的担子,非常不容易。女排队长朱婷表示,"郎导在场上教我们的时候是很认真的,但我想说,她在私底下看录像、研究录像分析对手的时候,也是非常认真的。如果我们要打一场比赛,她会每天晚上把很多时间花在研究录像上,然后做好录像再给我们看。这就是业余时间的作业,做得非常充分。"

当主教练之后,郎平能够陪伴家人的时间很少,身体负担也越来越重,但她仍然肩负起了女排主帅的重任,在新的奥运周期,要带领中国女排取得好成绩。郎平自己说:"大家可能认为我在这儿干活比较认真,倒不是说别人不认真,我觉得首先要自己做好,另外要不断带领球队在不同阶段努力前行。"打球时留下的伤病,让她无法长时间站立,但只要接了重任,大家熟悉的"铁榔头",就再次回到了球场,为国征战。她的回归,也给了中国女排巨大的信心。

2015年2月,郎平获得2014CCTV体坛风云人物最佳教练奖。2016年2月,郎平当选感动中国2015年度人物;3月,郎平获得"影响世界华人大奖";8月,郎平以主教练的身份带领中国女排获得了里约奥运会冠军;10月,郎平成为中国"火星大使";12月,郎平当选2016中国十佳劳伦斯冠军奖最佳教练;12月15日,郎平获得2016CCTV体坛风云人物年度最佳教练奖。2017年2月8日,郎平当选2016感动中国十大年度人物。2018年12月18日,党中央、国务院授予郎平"改革先锋"称号,颁授改革先锋奖章。2019年1月,郎平任中国奥委会委员;9月,带领中国女排获得女排世界杯冠军。

里约奥运会时,郎平说过一段话:"我从带女排起,就没有想过得到什么。我不是表扬我自己,我可以说真的没有一丁点私心杂念。从来没有考虑过,从来没有后悔过!为中国女排,我尽力了!"里约奥运会结束后,郎平是否继续担任中国女排主教练一职成了球迷和媒体讨论的焦点,据传当时意大利排协给郎平开出丰厚的条件,但郎平拒绝了,她坦言"要带就只带中国女排"。

中国女排勇夺奥运冠军,举国振奋!中国女排从三年前的亚洲第四,短短三年创造了奇迹,主教练郎平是奇迹之源!作为一名在基层工作多年的教师,激动兴奋之余,敬佩之情也油然而生,郎平教练有不少特点:

第一,她心中有大爱、大情怀、大责任。郎平在2013年已打算退休,但当时中国女排陷入了历史最低谷,无人愿接教鞭,郎平毅然挺身而出,愿为国家放弃个人生活与待遇。在国家最需要的时候，郎平带着满身的伤病，义不容辞地挑起了中国女排的大梁。

第二，郎平是团队的精神首领。首先，郎平敢想敢为，崇尚实干，有过硬的业务功底，坚持做正确的事，无疑是"打铁还要自身硬"的典范。其次，郎平百折不挠，不管面对任何困难与挫折，她都咬定青山不放松，一张蓝图干到底。再次，郎平在引领团队时善于统一思想与行动，凝结智慧与力量。最后，郎平有开阔的视野与理念，熔铸中外精华，坚持综合创新。郎平和中国女排将女排精神演绎得出神入化，让国人为之热泪盈眶。

第三，郎平的目标明确，攀山要攀山绝顶。郎平带队直指世界冠军，她在女排仅为亚洲第四的时候，不是只想着小富即安，而是直接瞄准世界冠军，尽管过程坎坷不平，尽管历经艰辛，但是中国女排还是站在了奥运会的最高领奖台上！

第四，善于创新，培养与大胆起用新人。郎平力排众议，培养新人，招来了很多非议，但是在她的坚持下，朱婷已成为世界顶级攻击手，就连小将龚翔宇也发挥了重要作用。中国女排的年轻球员在关键时刻顶得住，因此中国女排能打硬仗。

7. 邓亚萍——体坛大满贯，人生大赢家

邓亚萍，我国家喻户晓的乒乓球大满贯得主，在职业生涯的巅峰时期曾连续八年排名世界第一，取得的成绩至今无人超越。邓亚萍出生于河南郑州的一个乒乓世家，但是她的乒乓之路却并不是一帆风顺的。

受到父亲的影响，童年时期的邓亚萍就立志做一名运动员，但是身高只有 1.55 米的她，并不符合乒乓球运动员的选拔标准，因而未能进入体校学习。然而她并没有向命运屈服，跟着父亲学起了乒乓球，每天除了基础的体能训练外，还要做 100 个发球和接球的动作。虽然年龄小，但是为了能让自己的球技更加娴熟、基本功更加扎实，她尝试了在腿上绑沙袋、木牌换成铁牌的训练方法。这些对当时的她来讲可谓是身心的双重煎熬，手磨破、腿肿都是家常便饭，但她从未叫苦叫累，坚持训练从未中断，有时连带她训练的父亲都心疼得掉眼泪。

付出总是有回报的。她的吃苦和付出，让她变得越发坚韧和勇敢。她用无所畏惧的胆量和顽强拼搏的精神，取得了一个又一个惊人的成绩。她 9 岁时就拿下了全国业余体校比赛的冠军，15 岁时拿下了全国青年组的冠军，凭借出色的表现和成绩顺利进入国家队。进入国家队后的她，深知这一切的不易，在训练中没有丝毫的松懈，反而更加努力，每次都是超额完成教练安排的训练任务。队里封闭训练规定练到晚上 9 点，她却练到 11 点多，因为训练误了就餐时间，就自己吃泡面。她总是一丝不苟地对待每次训练，在多球训练时一接就是 1 000 多个，每次训练结束后，衣服和鞋袜都湿透了。长时间高强度的训练，让她的身体增加了很多的伤病，但是这一切对她来说都是值得的。

16 岁时她第一次参加世乒赛就夺得了冠军，成功加冕世界冠军头衔；19 岁时就加冕奥运会女子单打和双打冠军头衔；20 岁时凭借第 42 届世乒赛成为名副其实的"世界乒坛皇后"。14 年职业生涯、18 个世界冠军、连续 8 年保持第一，这个成绩单就是邓亚萍努力付出的最好体现。邓亚萍用自己的成就改变了世界乒坛选拔运动员的旧观念，就连国际奥委会主席萨马兰奇也被她的球风和球技所折服，不仅亲自为她颁奖，还热情邀请她到洛桑国际奥委会总部做客。

退役后的邓亚萍并没有停滞不前，而是选择用学习来充实自己，她用了整整 11 年的时

间先后到清华大学、英国剑桥大学和诺丁汉大学进修学习,并获得了英语专业学士学位、中国当代研究专业硕士学位和经济学博士学位。

邓亚萍的故事告诉我们人生是没有捷径的,只能靠自己的努力去拼搏。她的人生之路就是对奥林匹克精神最好的诠释,也正是她的性格决定了她的命运。她的传奇人生就是不断地超越自我、挑战自我,追逐更好的自己。

8. 华罗庚——报效祖国,坚持理论与实践相结合

1949 年,中华人民共和国成立,华罗庚毅然决然地放弃了美国的优渥条件,回到了祖国,回到了这个生养他的地方。1950 年 2 月,华罗庚携妻子回国,在途中写下了《致中国全体留美学生的公开信》。同年 3 月,中央人民广播电台播送了这封公开信:"梁园虽好,非久居之乡,归去来兮。"简短的几个字带出的却是浓浓的情谊,以及对祖国的惦念。也就是在这封信中,华罗庚写出了"科学没有国界,科学家是有自己的祖国的"。正是因为身后的祖国,才得以让科学家们有继续钻研的自信。数学家丘成桐评价华罗庚先生:"先生起江南,读书清华。浮四海,从哈代,访俄师,游美国。创新求变,会意相得。堆垒素数,复变多元。雅篇艳什,迭互秀出。匹夫挽狂澜于既倒,成一家之言,卓尔出群,斯何人也,其先生乎!"短短几句话,道出了华罗庚为科学献身的一辈子,不拘泥于前人,不沉溺于名望,实乃国人之幸。

华罗庚在从事理论研究的同时,也在努力寻找一条数学和实践相结合的道路。为此,他不断探索,理论与实际相结合,终于"他发现数学中的统筹法和优选法是在工农业生产中能够比较普遍应用的方法,可以提高工作效率,改变工作管理面貌"。1964 年华罗庚与毛泽东主席交换信件,坚定了要走数学理论和实践相结合的路线。他的著作《统筹方法平话及其补充》《优选法平话及其补充》,都是能够推广到基层的理论,都是能够实际应用的知识。为了更好地为工农业生产服务,华罗庚带领学生下基层推广、实践。1965 年,毛主席写信给华罗庚,信中称赞他"奋发有为,不为个人而为人民服务"。流体力学家吴耀祖评价他说:"华先生天赋丰厚,多才好学,学通中外,史汇古今,见识渊博,论著充栋。他的生平工作和贡献,比比显示于他经历步过的广泛数学领域中,皆可于深入处即深入探寻,可浅出的即浅明清澈,能推广的即面面推广,能抽象的即悠然抽象。"华罗庚能够把数理知识同实践相结合,提高生产能力,带领人民走向更好的生活,这才是学者应当有的担当。

9. 陈景润——兢兢业业

20 世纪 60 年代,陈景润由于证明了哥德巴赫猜想的"1+2"而受到全世界的重视。1973 年 3 月 2 日,他发表了论文《大偶数表为一个素数及一个不超过二个素数的乘积之和》,这一理论被世界命名为"陈氏定理"。他为数学献身的精神值得人们学习,也感动了周恩来和邓小平同志。1974 年周恩来总理亲自推荐陈景润为第四届人大代表,他还被选为人大常委会委员。他在重病期间都能连续工作 12 小时以上,他认为生平最为宝贵的就是他的数学书及演算稿,他才是真正为数学而生的人。陈景润对数学的热情值得我们学习。邓小平同志曾评价:"陈景润是在挑战解析数论领域 250 年来全世界智力极限的总和。中国要是有一千个陈景润就了不得。"

10. 陈省身——刻苦钻研，谦虚谨慎

陈省身，我国著名数学家。他的成功有一部分来源于其刻苦钻研的精神。陈省身在国外求学时，经常参加研讨班。研讨班在开始的一段时间里总是人满为患，但由于学习内容的困难，研讨班的人数逐渐减少，最后仅剩下陈省身一人。也是由于他的坚持，甚至主动找凯勒先生探讨问题，其相关论文才得以顺利进行。虽然因为语言的问题，陈省身和凯勒先生的交谈过程比较吃力，但由于陈省身的执着与坚持，他的论文很快就顺利完成了。

陈省身回国后担任清华大学教授，彼时的他依然没有放弃钻研学术。战争年代限制了陈省身与国际数学界的交流，他不得已联系了自己的恩师嘉当，并得到了嘉当寄来的一些印刷本与论文。时局的动荡、艰苦的环境并不能限制一位数学家进行思考，陈省身在不断学习与思考中继续发表论文，并得到了国际数学界的广泛关注。1943 年，他受邀去国外进修，在之后的学习时间里，陈省身完成了他对高斯-博内定理的内蕴证明，这个局部几何性质和整体拓扑不变量的理论结合，在陈省身的工作中展示了深层的主题。

当陈省身选择去国外攻读研究生时，那时的几何学还只是一个刚刚起步的学科，并没有很多的研究成果。而几十年后，陈省身退休之时，几何学已经成为学界最有前景的研究方向之一了，这种变化也多半可以归功于陈省身。然而，陈省身对此却极为谦虚，他曾说："我不认为我高瞻远瞩。我只是在做一些小问题。数学中涌现出许多概念和新思想，你只是提出一些问题，然后尽力得到简单的答案，并期望给出简单的证明。""在大多数情况下，你什么想法也没有。而在许多情况下，你的想法也行不通。"

陈省身将自己描述为一个解题者，而不是理论创立者。陈省身说："我认为这种差异是很小的。每个好的数学家都应该是一个解题者。不然你仅有模糊的想法，如何能做出杰出的贡献？你解决了某些问题，你用某些概念，至于数学贡献的评判，可能要到将来才能看到。"

二十、"成长学堂"高职新生素质教育*

"成长学堂"是大一新生在北京青年政治学院原东校区充分利用第二课堂的广阔阵地，以第一课堂为依托，坚持"立德树人""因地制宜，因材施教"的原则，与课程思政紧密结合，构建的高职新生素质教育"课外课"的全新育人模式。从2012年"成长学堂"教育计划的实施，到新时代新生素质教育"课外课"课堂思政的培养实践，"成长学堂"已经发展成为思想道德品质、学业学力提升、人文素养积淀、身心健康发展和创新创业实践等5个教育平台。这一育人模式曾获得首都大学生思想政治教育工作实效奖、优秀奖、第七届北京高职院校德育工作论坛优秀论文二等奖等，并在北京市教委课堂教学诊断调研中，得到了教育专家的充分肯定。为深入贯彻习近平总书记的教育思想和全国高校思想政治工作会议精神，紧跟时代的步伐，"成长学堂"结合学院"一老一小一青年，一文一技国际化"的青年政治特色，不断创新教育内容，开展"追逐梦想，规划幸福人生"的系列讲座，以唤醒学生内心青春，激发学生活力，培养感恩之心，让每位学生自信、自强，立志成才，丰富成长智慧，把握幸福人生。

1. "成长学堂"教育体系的构成

（1）全员参与教育活动实施的过程

教学管理部门、负责思政课的马克思主义学院、人文素质教育中心、学生管理部门、二级学院、第二课堂活动组织与管理部门、物业及服务部门等全员参与学生思想政治教育，这一过程还伴随着校领导的精心策划、定期指导和人文关怀。

（2）开展"追逐梦想，规划幸福人生"的系列讲座

邀请校领导、教授、行业企业专家、优秀毕业生等就学生熟悉的和感兴趣的社会热点话题开展专题讲座，培养学生的思维能力和创新能力。讲座的内容大致包括时事政治、健康、性格、成熟、平安、家庭、事业、人际、快乐、享受、艺术、感恩等十几个方面。讲座通过大量的信息刺激，实现观点碰撞与思想分享，构建一个人文思想持续发声的东校区校园文化环境，推动人文日新，实现思想进步。系列讲座的内容始终处于与时俱进和不断拓展的过程中。"成长学堂"引领新生们领悟幸福人生的方方面面，传播人文精神，提升人文素养。

（3）教育活动的内容设置，简称为"1+3+5+N+1"

"1"是以"学业引领·成长导航"为中心主题；"3"是围绕"转型""筑基""成长"这3个核心任务；"5"是建设思想道德品质、学业学力提升、人文素养积淀、身心健康发

---

* 编者：刘彩玲

展和创新创业实践 5 个教育平台;"N"是以"立德树人"为主线,开展主题教育、学习辅导、读书讲座、文体健康、社团、志愿服务、创新创业等丰富多彩、形式各样的"课外课"教育活动;"1"是完成一本《学生成长手册》,启发学生加强自我认知、督促自我管理、促进自主发展,创造学生全面健康成长的课外阵地。

2. 一年级大学生的群体特征

以 2018 级和 2019 级的一年级大学生为例,两届"00 后"大学生的群体特征有一定的差别。

(1) 2018 级一年级学生的群体特征

2018 级一年级大学生中约有四分之三是"00 后"。他们积极向上,有较强的竞争意识,有熟练地使用网络技术的能力,在学校可以理性地处理人际关系。"00 后"是与互联网共同成长的一代,被称为"421 家庭宝宝""千禧宝宝""独生二代""数媒土著""网络原住民""捧着手机的草莓青年"等。"00 后"的成长不论是学校教育还是家庭教育,管理都是相对民主的。由于家庭条件优越,"00 后"见识广,注重自己的内心感受和情感体验,乐于被社会认可,有爱国情怀。他们有知心朋友,有健康的身体和快乐的生活。"00 后"思维灵活多变,并伴随着自信、独立、勇敢、进取、诚实等个性。他们热爱集体,顾及他人的感受,是综合素质较高的一代。

(2) 2019 级一年级学生的群体特征

2019 级只有个别学生不是"00 后",群体特征更加明显。

2019 级学生成长于经济发展、社会繁荣和新媒体技术飞速发展、信息爆炸式增长的时代。他们注重个体的情感体验,眼界开阔,思维活跃,富有创新性思维,对各类事物的接纳度都很高,思想层面有超龄的成熟和强烈的个体意识。在他们的心目中,集体更多的是包容,作为集体中的一员,自己可以拓展个性,可以利用集体这个平台实现个人的价值。2019 级学生的另一特征是对偶像的崇拜,对明星偶像的崇拜不是毫无理由的狂热喜爱,而是崇拜明星偶像身上的才艺和人品。

2019 级学生是在家庭、学校和社会这一宽松的环境下成长起来的一代,这一时期的教育更加强调家校齐抓共管。在家庭中,有父母的身体力行教育、陪伴教育和情感教育;在学校,教职员工对他们的教育过程的管理相对民主,这种教育方式使 2019 级学生有自主学习的意愿。新媒体技术的发展使他们能快速适应学习方式的变迁,对学习有一种天然的遵从感,除了完成校内学习外,还能自觉坚持线上体验式学习和网络情景式学习等,以解决学习过程中遇到的各类难题。2019 级学生坚信打游戏是践行学习的一种方式,认为从中可以学习到新的知识和技能,可以实现自我价值。

2019 级大学生出生、成长在互联网时代,知识爆炸的时代,所以他们被称为"数媒土著"。从他们的思维方式、生活方式、娱乐方式等方方面面,都可以看出他们的生存环境和互联网密不可分。他们具有借助新媒体技术和网络媒体进行网络社交、网络消费、网络娱乐、网络学习等活动的超强的能力,处处都体现出他们是"移动互联网一代"。

华东师范大学王海建老师认为,"00 后"在互联网思维的引导下,形成了自己的话语体系,如日常话语体系中的打脸、佛系、人间不值得、扎心了、尬聊、锦鲤等一些常见的网络热词。新生到大学报到的方式是"空手到",其包裹、行李等生活及学习用品都是通过物流公司送到学校,即空着手到学校报到。他们享受着物联网带来的便利生活。"00后"大学生的社交方式趋向理性化,他们热衷于聚集在虚拟的网络场所如抖音、微信、B站、网络手游、动漫等,他们喜欢尝试网络新鲜事物,善于通过自媒体表达自己的想法,喜欢通过网络去追星、玩游戏、交友、看动漫等,对网络游戏、网络社交媒体的要求很高。而这些网络媒体互动工具必须持续不断地更新换代,才能吸引"00后"大学生的持续关注和应用。据统计,"00后"大学生对微信、抖音等新媒体软件的下载率几乎达到100%;在课余时间浏览新媒体软件来获取信息、关注参与社会活动的几乎达到100%;超过一半的同学每天使用网络时长超过4小时。借助网络来宣扬个性、表达情感已成为"00后"突出的特点。

2019级"00后"大学生在规划人生理想时注重当下、务实求真。他们努力学习、考入大学,是为了自我发展及理想就业,提升自我、帮助他人、奉献社会、报效祖国等是人生理想的重要组成部分。在他们的观念中,只有在实现了自己的理想的前提下才有能力考虑他人、考虑社会和国家。有研究表明,"00后"大学生对人生的发展、对社会的现实有着清晰的认识,因为他们生长于网络时代,有广博的知识来源。有近九成的"00后"认为成功并不是完全靠父母、良师、天赋、机遇等因素,而主要是靠个人的努力奋斗。

3. "成长学堂"与时俱进的教育理念

"00后"大学生的群体特征体现了高素质和优秀品质这一积极向上的一面,但也能看到一些消极因素的存在,如自理能力差、依赖心理严重;对身边的人不够宽容、宿舍矛盾更多;理性有余、朝气不足;过分现实,没有情怀,追求自我实现;看重利益、抗挫折能力差、讨厌被质疑;等等。这些群体特征折射出的部分"00后"大学生"纠结"的生存现状,是"成长学堂"有效进行思想政治教育工作的前提和基础。

(1) 活跃的思维方式,为课堂思政创新发展提供了可能

在"00后"大学生中,少数人的思维受到传统思维模式、逻辑思维方式的影响,几乎没有受到过传统文化和习俗的熏陶,这与"00后"大学生的成长环境密切相关,不论是家庭还是学校,对他们的管理相对宽松、开放、自由,加上网络环境相对自由、公平,使"00后"大学生在分析问题、解决问题时,往往能够出其不意,以个性化的思维方式给出不一样的分析结果和解决思路。"00后"大学生深受网络新媒体思维的影响,思维模式多样化,抽象思维、形象思维、关系思维、发散思维、直觉思维、灵感思维等由自在到自为,创新思维方式占据了主导地位,成为"00后"大学生具有创新潜质的基础。"成长学堂"通过系列活动创造性地将创新大学生的思维方式贯穿思政教育过程,势必能拓展学生的思维方式,推动思想政治教育工作的协调发展。

(2) 自我意识较强,是实现课堂思政目标的基础

自我意识主导着学生有效地参加社会实践活动。恩格斯曾经说过:"在社会历史领域内进行活动的,是具有意识的、经过思虑或凭激情行动的、追求某种目的的人;任何事情的发生都不是没有自觉的意图,没有预期的目的的。"因此,没有人的主体意识,就不会有人的社会实践活动。"00后"大学生在自主选择奋斗目标的时候,以现有的人生观、价值观确定的奋斗目标还略显"稚嫩",有时候还会出现偏差,不够成熟和完善,但这些自我意识的存

在都为课堂思政教育的发展奠定了良好基础。

（3）学习能力突出，是课堂思政有效实施的关键

"00后"大学生获取知识的能力较强，他们充分利用网络媒体技术，在广阔无边的网络信息中获取自己所需要的知识。他们通过课堂学习、书籍阅读、参加社会实践活动等途径，筑牢知识基础。他们学习兴趣广泛，还可以多渠道、多方式地获取信息，学习知识和提升能力的途径不再局限于传统的课堂、书本知识的学习。他们认为只要能充分认识自己的学习能力特点，便可以更快、更准、更深地把握思想政治教育的实质，在更高层面上实现对思政教育的内涵的理解。

4. "成长学堂"讲座范例

"追逐梦想，规划幸福人生"系列讲座活动是依据新时代党的"不忘初心，方得始终。中国共产党人的初心和使命，就是为中国人民谋幸福，为中华民族谋复兴""要办好人民满意的教育，落实立德树人根本任务"讲话精神，与时俱进，开设的幸福课程。每个学生因为价值观和理想信念的不同，所追逐的梦想也不同，学生的梦想是"中国梦"的重要组成部分，学生是新时代的追梦人；"规划幸福人生"引导学生对自己的未来进行美好的憧憬，感受成长的力量，理解生命的意义，净化心灵，铭记感恩，达到未来生活、工作和事业和谐发展的幸福状态。"成长学堂"通过策划系列讲座，带领大一新生领悟幸福人生的方方面面；通过师生之间进行互动和参与讲座活动达到传播人文精神、提升人文素养的目的。关于幸福，仁者见仁、智者见智。幸福并不取决于自己是什么角色、处于什么地位、拥有多少财富、从事什么工作。幸福是一种感觉，或者说是一种心灵上的满足。随着学生成长过程中出现的新问题和导师们在调研过程中聚焦的有代表性的社会现象，"成长学堂"讲座的内容将会与时俱进、不断拓展。导师们通过系列讲座为大一新生的生活和人生的幸福做出指导，如有关生活方面的感悟、事业方面的指导、处世交友的原则、完美性格的培养、阳光心灵的修炼、学习实践等方面的见解。讲座中蕴含着智慧和哲理，包含着幸福的理念，并根据此理念开展互动，使学生丰富自己的人生智慧、学会享受幸福生活、感受幸福、创造幸福，做一个真正幸福的人。导师们分析大一新生熟悉的、贴近生活的鲜活案例，让他们更加容易理解和体会幸福的真谛，在潜移默化中纠正不良行为，形成正确的价值观；让他们感悟和规划自己的幸福人生，为他们实现人生价值最大化提供无限的助力。

北京大学社会科学部副部长、中国教育发展战略学会副会长、阳明教育研究院常务理事、致良知涌泉学苑创始人文东茅教授指出，"追求幸福"将成为新时期素质教育的核心主题，并正在发展成为教育事业长期的奋斗目标。教育的目的是促进学生幸福，而致良知就是致幸福。教育的根本使命是促进人心灵的成长，是促进人的幸福。他倡导良知教育和"万福中国行动"，以求达到"全力以赴，办人民幸福的教育"的目的。

范例一：国庆游行

孟中华（化名）有幸参加过四次国庆群众游行，他目睹、感受到了祖国日新月异的变化。第一次参加国庆群众游行是在1984年中华人民共和国成立35年大庆。孟中华身穿绿色的服装，手持绿色的花束，行进在游行队伍中。春天的色彩、春天的旋律、春天的故事、春天的事业。祖国大地到处生机勃勃，春意盎然。游行队伍中，北京大学的学生们拉着的

"小平您好"的条幅,是全体中国人民经历了挫折磨难之后,从心底发出的亲切问候!第二次参加国庆群众游行是在 1999 年中华人民共和国成立 50 周年大庆。从 35 年到 50 年,共和国又走过了一段不平凡的发展路程。国民经济生产总值翻两番,香港、澳门先后回到了祖国的怀抱,"一国两制"的伟大构想成功实现。这一次孟中华与中央民族大学组成了一个方队,他们身穿 56 个民族的服装,和着《五十六个民族五十六枝花》的乐曲,代表着 56 个民族向中华人民共和国成立 50 周年大庆献礼。经济发展、社会进步、民族团结,祖国以崭新的面貌迎接新世纪、新千年的到来。当年参加游行的有群众 50 万人,花车 90 多辆,展示出了祖国的繁荣和富强。孟中华第三次参加国庆群众游行是在庆祝中华人民共和国 60 年华诞,他是"北京奥运"方队中的一员。2008 年我国成功举办了一届"无与伦比"的奥运会,中国人民圆了期盼百年的奥运之梦。那时,孟中华是一名驾驶员志愿者。祥云火炬燃遍了世界的每个角落,我国运动员取得了金牌数第一的好成绩,全体中国人民从来没有像今天这样扬眉吐气、神采奕奕。"神舟七号"飞天是我国改革开放、社会主义现代化建设的又一伟大成就,是中国人民自强不息、自主创新的又一辉煌篇章。孟中华第四次参加国庆群众游行是在 2019 年中华人民共和国成立 70 周年国庆盛典活动,那时他刚好 60 周岁,是望京地区群众游行方队的成员之一。彩车"盛世如意"象征了吉祥如意,七朵祥云代表了祖国 70 周年华诞,祥云也代表了吉祥、喜庆、幸福的愿望,承载了对祖国最美好的祝愿。车上的灯笼象征着万千家庭团团圆圆,日子红红火火。在国庆游行队伍中,孟中华感受到了个人融入祖国发展大潮的荣誉感,他再一次为祖国的繁荣昌盛骄傲地欢呼着!

范例二:新时代生态文明

(1) 苏州大学方世南教授

方世南教授是一位社会活动家,是生态文明研究领域的著名学者,近 30 年来对我国当代生态环境治理和生态权益等问题进行了深入的思考和研究。他建成了科研、教学社会实践基地,该基地在江苏省昆山市淀山湖镇。他极力主张理论研究要和实践相结合,学者要走出书斋,要"顶天落地"做学问。他提出了一系列引人深思的理论观点,其中不少真知灼见和对策与建议都有力地影响和促进了党和政府的决策,在学术界产生了广泛影响。"顶天"体现着理论研究的创新性,不可以故步自封、人云亦云;"落地"体现着理论研究的接地气,不可以脱离实际地空谈学问。他的治学精神是将"板凳坐冷"和"脚底走热"相结合,"用脚做学问",将理论研究成果进行转化并运用于生态文明的建设和实践当中。他身体力行,奔走于田间地头,为政府、企业、社会组织出谋划策、牵线搭桥,播撒生态文明的种子。方世南教授悉心指导的江苏省昆山市淀山湖镇被国务院确定为全国 21 世纪生态文明特色示范镇。

(2) 欧洲零废物计划

2014 年 7 月 2 日,欧盟委员会发布了《循环经济计划》(Circular Economy Package),意在带领欧盟实现通往零废弃的目标,致力于在欧洲范围内推动零废弃计划,通过由当地的环保组织构成民间网络联盟,链接了超过 300 个欧洲市政部门,设立了极具可行性的新管理目标。这个计划统称为欧洲零废弃(Zero Waste Europe)。欧洲零废弃肯定了欧盟委员会这一计划的可行性,始终站在欧洲废弃物管理的实践前沿,得到了民众的支持和响应。《循环经济计划》的工作目标和内容大致如下：2030年以前分类收集垃圾要持续、稳定地达到更高水平，循环利用率要达到70%，包装废弃物循环利用率要达到80%；2025年以前食物垃圾要减少30%；2020年以前海洋垃圾要减少30%；2030年以前解决如何处理不能被循环利用的、剩下的30%的废弃物的问题。在"生态设计指令"（Ecodesign Directive）评价标准中，加入了有关模块化、耐用性、重复利用性、循环利用性的标准，同时也对《循环经济计划》中存在的缺陷发出了警告。

范例三：艺术素养

中国现代美术事业的奠基者徐悲鸿，曾任中央美术学院院长、中华全国美术工作者协会（现中国美术家协会）主席等职务，是中华人民共和国第一届全国政协代表。徐悲鸿的作品是古为今用、洋为中用的典范，他的书画熔古今中外技法于一炉，展现了极高的艺术技巧和广博的艺术修养，他的代表作油画《田横五百士》《傒我后》《九方皋》《愚公移山》等巨幅作品，充满了爱国主义情怀和对劳动人民的同情，表现了人民群众坚韧不拔的毅力和威武不屈的精神，表达了对民族危亡的忧愤和对光明解放的向往。他常画的奔马、雄狮、晨鸡等，给人以生机和力量，传达了令人振奋的积极精神。徐悲鸿长期致力于美术教育工作，发现和团结了众多的美术界著名人士，培养的学生人才辈出，其中许多人已成为著名的艺术家，成为中国美术界的中坚骨干。他对中国美术队伍的建设和中国美术事业的发展做出的卓越贡献，无与伦比，影响深远。他热爱祖国，自己一生节衣缩食，死后将自己所有的收藏由家人转赠捐献给国家，有唐、宋、元、明、清及近代著名书画家的作品1 200余件，图书、画册、碑帖等1万余件。

范例四：人文素养

战国时期儒家代表人物孟子是中国古代著名思想家、教育家，他继承和发扬了孔子的思想，著有《孟子》一书，与孔子合称为"孔孟"。孟子把道德规范概括为仁、义、礼、智四种，其中仁、义最为重要。孟子把人伦关系概括为"父子有亲，君臣有义，夫妇有别，长幼有序，朋友有信"五种。他认为用仁义处理人与人之间的关系，是维护封建秩序和天下得以统一的可靠保证。孟子道德论的核心思想体现在三个方面：一是民本主义思想。"民为贵，社稷次之，君为轻。"意在表达人民是基础，是根本，人民比君主更加重要的观点。二是仁政学说。为缓和阶级矛盾、维护统治阶级的长远利益，孟子将"亲亲""长长"的道德风尚运用于政治，"老吾老以及人之老，幼吾幼以及人之幼""人人亲其亲，长其长，而天下平"，孟子把伦理和政治完美结合，强调统治者实行仁政，便可得到人民的拥护，强调道德修养是做好政治的根本。仁政包括经济、政治、教育以及统一天下的途径等，具体内容相当广泛，他的仁政思想对后世的思想家有着深远和极大的影响。三是德治思想。孟子的德治思想由性善论、天人观、民本思想、仁政学说等互相联系、不可分割的四个部分组成，是理想政治和政治思想的核心。孟子主张以德惠民，以德化民，"老吾老以及天下之老"，主张统治者应该像父母一样关心人民的疾苦，人民应该像对待父母一样去亲近、服侍统治者。孟子区分了统治者与被统治者的阶级地位，认为"劳心者治人，劳力者治于人"。孟子性善论的思想，体现了社会成员之间分工的不同和阶级的差别，但其人性都是相同的。孟子说："故凡同类者，举相似也，何独至于人而疑之？圣人与我同类者。"他将统治者和被统治者摆在平等的地位，探讨普遍的人性，这对伦理思想的发展是一个巨大的推进。

孟子有很多家喻户晓的道德名言：如"人皆有不忍人之心。先王有不忍人之心，斯有不忍人之政矣。以不忍人之心，行不忍人之政，治天下可运之掌上""敬人者，人恒敬之；爱人者，人恒爱之""君子之守，修其身而天下平""仁者无敌于天下""三代之得天下也以仁，其失天下也以不仁，国之所以废兴存亡者亦然"，等等。

范例五：文化理解与交融

美国著名教育家杜威（John Dewey）被称为实用主义哲学家、机能主义心理学家和进步主义教育思想家，是20世纪以来对中国教育影响最大的美国哲学家和教育学家。100年前，正值中国的五四运动蓬勃发展之际，杜威不远万里来到中国，在身居要职的中国弟子们——郭秉文、胡适、蒋梦麟、陶行知、陈鹤琴、郑晓沧、李建勋、张伯苓等的簇拥下，在北京、上海、杭州、南京、广州等地举行了数百场学术演讲，把现代教育思想直接播种在了中国。其民主主义思想对中国的思想界和教育界产生了巨大的影响，有着深远的历史意义。杜威出版了30多本著作、近千篇论文，涉及社会科学的多个领域，并被翻译成多国文字，成为外国人了解中国近百年教育的一个重要窗口。

"追逐梦想，规划幸福人生"系列讲座活动吸引了所有学生对第二课堂的关注，他们纷纷放下手机挤进讲堂，用渴望的神情和期待的目光，听导师们精彩的演说。近期北京青年政治学院东校区就"成长学堂"的系列活动进行了全面的调研，数据显示，有74.9%的学生知晓和热爱"成长学堂"；有81%的学生积极主动地投入"成长学堂"的活动中，显示出了对知识的渴求和崇敬；有82.3%的学生对"追逐梦想，规划幸福人生"的系列讲座十分感兴趣，并认为他们在专业技能、新时代潮流热点、名人讲座、学术讲座、思想碰撞和智慧分享等诸多方面受益匪浅；学生们共同认为，领导、教授、行业企业专家等人在时政的分析、人生的感悟、专业的拓展、职业前景等方面的指导，激励自己挤出时间走进教室，寻找一种感觉，一种发现幸福真谛的感觉。会计班的陈晓玉同学说："怀揣《成长手册》走进讲座大厅，就能让我们的心平静下来，因为幸福是一种心境、一种感觉、一种体悟，是我们对生活的憧憬。只要我们善于用发现的眼睛去寻找，用坦然平静的心去体会，用知足常乐的意念去存储，对生活少一点抱怨，多一份坦然，幸福的感觉时刻就在身边，到那个时候，你、我、他都会找到属于我们自己的幸福。"